中央民族大学国家“十五”“211工程”建设项目

王远新 著

古代语言学简史

中央民族大学出版社

图书在版编目（CIP）数据

古代语言学简史/王远新著．—北京：中央民族大学出版社，2006.7

ISBN 7-81108-220-9

Ⅰ．古…　Ⅱ．王…　Ⅲ．语言学史-古代　Ⅳ．H0-09

中国版本图书馆 CIP 数据核字（2006）第 055099 号

古代语言学简史

作　　者　王远新
责任编辑　晓　默
封面设计　马钢工作室
出 版 者　中央民族大学出版社
　　　　　北京市海淀区中关村南大街 27 号　邮编:100081
　　　　　电话:68472815(发行部) 传真:68932751(发行部)
　　　　　　68932218(总编室)　　68932447(办公室)
发 行 者　全国各地新华书店
印 刷 者　北京华正印刷有限公司
开　　本　880×1230(毫米)　1/32　印张:8.875
字　　数　221 千字
版　　次　2006 年 7 月第 1 版　2006 年 7 月第 1 次印刷
书　　号　ISBN 7-81108-220-9/ H・130
定　　价　18.00 元

内 容 提 要

古代语言学史是语言学史的重要组成部分。本书的内容具有比较广泛的代表性，不仅涉及世界公认的语言学三大发源地即古代中国、古代希腊—罗马、古代印度的语言学历史，而且没有忽略具有悠久语言研究传统和特色的古代阿拉伯、古代斯拉夫国家的语言学历史。这有助于读者较全面地了解世界古代语言学的历史。

本书适合高等院校语言学及相关专业的本科生和研究生作为学位课或选修课的教材，也可以作为语言学及相关社会人文学科学者的参考文献。

目　录

绪论　古代语言学与现代语言学

一、古代语言学

语言是人之为人的重要标志之一，语言研究是人类最早开展的研究活动之一。自从人类学会说话之后，就对自己的语言产生了兴趣，就有人对语言问题进行过不同程度的思考和探索。当人类文明发展到一定阶段时，人们深切地感到，只是用有声的口头语言交流思想、表达感情，虽然便捷，却存在时空上的局限性。于是，人类的聪明才智在人类发展史上又一次得到了充分的体现：生活在不同地域、使用着不同语言的古人们，在不同时期内创制了记录自己语言的符号系统，从而使人类语言有了一种新的载体和表现形式——文字和书面语。

从文化史的角度看，文字的创造发明并用于文献记载，被看做人类进入“文明时期”即脱离史前期、进入有史时期的重要标志，人类从此跨入一个更高的文明层次。

从语言学史的角度看，如果对语言没有相当程度的认识和研究，要创制出记录语言的文字符号系统是不能想象的事情。因此，文字的创造并被应用于文献记载，既是人类文化史的重大事件，也说明人类对语言的思考和研究很早就达到了较高的水平，语言研究是一门十分古老的学问。

中国、印度、希腊—罗马具有悠久的历史文化传统，也是人们公认的语言学三大发源地。从文献记载看，这些文明古国早在两三千年之前，就开始了对人类语言特别是书面语言的研究。此外，阿拉伯世界和斯拉夫国家的语言研究也具有悠久的历史。

由于文化传统、语言文字特点等方面的差异，不同语言学传统的发端和特点也有十分明显的差异。

在古代印度和古代阿拉伯，语言研究的发端与记录宗教典籍的书面语言和人们日常交际的口语之间日益严重的脱节有很大的关系。为了维护宗教典籍的神圣性、权威性和规范性，同时，为了帮助人们阅读和理解这些典籍文献，促使语言学家对古代文献语言中的读音、语法等问题做出规定、分析和解释。因此，古代印度和古代阿拉伯语言研究的发端以及语言分析实践，具有浓郁的经典阐释传统和经验主义色彩。

在古代希腊—罗马，语言研究的发端主要是由于哲学的促进。古希腊的哲学家对于语言形式本身并没有古代印度、古代阿拉伯等东方民族式的宗教意义上的虔诚，但他们却从探索思想神秘性的过程中，触发了语法分析的灵感。

在一些哲学家心目中，词与物之间的关系，就像树影倒映在河中，词是依据事物的本质命名的，二者是自然地、不可分割地联系在一起的。在另一些哲学家心目中，词是由人们的规定或习惯约定而命名的，二者是任意地、不牢固地联系在一起的。在前者看来，词和物之间是"一对一"的关系；而在后者看来，二者之间的关系更多的是"一对多"或"多对一"。前一类哲学家的看法一般被称做"本质论"或"天然论"、"规则论"；后一类哲学家的观点则被称做"约定论"或"不规则论"。本质论和约定论之间的争论，触发了最初的以逻辑为基础划分词类的古典语法学模式，这种研究模式具有明显的逻辑思辨特色。

中国古代虽然有过类似古希腊哲学家的论辩，即"名与实"的大讨论，这场讨论的哲学意义和语言理论意义绝不在古希腊之下，但却没有导致汉语语法学的产生。这大概有两方面的原因：一方面，与人们常说的中国人分析问题的思维方式即"重综合轻分析"、"重实际应用轻理论思辨"有关；另一方面，也是更重要的一个原因，与研究对象的特点即汉语言文字的特点有关。

中国的传统语言学也不像古代印度和古代阿拉伯那样，充满着宗教诠释的气息，而是由于对儒家经典特别是对《六经》的倡导，形成了一种实实在在的古典阐释科学，尽管在研究观念上曾有分歧，比如“六经注我”、“我注六经”的争论。由于汉语和汉字的特点，这种古典阐释科学虽然在语法研究领域没有太大建树，却发展出了以音韵学、文字学、训诂学三大分支为主体的语言学传统。

相对于以上语言学传统，斯拉夫国家的语言研究历史要短得多。接受基督教是斯拉夫文化史上的重大事件。公元 11 世纪初，由于东、西基督教会的分裂，导致斯拉夫人分属于天主教会和东正教会两大集团。天主教会使用拉丁字母文字，东正教会使用基利尔（斯拉夫）字母文字。在文化上，斯拉夫人分属于基督教文明的两个文化圈，即拉丁文化圈和拜占庭文化圈，并在吸收不同文化的基础上，形成了各自的民族文化特点以及语言研究传统。

尽管中外古代的语言研究存在明显的差异，但总体看来还是存在着四个共同特点：

（1）在研究对象上，主要局限于一种语言的研究，而且常常是本民族的书面语。在过去，人们认定古代经典著作的语言是后人学习的榜样和写作的典范，因此，特别重视对古典书面语的研究，常常把口语看做不登大雅之堂的俚言俗语，不予重视。另外，由于古代学者没有严格区分口语和书面语，因此，常常从文字入手研究语言问题，从而导致了重文轻语的倾向。

（2）在研究目的上，一般都不是从语言的角度为语言而研究语言，语言研究大都从属于其他学科，即主要为前人留下的哲学、宗教、历史、文学等方面的古典文献做考证、诠释和评注，目的是为了帮助人们读懂这些古典文献。一句话，研究语言文字的目的是为了“通经致用”。

（3）在研究方法上，由于没有建立正确的历史观和发展观，古代的学者们或者看不到语言的发展变化，或者歪曲语言的发展变化，把语言的各种变化看做对古典文献语言的“破坏”，因此，那时的语言研究不是依据人们的实际语言使用特点描写语言，总结规则或规律，而是以古典文献语言作为样本或者规范，总结或规定出一套规则，让后人效法。也就是说，那时的语言研究以及制订出来的语言规则，常常不是描写性的，而是规范性或者规定性的。

（4）在语言观方面，由于没有建立系统的、普遍联系的观念，原子主义的观念占据着语言研究的统治地位，致使那时的语言研究成果多失之于零散和片面。

由于上述四个相互关联的特点，古代的语言研究还没有发展成为独立的学科，因此，人们习惯上把这一阶段的语言研究称做语文研究，把语言文字学称做传统语文学。[①]

二、现代语言学与古代语言学的关系

现代语言学蓬勃发展，取得了比以往任何时期都更多、更大的成果，从而把语言学从传统的附属学科的地位提升到了独立学科的地位，并进而发展成为社会人文科学中的领先学科、优势学科。尽管如此，我们必须清醒地认识到，现代语言学的每一步发展，都是在传统语言学基础上进行的，现代语言学的各种理论几乎都能从古代语言学中找到源头。也就是说，现代语言学不是凭空建立的，而是从传统语言学逐步发展而来的，它的骨肉躯干中渗透了传统语言学的血液，尽管它经受了新的社会文化背景、学术思潮的深刻熏染，在性质和外貌上产生了显著的变化。

就此而言，现代语言学和古代语言学是一脉相承的关系。作

---

① 王远新．语言学教程［M］．北京：民族出版社，2003：1—2.

为一门学科的语言学，它实际上是由古代（包括近代）和现当代语言学构成的一个有机连续体。一方面，传统语言学涉及到的许多问题迄今仍然没有失去科学的意义，而且需要进一步探讨；另一方面，现代语言学的研究难以完全排除或者脱离传统语言学，没有哪一位现代语言学家能够完全不利用传统语言学的研究成果，完全不借鉴或者完全脱离前人的研究方法。

习题

1. 简述中外古代语言学传统的特点和差别。
2. 中外古代语言研究有哪些共同特点？
3. 谈谈你对现代语言学与古代语言学关系的认识。

第一章　中国古代语言学

从文献记载看，早在上古时期，我国的文人学士就对语言文字问题产生了浓厚的兴趣，并逐渐形成了具有中国特色的传统语言学。中国传统语言学包括两大部分：汉语文研究和少数民族语文研究。

第一节　古代汉语文研究的历史分期

我国古代汉语语言学的突出特点是重视对汉字和汉语书面语的研究，这种研究一般又被称做“小学”。

周代，“小学”专指为贵族子弟开设的初级学校。西汉时期，儿童入小学首先要学习汉字，这时，“小学”又指文字学（即六书）。文字包括形体、声音和意义三个要素，后来，这三个方面的研究逐渐发展成为文字学、音韵学和训诂学。隋唐以后，“小学”便成为这三个方面研究的总称。①

我国传统意义上的“小学”萌芽于先秦，贯穿于汉代到清末这一漫长的历史时期。“五四”运动之后，由于传统汉语文研究的内部变革，加上西方语言学的影响，我国的现代语言学应运而

---

①　也有人把三个方面的研究统称为“文字之学”。比如宋晁公武在《郡斋读书志》卷一中指出：“文字之学凡有三：其一体制，谓点画有衡纵曲直之殊；其二训诂，谓称谓有古今雅俗之异；其三音韵，谓呼吸有清浊高下之不同。论体制之书，《说文》之类是也；论训诂之书，《尔雅》《方言》之类是也；论音韵之书，沈约《四声谱》及西域反切之学是也。三者虽各一家，其实皆小学之类。”

生。按照一般的看法，我国传统汉语文研究大致可以划分为五个时期，每个时期都相互联系，同时又都有各自的特点。

一、先秦：汉语文研究的萌芽时期

先秦是我国文化史上的一个辉煌时期。由于社会的剧烈变化，代表不同阶级、不同社会集团利益的各个学派之间展开了激烈的论争，出现了“百家争鸣”的局面，促进了学术的繁荣和发展。先秦时期有关语言问题的讨论主要集中在语言与意义、事物名称与事物本身的关系方面，即以“名实关系”的理论探讨为主，文献语言的考释为辅。这一时期的“名实”之争，虽然只是作为“名学”的一部分，还没有发展成为独立的语文研究，但是，各派思想家从明确名实关系达到对语言的把握、从对名的解释达到对语言内容的理解这种研究思路，[①] 却对此后的汉语研究传统产生了重要的影响。由于这一时期的语文研究是在哲学摇篮中孕育出来的，传统汉语文研究中的三个主要组成部分文字学、音韵学、训诂学都还没有诞生，因此，学术界通常把先秦时期有关语言问题的探讨看做传统语言学的萌芽阶段。

二、两汉：小学的建立

汉代语言文字学的兴起主要有两方面的原因。首先是语言文字本身的原因。由于时代的变迁、语言文字的发展，汉代人诵读先秦典籍自然会遇到一些困难。汉代的语言文字研究，就是为了满足当时阅读、整理和解释先秦典籍的需要而产生并发展起来的。为了阐明经义，注释古书，训释经典，经师们从语言文字方面做了一系列的考证和研究，撰写了一批比较全面系统的语言文

① 李娟．先秦与古希腊语言观念比较［A］．语言学论丛（25）［C］．北京：商务印书馆，2002.

字研究著作。这与先秦时期的零星论述有很大的不同，它标志着我国传统语言学的建立。其次是经学的需要和统治者的提倡。汉代统治者为了从思想上巩固中央集权的封建统治，从武帝时代开始，罢黜百家，独尊儒术，于建元五年（公元前 136 年）兴太学，置五经博士，以经术取仕，导致经学盛行。经学离不开小学，朝廷崇尚经学，重视语言文字的考证训诂，这就使得经学家和小学家的地位大大提高。[①] 事实上，汉代一些著名的经学家不仅兼治诸经，而且兼习小学，这就在客观上促进了小学的建立和发展。

三、魏晋南北朝至五代：汉语文研究的发展时期

在这一时期里，汉语文研究有了很大的发展，这既受到“通经致用”的内部因素促动，同时，外来文化的影响也起到了不可忽视的作用。中国小学家在佛教传播、梵文翻译、梵汉对比的启示下，语文研究的重点是音韵问题。汉末出现了反切拼音法，随后在反切的基础上出现了韵书。韵书区分调类、韵类和声类，逐一分析汉字的字音，并按类“分别部居”，用反切注明字音。这些都说明，当时语言学家的语音分析能力已经进入一个新的阶段。韵书的编纂促成了音韵学的建立，而音韵学的建立又进一步促进了文字学和训诂学的发展。也就是说，传统小学的三大组成

---

① 可以举三个例子：（1）西汉法令规定（汉初相国萧何所定）：经过考试，凡懂九千汉字字音、字义（即能背诵讲解）、年满十七岁以上者，可以担任史官（郡县掌管文书的官）；参加“八体”考试优良者，可做尚书史（中央掌管文书的官）；黎民百姓上书皇上时，如有错别字，会被判罪。（2）当时学校的必读书《仓颉篇》（秦代李斯著）中的古字很多，以致不少教书先生都会读错。汉宣帝时代（公元前 73—前 49 年），在齐国征召能够以古字形、字音、字义为准“正读”《仓颉篇》的学者，所得材料经专人整理作为训诂。（3）元始年间（平帝时代，公元 1—5 年），在全国征召一百位通“小学”的学者进宫，让他们把自己所认的字记录下来，再由专人加以整理。

部分在这一时期里都取得了一定成就。

四、宋元明：汉语文研究承前启后的时期

宋元之际，理学盛行，致使小学的发展处在转折关头。宋元时期的语文研究具有承前启后的特点，一方面，语文研究的不同领域发展不平衡，另一方面，在一些领域内部出现了学科的分化，导致了新的分支学科的建立。比如在宋代，训诂学出现了与汉代古文经学家不同的“义理”学派。他们虽然也阐释词语、考证名物制度，但主要侧重于义理，即更多地注重义理的解释和阐发，而不是像汉代古文经学家那样，侧重于语言文字的训诂和名物制度的考证。

宋代是文字学和音韵学兴盛的时期，特别是音韵学研究进入学科奠基阶段。作为“今音学”主要研究对象的中古韵书，已有《广韵》以及同一系统的韵书《集韵》、《礼部韵略》等刊行；为科举考试服务的韵书成为文人学士作诗押韵的标准和依据。与此同时，唐末宋初开始出现以分析韵书反切系统所反映的读音为主要任务的等韵图，并在北宋后期、南宋前期走向成熟。音韵学三大部门之一“等韵学”开始出现，即以分析汉语发音原理和发音方法为主旨的等韵学得以建立。在建立等韵学的同时，宋代学者开辟了古音学研究领域，古文字学也初露端倪。

元代，周德清以北方话的代表元大都（今北京）的实际语音系统撰成《中原音韵》，它不仅是北曲创作的依据，而且开创了中国韵书史上一个新的类别——北音韵书，具有重要的价值。上述种种，都为清代小学的大发展奠定了基础。

明朝中、末期，中国哲学界和思想界出现了王阳明的“心学”运动。浮夸怪诞的“王学”在学术界包括小学界产生了消极的影响，从而导致汉语文研究面临着新的选择，这一选择预示着语文研究新高潮的到来。

五、清代到“五四”之前：汉语文研究的鼎盛和转型时期

从汉语研究史的角度看，清代是我国传统语言学发展的鼎盛时期。正如王国维所说：“自汉以后，学术之盛，莫过于近三百年。此三百年中，经学史学皆足以凌驾前代，然其尤卓绝者曰小学。”[①] 不过，在清代的不同时期，传统语言学的发展呈现出不同的特色。

清初，小学研究的主要特点是反对明末浮夸怪诞的“王学”，恢复汉、宋之学，使得小学研究出现了新的转机。此期小学大师以方以智[②]和顾炎武[③]为突出代表。方、顾虽都以考据学为治学根底，但着眼点却有所不同：方长于训诂，顾则精于音韵；方最早进行文字改革实验，是近代语文新潮的先行者，顾则为小学研究奠定了朴学道路，被奉为清代小学的开山鼻祖。清代语言学是在批判宋明理学特别是明代以“心学”为代表的学术思想、学术风气的基础上发展起来的。在这方面冲锋陷阵、举旗开道的人物便是顾炎武。顾炎武批判明人空谈“心”、“性”，“置四海困穷不言”，[④] 并且明确指出：“古今安得有所谓理学者，经学即理学也。自有舍经学以言理学者，而邪说以起。”[⑤] 对于“理学”的批判，意味着经学的发展应当以“小学”为基础，把“经”的研究建立在古音、古义研究的基础之上。因此，顾炎武说：“故愚以为读九经自考文始，考文自知音始，以至诸子百家之书，亦莫

---

① ［清］王国维．周代金石文韵读序［Z］．观堂集林·艺林八（卷八）［C］．王国维（公元1877—1927年），字静安，号观堂，浙江海宁人。

② 方以智（公元1611—1671年），字密之，号鹿起，明末清初安徽桐城人。

③ 顾炎武（公元1613—1682年），初名绛，字忠清，后改名炎武，字宁人，学者称亭林先生，明末清初江苏昆山人。

④ ［清］顾炎武．与友人论学书［Z］．

⑤ ［清］全祖望．亭林先生神道表［Z］．

不然。”[①]

清代中期，即乾嘉二朝，小学研究达到鼎盛时期。无论在研究范围还是在研究方法上，都取得了辉煌的成就，文字学、音韵学、训诂学得到全面发展，其成就远远超出以往任何一个时期。此期的小学研究大师辈出，巨著不断，呈现出一派繁荣景象，被后人称为小学研究的“黄金时代”。清代治小学、经学的朴学精神主要指这一时期。[②]

乾嘉时期，皖南学派的领袖人物戴震[③]进一步阐述了语言学与经学的关系。他指出：“由文字以通乎语言，由语言以通乎古圣贤之心志。”[④] 吴派学者钱大昕指出：“夫穷经者，必通训诂，训诂明而后知义理之趣。后儒不知训诂，欲以乡壁虚造之说求义理所在，夫是以支离而失其宗。”“训诂者，义理之所由出，非别有义理，出乎训诂之外者也。”“谓训诂之外，别有义理，如桑门以不立文字为最上乘者，非吾儒之学也。”[⑤] 可见，乾嘉学者治学的指导思想是：通经必须先通古人的语言，通古人的语言必须先通古代的字义、名物、制度，等等。这一指导思想决定了清代中后期的语文研究以古音、古义为主要内容。

乾嘉二朝语言文字研究之所以能够取得辉煌的成就，主要是

---

① ［清］顾炎武．答李子德书［Z］．顾亭林诗文集・亭林文集（卷四）［C］．北京：中华书局，1959.

② “朴学”一词最早见于班固的《汉书・儒林传》，意思是“质朴之学”。后世称汉学中的古文经学派为朴学，同时又指清代乾嘉时期小学和经学研究中的主流派，即皖南学派。皖南学派源于江永，成于戴震，戴震传给段玉裁、王念孙，王念孙又传给王引之。由于段玉裁、王念孙成就最大，又有“段王之学”的说法。

③ 戴震（公元 1724—1777 年），字东原，安徽休宁隆阜（今安徽屯溪市）人。

④ ［清］戴震．戴东原集（下）［C］．万有文库本．36.

⑤ ［清］钱大昕．潜研堂文集（卷二四）［C］．万有文库本．344，349，348. 钱大昕（公元 1728—1804 年），字晓徵，一字辛楣，号竹汀，江苏嘉定（今属上海）人。

因为建立了完整科学的古音系统，从而导致了语文研究的改革。古音学所取得的成就，不仅促进了音韵学的发展，而且使得训诂学和文字学中的许多疑难问题有了新的答案，获得了较圆满的解决。清代小学研究最突出的问题是严重的复古主义倾向。复古主义的倾向导致了小学家对现实语言问题的冷漠，致使他们对活的语言研究的成就远不如元明二代学者。在研究方法上，一些学者过分强调考据，甚至为考据而考据，从而导致乾嘉以后的一些学者终身爬疏材料、堆砌材料，引不出科学结论，统观全局和综合分析的能力也不及前人。①

清朝后期（道光至宣统五朝），小学研究开始走下坡路。同时，由于西学东渐之风日盛，中国传统语言学面临着严峻的考验。清末，章炳麟②特别赞赏乾嘉学者倡导的“以音韵通训诂”、“以音韵证字形”的原则，他进一步指出，文字、音韵、训诂的关系不是三足鼎立，而是三位一体。这种观念上的转变，导致了汉语文研究的深刻变革。他还指出，小学“其实当名语言文字之学，方为确切。”③ 也就是说，应该以“语言文字之学”代替“小学”。这种主张代表了当时变革语言文字研究的要求，预示着中国语文研究转型期的到来。

第二节　先秦时期名实关系的探讨

语言与人类社会生活的方方面面都有密切的联系，先秦诸子所讨论的问题特别是哲学问题，自然会涉及到语言问题。总的看

① 何九盈．中国古代语言学史［M］．郑州：河南人民出版社，1985：204.

② 章炳麟（公元1868—1936年），一名绛，字枚叔，号太炎，浙江余杭人。

③ ［清］章太炎．论语言文字之学［J］．国粹学报．1906（24—25）．

来，先秦思想家有关语言方面的讨论主要集中在“名”与“实”的关系上，即关于事物的名称（语言中的词语）与事物本身之间的关系问题。“名实关系”既是哲学研究的核心问题，也因为它涉及语言的社会本质属性、语言与思维的关系、语言的符号性质而成为语言研究的焦点问题。

一、“道”与“名”

在先秦哲学中，“道”是一个应用极为广泛的概念。“道”的原义是“道路”，后来引申为抽象的概念“道理”、“规律”，以及为达目的的“途径”、“方法”。老子（约公元前580—前500年）最先把“道”提升到哲学意义，认为“道”是事物存在和变化最为普遍的根据和原则，其义大致相当于宇宙本原和普遍规律。在老子看来，“人法地，地法天，天法道，道法自然。”“道”是无处不在的自然之物，人必须受制于它。“道”不仅制约着人的行为，同时也制约着人的语言和思想。

在老子看来，“道可道，非常道”。也就是说，“道”是不能用言语表达的，如果一定要表达，那只能是“道”的歪曲形式。在这里，老子所说的第二个“道”，以及《荀子·荣辱》中“故君子道其常，而小人道其怪”之“道”，都训为“言说”。对于抽象意义“道”的把握，有赖于“言说”，无论是可言说还是不可言说。此外，《诗经》、《论语》、《孟子》中均有“训道为言说”的例证。

关于名称和事物之间的关系，老子指出:“名可名，非常名”。这一方面说明，如果事物可以被命名的话，这个名称就不是代表这个事物真实的名称了。因此，名称不能代表事物的本质。另一方面说明，“道”和“名”具有同等重要的地位，“言说”与“命名”不可分离，这就涉及到语言哲学的一个基本问题。至于先秦思想家反复讨论“言”的局限性，恰恰证明了它的重要性。因为在先秦思想家看来，对“言”的误解和误用，正是产生是非之争的根源之一。①

关于名与道的关系，老子指出：“无名，天地之始。有名，万物之母。常无，欲观其妙；常有，欲观其徼。此两者同出而异名。同谓之玄，玄之又玄，众妙之门。”（《老子·第一章》）这里，老子提出了“名生于道”的思想，认为“名”是万物存在的前提。与此同时，老子还看到了“名”的相对性和局限性，即“道常无名”（《老子·第三十二章》）。在他看来，“道”是超越“名”的，也是通常意义的人智所不能企及的。

庄子（约公元前 369—前 286 年）继承并发展了老子的“道”学思想，在对语言本质问题的看法上，同样主张“无名”论。在他看来，“名者，实之宾也。”（《庄子·逍遥游》）这是说，名称依附于实际，离开实际意义，名称就无法独立存在。庄子认为，事物的差别并不是由事物自身性质决定的，而是由认识者的态度和看法不同产生的。因此，事物的本质是无法认识的。

尹文子认为，“大道无形，称器有名。”“无形”即形而上，形而上者谓之道；“道”则指抽象的义理。“器”指具体的事物，“称器有名”是说具体的事物总是要有特定的名称来称谓它。也就是说，称谓具体事物是“名”的一种功能，“名”的功能是称谓具体事物的。尹文子进一步指出：“有形者必有名，有名者未必有形。”大道是无形的，不可用“名”来指称，而众多的存在物则可以一一区别，并且用“名”来指称。尽管名称不可以称谓“大道”，但并不意味着必然不可以称谓“无形”。虽然“大道”属于“无形”，不可以被称谓，但有些无形的对象也还是可以称谓的。名称可以指称事物，名称依赖事物的存在而显示其价值，但事物并不依赖于名称而存在。因此，尹文子认为：“生于不称，

---

① 韩东晖．先秦时期的语言哲学问题［J］．中国社会科学，2001（5）．

则群形自得其方圆。”（《尹文子·大道上》）也就是说，“名”是对“形”的称谓，如果人们不去称谓“形”，作为客体的“形”依然存在。具有方圆之形者，尽管不以“方”、“圆”名而称之，仍然不失为方圆之实际而存在。这些分析说明，先秦思想家已经明确认识到，语言符号的基本功能是指称事物的，与此同时，事物的存在并不是由名称决定的，名称只是事物的指称符号。

二、“名”与“物”、“名”与“实”

如果说尹文子阐明了语言符号的指称功能，那么，公孙龙则不仅说明了独立于主体的对象（事物）可以被指称（名），阐明了“物”、“名”、“指”三者之间的联系，[①] 而且进一步阐明了名称和事物之间的发展变化的关系。

《公孙龙子·名实论》指出：“天地与其所产者，物也。物以物其所物而不过焉，实也。”天地以及天地间的一切，都是“物”，一物之为此物，为“实”。也就是说，“实”是各种“物”存在的前提，它是物的类化，比“物”更加抽象。“实”包含了世界上所有的存在，不仅指具体的物体，也指行为、性质、关系等所有存在的方方面面；而与之相互依存的“名”也就包含了语言中的所有词语。“其正者，正其所实也；正其所实者，正其名也。”也就是说，“名”与“实”相对应，要“正其实”，必须“正其名”；其名正，则彼此相应而不相乱。在公孙龙看来，“物莫非指，而指非指。……天下无指，物无可以谓物。”（《公孙龙子·指物论》）“物”指天地之所有，“指”则为“指称、指谓”之义；“而指非指”中的前后两个“指”，分别表示“指称名称”和“指称过程”，直译过来就是“但指称本身不是指称。”

公孙龙进一步阐明了“物”、“名”、“指”之间的关系。在他

① 周建设．先秦指称理论研究［J］．中国语文，2002（6）．

看来，“物”不同于“名”和“指”，是相对独立于“名”和“指”的对象，是天下之所“有”；而“名”和“指”只是对“物”的一种关联，其中“名”是称谓“物”的符号，“指”则是联系事物的过程，需要借助于符号来表现。因此，“名”和“指”都不是一种存在，不是天下之所“有”，而是天下之所“无”。

公孙龙还进一步阐明“名”、“物”发展变化的关系。他说：“夫名，实谓也。知此之非此也，知此之不在此也，则不谓也；知彼之非彼也，知彼之不在彼也，则不谓也。”（《公孙龙子·名实论》）意思是说，名称是指称事物的，具有专指性。但是，事物是发展变化的，语言也会随之而变。当某个名称已经不是指称原来的事物时，就不能再用它来称呼那个事物了。

在先秦诸子中，墨家学派的语言学思想别具特色，并且在名实关系等问题上提出了重要见解。墨子认为，“所以谓，名也；所谓，实也。名实耦，合也。”（《经说上》）意思是说，“名”是用来称呼事物的，“实”是名所表示的对象，名实是一种统一的关系。当然，名实关系虽然十分密切，却不能混为一谈。需要区分两类关系：一是“有之实也，而后谓之；无之实也，则无谓也。”（《经说下》）也就是说，有这种事物之后，才能称呼它；没有这种事物，就不能称呼了。二是“名，实名；实不必名。”（《大取》）也就是说，名称是事物的名称，但事物并非必须有名称。可见，墨家认为，“实”是第一性的，“名”是第二性的，“名”只是“实”的代表，“实”可以脱离“名”而存在。

墨家学派把“名”即事物的概念区分为“达”、“类”、“私”三类，其中“达”是最高一级的概念，比如“物”这样的概念，包括了所有的事物；“类”是一般的类概念，比如“马”这样的概念，包括了各种各样的马；“私”则是个别事物的概念，比如

“臧”是指奴隶的私名，专指某一个事物。①

墨家学派阐明了语音是概念的标记，是表述事物概念物质载体的观念。比如“声出口，俱有名，若姓字俪。”对此，汪奠基解释说：“凡名皆由口以语言声音呼出之，如姓字附于人，呼名而应。”② 又如“言，言也者，诸口能之，出名者也。……言由名致也。”墨子反复说明“言”和“名”的关系，一方面说明他继承了孔子的正名思想，同时说明了“意内而言外”这种音义的一致关系。

墨家学派还论述了语言的交际功能，论证了语言的交际过程，特别是语言交际的心理过程以及语言与思维的关系。比如“言，出举也。”“举，拟实也。”“举，告以文名，举彼实也故。”“闻，耳之聪也。循所闻而得其意，心之察也。言，口之利也，执所言而意得见，心之辨也。”墨子提出上述看法的目的是为了说明“名与实”、“名与言”的关系，“将以明是非之分，审治乱之纪，明同异之处，察名实之理，处利害，决嫌疑。”(《小取》)③

总之，在先秦思想家的心目中，“名”是语言，是知识，也是事物本质的体现，是认识思想的途径，只有名实相符，才能有正确的思想和行为。因此，正确认识和理解名实关系就显得格外重要。

三、“正名”论

先秦诸子的世界观不同，政治立场不同，解决社会和政治问

① 李智明．中国古代语言学史稿［M］．贵阳：贵州教育出版社，1993：15—16.

② 转引自洪诚，选注．中国历代语言文字学文选·墨经［Z］．南京：江苏人民出版社，1982：47.

③ 洪诚，选注．中国历代语言文字学文选·墨经［Z］．南京：江苏人民出版社，1982：43—51.

题的主张、途径也不同，但几乎没有一家不谈“正名”问题。“正名”问题不仅是一套关于政治主张、政治制度的理论问题，它还涉及到对语言性质、语言使用的认识问题。由于他们要争鸣，要驳倒对方的学说，建立自己的理论，因此，不可避免地要讲求“辩”的方法。“辩”与语言应用、对“名”的认识和分析有关。[①] 无论先秦各派思想家对名实关系存在怎样的分歧，有一点是共同的：都把“正名”放在首位。孔子、墨子、荀子都大谈正名，并通过对“名”的不同解释提出了各自的哲学观点和政治主张，其中荀子在《正名篇》中还有不少关于语言的论述。

荀子（约公元前313—前238年）《正名篇》对语言问题的讨论，体现了他对语言性质、语言功能五个方面的认识：

(1)“名”是人们用来约定各种事物的，在社会生活和交际中具有重要的作用。用荀子的话说就是：“名也者，所以期累实也。”“名”的产生，完全是由社会约定的，无所谓合理不合理。合于约定的就是合适的名称，不合于约定的就是不合适的：“名无固宜，约之以命，约定俗成谓之宜，异于约则谓之不宜。名无固实，约之以命实，约定俗成谓之实名。”可见，荀子已经认识到，名称（词语）和它所代表的事物之间并不存在必然的、本质的联系，它们的关系完全是由社会约定的。

如果说荀子的观点是“约定论”的代表，那么，先秦时代存在的另一种观点则可以概括为“本质论”。“约定论”认为，“名”（词语）和“实”（事物）之间没有本质的、必然的联系，用什么词指称什么事物只是约定俗成的结果。“本质论”则认为，词的名称来源于它所反映的事物本身，“名”和“实”具有本质的、必然的联系。这种观点体现在先秦经典采用声训方法解释词义和

① 邢公畹．谈荀子的“语言论”[A]．语言论集（邢公畹著）[C]．北京：商务印书馆，1983：114.

探讨词源的实践中，即从字（词）的读音解释词义、探讨词源。比如“政者，正也。子帅以正，孰敢不正?”（《论语·颜渊》）“仁者，人也，亲亲为大；义者，宜也，尊贤为大。”（《礼记·中庸》）后来，声训发展成为训诂学的主要方法之一。

（2）语言相通是因为人们有共同的器官、对事物有共同的感受和约定。用荀子的话说就是：“凡同类同情者，其天官之意物也同；故比方之疑似而通，是所以共其约名以相期也。”荀子所说的“天官”是指人的感觉器官。正如他在《天论》中指出的那样：“耳、目、鼻、口、形，能各有接而不相能也，夫是之谓天官。”荀子进一步指出：“心有征知。征知，则缘耳而知声可也，缘目而知形可也，然而征知必将待天官之当薄其类然后可也。”（《正名篇》）这就是说，“心”（思维器官）具有认识、理解事物并形成概念的作用。通过认识获得的概念，凭借耳朵可以听到表示它的语音，凭借眼睛可以辨识记录它的字形。然而，这些都需要在感觉器官接触到客观事物之后才能够实现。

（3）语言具有地域性，因地域风俗的不同而有所不同。如要相互了解，就需遵循一定的标准。如荀子所说：“散名之加于万物者，则从诸夏之成俗曲期；远方异俗之乡，则因之而为通。”“散名”是指一般事物的各种名称，是民间约定俗成的；另一类名称即“刑名”、“爵名”、“节文威仪之名”，是一些数量不多的有关制度的词语，它们出于王制。“诸夏”指古时中原地区，“成俗”指已经形成的习俗，“曲期”则指经过约定而普遍认可。“远方异俗之乡，则因之而为通”则是指凭借诸夏所用的名称，采用这种标准交际，可以使操用不同方言俗语的人相互沟通。

（4）语言具有稳定性、继承性和发展性的特点。关于语言具有稳定性的特点，荀子指出：“故王者之制名，名定而实辨”，“制名以指实”。也就是说，“制名”是为了“指实”，“名定”才能“实辨”，“名闻”才能“实喻”。这就辩证地说明了词语和概念的密切联系，以及词语的确指性和稳定性。关于语言的继承性和发展性，荀子指出："若有王者起，必将有循于旧名，有作于新名。"意思是说，如果有王者（圣君）出世，他一定会维持原有的词汇（旧名），① 他也必然会创造一些新词（新名），以适应新的事物。荀子把词语（名）的维持与创造归功于"王者"当然不对，但他认为必须维持旧词、创制新词的看法则是正确的。在他看来，语言是人们按照约定俗成方式创造的，随不同的社会而异，它不是一成不变的，而是随着时间的推移而变化。

（5）明确了词语和句子的功能。荀子把词语称做"名"，句子称做"辞"："名也者，所以期累实也。辞也者，兼异实之名以论一意也。"（《正名篇》）这是说"名"（词语）是用来反映客观事物的，"辞"（句子）则是把表示不同事物的词语组合起来说明一个完整的意思。

总之，先秦思想家在讨论"名"、"实"关系以及语言符号自身特性过程中所表现出来的思想方法和智慧，既是语言哲学的宝贵财富，也是中国语言学史的重要组成部分。

第三节 音 韵 学

音韵学是研究汉语语音各个时期声韵调系统及其发展规律的学问，是传统汉语文研究中的一个重要组成部分，实际上相当于汉语历史语音学。早在汉代，汉语音韵学就初露端倪，魏晋南北朝时期，出现了音韵学的专门研究，并且逐渐发展成为一个专门的学科门类。

音韵学主要包括古音学、今音学、等韵学三个方面。古音学

① 指对刑法、政制、礼仪等方面专名有所继承，并保存它的纯洁性和规范性。

主要以《诗经》的用韵以及谐声字作为基本研究材料，考证上古汉语（周秦、两汉时期汉语）的语音系统。今音学[①]主要以《切韵》系列的韵书为重点研究对象，参考中古时期其他语言材料，考察中古汉语（魏晋南北朝隋唐时期汉语）的语音面貌。等韵学则不同于以上两种以特定时代音系作为研究对象的音韵学，它主要分析汉语音节的声韵调结构，并以图表形式阐述汉语语音的发音原理和发音方法。也就是说，它是以其研究方法上的特殊性而成为音韵学中的一个门类的。另外，学术界对《切韵》的性质有不同的认识，即有人认为它代表了一时（中古汉语）一地（对具体地点有不同看法）的语音系统；有人则认为它实际上是一个综合音系，既包括了《诗经》为代表的北方方言，也包括了《诗经》以外的南方方言系统。考虑到这些因素，为了便于人们了解音韵学的发展脉络，我们大体根据研究成果的类型，结合研究历史的不同阶段，从六个方面论述汉语音韵学的理论和方法以及存在的问题。

一、反切法与四声说

反切的产生、四声的发现，是中国古代语言学历史上的两件大事。反切注音法和四声学说的创立，为古代音韵学的形成和发展奠定了基础。

1. 反切方法的创立和发展

汉代是音韵学的萌芽时期。为了帮助人们解决读音问题，东汉末年出现了“直音法”和“读若法”，经师们主要采用这两种

---

① 今音学又叫今韵学，现代学者一般把“今音”称做中古音。由于明清学者极为重视《广韵》，以《广韵》为正音规则，因此，把《广韵》音系称做“今韵”，明清时期的实际语音反倒不叫“今韵”，而称做“时音”。这在很大程度上反映了厚古薄今的观念。

方法记录汉字的读音。一般而言，“直音”是同音字相注，比如《经典释文·毛诗音义》：“逑音求”，“乐音洛”。“读若法”多用于拟声注音，比如《说文·口部》：“哙，咽也，从口，会声，或读若快。”

由于“读若法”多用于拟声注音，用来注音的字和被注的字可能完全同音，也可能声音相近，因此，可以归入广义的直音法。当字音难以整体对应时，做一些发音特点的描述，即采用打比方的方法描写发音部位和发音方法。这种对发音特点进行描述的注音方法称做“譬况法”，又作“比况法”，常用的术语主要有“内言、外言、急言、缓言、长言、短言”，等等。

内言和外言相对。《公羊传》宣公八年东汉何休注：“言‘乃’内而深，言‘而’外而浅。”现代学者认为，古人所谓内言和外言，是指韵母的洪细。一二等字没有［i］介音，发音时口腔广侈，声音宏大，所以称内言；三四等字有［i］介音，发音时口腔敛窄，声音细小，所以称外言。

急言和缓言相对。急言是“急气言之”的省略说法，也称急气、急舌、急察。现代学者认为，急言指细音字，即带［i］介音的三四等字。缓言是“缓气言之”的省略说法，又称缓气、缓读、徐言。现代学者认为，缓言指被注音的字应当读洪音，即没有［i］介音的一二等字。

长言和短言相对。比如《公羊传》庄公二十八年：“《春秋》伐者为客。”东汉何休注：“伐人者为客，读伐长言之，齐人语也。”现代学者对长言有两种解释：(1) 指阴声韵和阳声韵的字，读音舒缓，可以自然延长；(2) 指主要元音是长元音。《公羊传》庄公二十八年：“伐者为主。”东汉何休注：“见伐者为主，读伐短言之，齐人语也。”现代学者对短言也有两种解释：(1) 指入声字，读音急促；（2）指主要元音是短元音。①

上述各种采用同音字或近音字类比以及采用打比方的注音方法，虽然可以起到注音的作用，但存在三方面的局限性：（1）语音变化无穷，汉字字形有限，因此，有时不得不采用两个字循环互注的办法。比如“遥音谣”，“谣音遥”。（2）有时有音无字，有时一些字不易甚至找不到同音字，比如“热”、“僧”等；有时虽然有字，但所用的注音字难以认读，以难注易，比如“刀音舠”，实际上起不到注音的作用。（3）古代的一些同音字到了后世由于语音的变化而不同音，对发音特征所做的描述又过于模糊，致使注音缺乏精确性。从以上三方面的情况看，直音法、读若法、譬况法等注音和描写语音的方法，还不够细致准确，因而缺乏科学性。

汉武帝开通西域，与中亚各国、各民族的交往，使得印度佛教经过中亚的媒介传入中国。据《隋书·经籍志》载：“自后汉佛法行于中国，又得西域胡书，能以十四字贯一切音，文省而义广，谓之《婆罗门书》，与八体六文②之义殊别。”在佛教传入中国的同时，小学家创立了反切拼音法，这在很大程度上归功于梵文拼音原理给予他们的启迪。

所谓“反切”，就是用两个汉字切（拼读）一个字的音。反切上字的声母与所拼字的声母相同，它们是双声关系；反切下字的韵母和声调与所拼字的韵母和声调相同，它们是叠韵关系。可以说，反切法的本质是双声叠韵关系。比如“东，德红切”，“德”的声母（d）和“红”的韵母（ong）相拼，得出“东”(dong)（古代声调是平上去入四声，平声不分阴阳）。在古代汉

---

① 许嘉璐，主编．传统语言学辞典［C］．石家庄：河北教育出版社，1990：295，183，174，16，76.

② 八体六文泛指汉字的形体结构。

语中，一般是一个汉字代表一个音节，绝大多数音节又都可以分为声母和韵母两部分，有些音节没有声母，比如“恩，乌痕切”，“乌”代表“恩”的声母，它实际上在反切中只占一个虚位，并不具有声母的性质，所以称为“零声母”。这样，就可以采用反切法为每一个汉字注音。这显然比直音法和读若法有了很大的进步。

关于反切的产生，历来有外来说和本土说两派意见。外来说认为，反切方法来自西域。比如宋代学者沈括在《梦溪笔谈》卷十五《艺文二》中指出：“切韵之学本出于西域，汉人训字止曰读如某字，未用反切。”郑樵在《通志》卷三十五《六书五》“论华梵”（下）中指出：“切韵之学自汉以前人皆不识。实自西域流入中土。”沈、郑二人所说的“切韵”就是指反切。本土说则把反切的创立时间提前了许多。顾炎武认为，周秦时代已有反切萌芽，古代的合音字比如“不可为叵，何不为盍，如是为尔，而已为耳，之乎为诸”即是反切之始。清代另有学者甚至认为反切产生于汉字创造的时代。

事实上，反切的产生既有汉语结构特点的内部因素也有外在因素的影响，二者缺一不可。古代汉语是单音节为主的语言，每个音节大体上都可以分析成声母和韵母两个部分。这样，就可以利用两个汉字拼合另一个汉字的读音。反切所依据的双声叠韵关系是汉语音节结构所固有的语音特点，这个特点正是反切法得以产生的基本内在因素。内在因素虽然是反切法产生的基本依据，但如果没有特定外在因素的促动，反切法也不一定必然在佛教传入并得到广泛传播的时候产生。顾炎武所说的合音现象只是由于快读产生的一种无意识的言语行为，反切法的产生需要具备熟练的、自觉的语音分析能力，因此，合音现象跟反切法的创立应该没有直接的关联。佛教传入之前，人们还不懂得分析汉语的音节结构，也就难以自觉地离析声母和韵母。正因为如此，许慎[①]在《说文解字》中为汉字注音时，只是采用了直音法，而没有采用反切注音法。随着佛教的传入，小学家受到梵文拼音原理的启示，并借以分析汉字的音节结构，在东汉末年创立了反切拼音法。

三国时期魏国孙炎[②]的《尔雅音义》第一次运用反切法注音，并对反切用字做了初步的规范。孙炎本人也被六朝以后的注音家推为反切的鼻祖。到隋代陆法言[③]的《切韵》（公元 601 年）时，反切的整理已经做到了一音一切，字字有切。陆德明（约公元 550—630 年）的《经典释文》[④]，是今天可以见到的保留下来最完整的整理反切的著作。全书反切注音一万多条，注音时大量引用了六朝反切。这部著作是《切韵》之前汇集反切资料最为丰富的一部工具书，主要汇集先秦经典的音和义，以记录旧音为主，以音明义。作者按照两个原则收集语音资料：一是广采博收，二是标举正音，即在一字多音的情况下，把“会理合时”的音即“正音”放在最前面，以示“遵承”。作者不仅收集正文的音义资料，还对旧注进行训释，即为注文作注。因此，《经典释文》不仅是重要的音韵学著作，也是重要的训诂学著作。

反切法的创立，说明当时的人们已经能够正确地分析汉字的语音结构，而要正确分析汉字的语音结构，就需要具备分析汉语语音和音节结构的能力。过去人们虽然在文学作品中广泛使用了双声叠韵的方法，但这只能说明古人对字音中声母和韵母的感性认识和不自觉的运用。反切方法的建立，说明人们的语音分析能

---

① 许慎（约公元 58—约 147 年），字叔重，汝南召陵即今河南郾城人。

② 孙炎，字叔然，乐安人，今山东博兴县东北。受学于郑玄，时称东州大儒。

③ 陆法言，又作陆词、陆慈，一说法言为字，生平不详。

④ 陈后主至德元年即公元 583 年开始编纂，约完稿于隋灭陈之前，即公元 589 年。

力的自觉和提高。因此，它在汉语音韵学史上具有划时代的意义。

反切法的创立，至少具有四个方面的重要意义：

（1）采用反切法注音，为人们提供了一套行之有效的注音和分析语音的工具。

（2）在反切法的发展中，反切的系统化和规范化，在一定程度上起到了统一读音的作用。中国古代的方言土语十分复杂，如果各方言土语区的人都按自己的口语特点读反切，有些音肯定读不出来，只有按照读书音来读反切，才能够获得共同的读音。因此可以说，读书音寄存于反切，反切又起到了统一读书音的作用。①

（3）为韵书编纂和“字母”的产生提供了重要的条件。

（4）由于反切大体反映了当时的实际读音，因此，后人可以通过反切上下字的系联，整理出当时的声韵母系统。反切法是把被切字分析为声母和韵母两部分。反切上字声母与被切字声母相同，反切下字韵母与被切字韵母相同。同一声母的字不会只有一个反切上字，至少反切下字本身还需要另一个字作为它的反切下字；同一个韵母的字也不会只有一个反切下字，至少反切下字本身还需要一个字作为它的反切下字。在这种情况下，如果对所有反切上字和被切字进行系联，就可以得到一组组反切上字和被切字，每一组就应当是一个声类。同理，也可以采用同样的方法得到反切下字的分组，每一组相当于一个韵类。只要我们据以系联的反切属于同一个语音系统，并且有足够的数量，就可以比较客观准确地求出该语音系统的声类和韵类。从这个意义上讲，古代小学家利用反切法记录的汉字古音，为后人研究汉语的古音系统以及汉语语音的发展演变，提供了有价值的材料。

---

① 何九盈．中国古代语言学史［M］．郑州：河南人民出版社，1985：81.

2. 四声说的建立和发展

汉语很早就是有声调的语言。反切与声调有密切的关系，如果不考虑声调因素，反切法就会失灵。从文献记载看，南北朝之前，只有声调之实，未见声调之名。直到南齐的周颙（公元？—485年）、沈约（公元441—513年）才明确提出“平、上、去、入”四声。他们有关四声的著述已经失传，但据后人的考证可知，周、沈主要根据双声叠韵的原则配置四声，制成纽图①，其中沈约的“纽字图”是在周颙切字用纽的基础上创制的。

关于平上去入四个调类的调值，唐人所撰《文笔式》有这样的描写：“平声哀而安，上声厉而举，去声清而远，入声直而促。”②“哀而安”是出音哀婉而收音平稳，这是平调；“厉而举”是出音激厉而收音扬起，这是升调；“清而远”是出音轻清而收音悠远，这是降调；“直而促”是出音直捷而收音短促，当有塞音尾。看来，周、沈等人选用“平、上、去、入”四个字作为四声的标目不是没有道理的。③

四声的发展与转读佛经时讲究声音的高低抑扬有关。周、沈从经师转读中悟出汉语四声原理，并加以总结归纳，写成专著，使四声之说得以成立。在四声被发现之前，古人有五声之说。五声的名称为“宫、商、角、徵、羽”，它们本是古乐术语，代表五个音阶。北齐李季节依据《周礼·春官·大司乐》中只提到“宫、角、徵、羽”而未出现“商”做出推断，“商”与“宫”同声。这样，五声就变成了四声。也就是说，在李季节看来，以“宫、商”代表平声，“徵”代表上声，“羽”（读如“括羽”之

① 纽即声纽，指汉字声母代表字。

② ［日］空海．文镜秘府论［M］．222. 日僧空海（公元774—835年），法号遍照金刚，于唐德宗贞元二十年即公元804年来中国留学，追封为弘法大师。

③ 何九盈．中国古代语言学史［M］．郑州：河南人民出版社，1985：82—83.

羽，王遇切）代表去声，“角”代表入声。于是，“宫、商、角、徵、羽”五个字正好与“平、上、去、入”四个调类相应。王国维则认为，“五声”实则指五个声调，阳声韵只有一个调类，即平声，阴声韵有平上去入四个调类，加起来正好是五个调类。①

“宫、商、角、徵、羽”是否代表这五个调类？上古音声调是否为五个调类？这还有待进一步讨论。但有一点可以肯定，魏晋时代的所谓“五声”，不会像李季节所说的指四个调类。有人认为，在汉魏六朝时代，可能在有的方言中实际存在着五个调类，而“五声”就是指五个调类。②

四声说创立之初，并没有得到普遍的认可。直到隋代陆法言按照四声的顺序编排《切韵》中的韵字，特别是后来《切韵》成为科举考试写诗为文的用韵规范之后，四声说才成为定说。

四声说的产生和反切法的发明有密切关系。汉语是有声调的语言，它的语音结构是由声、韵、调三个部分有机组合而成的。反切法的作用是区别一个音节的声母和韵母，而四声的确立则进一步把声调从整个音节中区分出来，从而完整地揭示了汉语音节的内部结构。因此，如果没有声、韵、调的区分，反切法也就失去了意义。

反切法的创立，为韵书的出现提供了条件。有了反切，人们有可能通过反切字声韵的系联，归纳出声类和韵类，这为声韵结构的研究提供了可靠的依据。四声说的建立，则为后来韵书编纂中的“以声调为纲、以韵目为经”的分韵排列方式，提供了必要的条件。就此而言，反切法和四声说的创立，是汉语音韵学产生的重要标志。

---

① 王国维给罗振玉的信，载《中国历史文献集刊》第一集。

② 何九盈．中国古代语言学史［M］．郑州：河南人民出版社，1985：85—87.

二、韵书的产生和发展

韵书是以审音辨韵为目的的工具书。韵书的编纂方式是按韵归字，即以韵母为核心，通过归纳声调和声母，把汉语中的同音字罗列在一起，并做一定的训释，供人们检索，目的是帮助人们写诗著文时查找押韵的字。同时，它是研究中古和近代音韵最重要的资料和依据，也是研究上古音韵的基础。

反切拼音法和四声说的创立，为韵书的编写提供了条件。后来，人们类集反切下字，编定成书，韵书便应运而生。一般认为，最早的韵书是三国时代魏国李登的《声类》①。随后，晋代吕静仿照《声类》撰《韵集》。对于魏晋时期这类著作的性质，学术界的意见存在分歧。不过，从后人书中转引的少量字条看，这些著作已经开始全面运用反切注音，训释条例也与后世正统韵书相近，因此，即使这类著作还称不上严格意义的韵书，至少也为六朝韵书的产生奠定了基础。

六朝时期，文人的创作致力于声律和形式，由此导致了韵书的产生。据统计，魏晋南北朝时期，各类韵书多达二十五种，仅《隋书·经籍志》一书的记载就有十二种之多。遗憾的是，这一时期的韵书都已失传。韵书的出现，标志着音韵学的正式创立。从编排方式上看，古代的韵书主要有两种类型：（1）陆法言《切韵》一系的韵书。这类韵书先把所有汉字按声调分开，每一声调内再分韵，韵内再按照声母归纳同音字。（2）周德清《中原音韵》一系的韵书。这类韵书先把所有汉字按韵分开，每一韵之内再分声调，声调内再按声母归纳同音字。也有人把兰茂②《韵略

---

① “声类”既指古代汉语声母的类别，也指古代的韵部。

② 兰茂（公元1397—1476年），字廷秀，号止庵，明朝音韵学家，云南嵩明人。

易通》一系的韵书作为单独的一类。这类韵书先把所有汉字按韵分开，每一韵之内再分声母，声母内再按声调归纳同音字。[①] 无论采用哪种编排方式，古代韵书中的分类都直接或间接地显示出了声类、调类和韵类。因此，对于后人研究古代的声、韵、调系统而言，韵书无疑是最便捷、最有价值的材料。

1.《切韵》一系的韵书

在上述几类韵书中，《切韵》一系的韵书应用得最为广泛。《切韵》的编排方式不仅为多数韵书采用，而且还在一定程度上影响到其他种类的古籍，比如类书。

隋代陆法言编写的《切韵》，是中古时期最重要的韵书。《切韵》的原书没有保留下来，据后人研究可知，全书按声调排列，由于平声字较多，因此，把平声分为上平、下平两卷，上、去、入三声各一卷，共五卷，其中平声 54 韵，上声 51 韵，去声 56 韵，入声 32 韵，共计 193 韵，收 12158 字，全书共 33922 字。后人增加两韵，成为 195 韵。《切韵》是音韵学历史上具有划时代意义的著作，它既是前代韵书的继承和总结，又是后世传统韵书发展变化的基础，隋朝以后的各种韵书（《中原音韵》一系的韵书除外），几乎都没有脱离它的框架。它占据韵书统治地位长达一千多年之久，足见其在音韵学中的重要地位。由于《切韵》是以前各家韵书的继承和总结，而且比以往任何一部韵书都享有更高的声望，被当时以及后来的学术界、文化界所重用，因此，为《切韵》增字加注的人也特别多。时间一长，陆法言的原书反而不见了，只有一篇《切韵》序完好地保存了下来。

继《切韵》之后，唐高宗仪凤二年（公元 677 年），长孙讷言为《切韵》作笺注，但原书已经失传。唐中宗神龙二年（公元

---

① 许嘉璐，主编．传统语言学辞典［C］．石家庄：河北教育出版社，1990：551.

706年)，王仁昫（又作王仁煦）作《刊谬补缺切韵》。“刊谬”是指剔除原书中的谬误，“补缺”则是增加韵字和义训。《切韵》原为33922字，新增加26453字。通过此书可以了解《切韵》以及六朝韵书的分韵情况，了解这些韵书和分韵之间的联系。唐代孙愐为《切韵》增字加注，写成《唐韵》，在原来193韵的基础上增加了11韵，成为204韵，再加上广、严二韵，共206韵。原书已经失传。

今天能够见到的最古老、最完整的韵书，是宋朝陈彭年、邱雍等人奉诏编撰的《大宋重修广韵》①。“重修”是指为增补《切韵》而作，它是我国古代第一部官修韵书。作者承袭陆法言的《切韵》和唐代诸家韵书的体例，但对韵的分部更细，共分206韵（部)，收两万六千多字，注释十九万多字。正如《切韵》集魏晋南北朝韵书之大成一样，《广韵》则广泛吸收了唐人增订《切韵》的成就，因此，自产生之日起，不仅代替了《切韵》和唐代各种《切韵》增订本的地位，而且比以往所有韵书都流传得更加广泛，影响也更大。

《广韵》是研究汉语中古音的基本依据，研究上古音、近代语音乃至现代语音都以它作为重要的对比材料。它虽然是专为写诗作文编制的，但由于对字音的分析，对汉字古代读音的系统归纳，加之《切韵》中的反切保留了不少早期汉语的语音特点，这些都为汉语语音发展演变的研究提供了宝贵的资料。按照编撰者的说法，《切韵》的原则是“论南北是非，古今通塞”，意在存古。按照王力的解释②，“南北是非”指“合于古则是，不合于古则非”；“古今通塞”指“合于古则通，不合于古则塞”。当四百多年后陈

---

① 简称《广韵》，成书于1008年。

② 王力．中国古代语言学史［M］．太原：山西人民出版社，1981（第1版），1985（第2次印刷）：70.

彭年等人增订《切韵》而成《广韵》时，书中所使用的反切虽然已经大体适应了当时的语音状况，并对《切韵》有了不少修订，但《广韵》对《切韵》的修订并不彻底，“存古”之意未改。

《切韵》、《广韵》一类韵书的共同特点是，分韵细密，所有韵部都统属平上去入四声之中。属于这一类的韵书还有宋朝丁度等人的《集韵》①、金代韩道昭的《五音集韵》（金章宗泰和八年，相当于南宋宁宗嘉定元年，即公元 1208 年）、金代王文郁的《平水新刊韵略》②、宋代刘渊的《壬子新刊礼部韵略》③、元代熊忠的《古今韵会举要》④ 等。

《集韵》是在增订《广韵》基础上编纂而成的，与《广韵》一样分 206 韵，收字 53525 个，其中新增字 27331 个，共分十卷。主要特点是收字较多，注解详细，对旧的反切做了一定程度的改进。《五音集韵》的最大特点是合并了《切韵》的韵部，把《切韵》的 193 韵合并为 160 韵，并且把 160 韵之内的字全部按照“五音”（三十六字母）分类排列。《平水新刊韵略》把上下平声合并为各 15，上声 29，去声 30，入声 17，共 106 韵。

《壬子新刊礼部韵略》（《平水韵》）把《集韵》的 206 韵合并为 107 韵，与《平水新刊韵略》相比，上声多一韵。从音韵研究的角度看，由于大大简化了韵部，因此，历代音韵学家一般不大重视《平水韵》，但它却对后代文学语言具有很大的影响，诗人作诗押韵实际上不是根据《切韵》的 193 韵和《广韵》的 206 韵，而是根据《平水韵》的 106 韵。

---

① 宋仁宗宝元二年，公元 1039 年。

② 王文郁为“平水书籍”。平水即平阳，地名；书籍为官称。

③ 宋理宗淳祐十二年，即公元 1252 年，因刘渊为平水人，故简称《平水韵》。

④ 元成宗大德元年，即公元 1297 年。

《古今韵会举要》按三十六字母107韵排列。从表面看，它大体依照传统韵部，实际上照顾了元代的语音系统，因此，在守旧的表层之下，蕴涵着革新的意味。因此，也有人把它归入“北音韵书”即《中原音韵》一系的韵书。

属于《切韵》一系的韵书一般被称做“今韵书”，这方面的研究被称做“今韵学”。今韵学又称“今音学”，是音韵学的分支之一。总体看来，《切韵》系统的韵书在韵部的划分上经历了由简到繁、由繁到简的过程；在音系、编排等方面也不断有所改革，但实质性的变化并不明显。

关于《切韵》一系韵书的性质，学术界历来存在不同的看法。所谓《切韵》音系的性质，是指它区分音类的依据、反映的方言特点、是单纯音系还是综合音系。对此，可以把学术界的各种不同看法大体概括为两类。

一种看法认为，《切韵》和《广韵》代表的是一时一地的音系。清代学者陈澧[①]在《切韵考》卷六中指出：“陆氏分二百零六韵，各韵又分二类、三类、四类者，非好为繁密也，当时之音实有分别也。”他认为，切韵代表的是一个单一的语音系统，应当从内部研究它的音系结构。陈澧的分析主要采用系联反切上下字的方法，对《广韵》（《切韵》）的声类、韵类加以考证。陈澧系联法依据的基本原理是：“切语之法，以二字为一字之音。上字与所切之字双声，下字与所切之字叠韵。上字定其清浊，下字定其平上去入。上字定清浊而不论平上去入，下字定平上去入而不论清浊。”“其体例精约如此，盖陆氏之旧也。今考切语之法，皆由此而明之。”陈澧的系联法虽然存在不少缺陷，但它是我国音韵学方法的一大创造，对音韵学的发展特别是研究方法的发展，具有重要的价值。

---

① 陈澧（公元1810—1882年），字兰甫，广东番禺人。

在近现代学者中，瑞典汉学家高本汉[①]认为，《切韵》忠实地记录了长安话，是公元7—10世纪的汉语共同语。在他看来，汉语语音的发展脉络是：以《诗经》为代表的上古音→以《切韵》为代表的中古长安音→现代诸方言。陈寅恪[②]、李荣[③]等人认为，《切韵》代表的是洛阳音系；周祖谟[④]认为，《切韵》代表了金陵士大夫的语音，并且比较系统地论证了《切韵》音系代表的是六世纪文学语言的语音系统。

另一种看法认为，《切韵》和《广韵》并不是一时一地的音系，而是一个综合音系。清代学者顾炎武在上古音的研究中，采用了"借今音离合以求古音"的方法，以《广韵》作为分合古韵的出发点，因此，他对《广韵》的研究和一些看法值得重视。顾炎武主要从两个方面研究《广韵》：一是考察《广韵》的来源，一是探讨《广韵》的音系性质。顾炎武认为，《广韵》的来源十分古老，他主张《广韵》具有综合音系的性质。[⑤] 在顾炎武之后，江永[⑥]不仅认为《广韵》中有古音和方音成分，而且对《广韵》的音系做了进一步研究，其成果主要体现在他的《四声切韵

---

① Bernhard Karlgren（公元1889—1978年），瑞典汉学家。1909—1912年在中国从事汉语方言的调查研究，1915年获博士学位。1931年任哥德堡大学校长，1956—1964年任皇家文史考古研究院院长。他在汉语音韵学方面的著作主要有《中国音韵学研究》（études sur la phonologie Chinese：1915—1926，赵元任，罗常培，李方桂，译．北京：商务印书馆，1940，1948，1994年出版缩印本）、《中上古汉语音韵学纲要》(Compentium of Phonetics in Ancient and Archaic Chinese：1954. 聂鸿音，译．济南：齐鲁书社，1987）等。

② 陈寅恪．从史实论切韵［J］．岭南学报，1949（第9卷第2期）．

③ 李荣．陆法言的《切韵》［A］．音韵存稿（李荣著）［C］．北京：商务印书馆，1982.

④ 周祖谟．《切韵》的性质和它的音系基础［A］．问学集（李荣著）［C］．北京：中华书局，1966.

⑤ ［清］顾炎武．音学五书·音论［M］．北京：中华书局（影印本），1982.

⑥ 江永（公元1681—1762年），字慎修，安徽婺源江湾人（今属江西）。

表》中。顾炎武认为《广韵》之中的一字异读现象里既有古音也有今音，戴震则进一步从整个韵部系统出发，认为《广韵》韵部中兼有古本音和今变音，比如“东”韵是古本音，“江”韵是今变音，因此，《广韵》虽然依据今音编纂而成，但其中有不少古音成分。段玉裁[①]接受了戴震的看法，并按照他所提出的原则区分《广韵》中的“正音”和“变音”。“正音”就是古本音，“变音”则是从正音分化出来的今音。章炳麟在《国故论衡（上）》中指出：“《广韵》所包，兼有古今方国之音，非并时同地得有声势二百零六种也”。

现代学者黄淬伯[②]认为，《切韵》是涵盖了不同方言和多种韵书的综合音系。董同龢[③]认为：“他们分别部居，可能不是依据当时的某种方言，而是要包罗古今方言的许多语音系统。”罗常培[④]认为，《切韵》的分韵采取的是所谓“最小公倍数的分类法”。陆志韦[⑤]认为，《切韵》代表六朝时期汉语的整个局面，不代表任何一个方言。王力[⑥]认为，“《切韵》的系统并不能代表当时（隋代）的首都（长安）的实际语音，它只代表一种被认为文学语言的语音系统。这种语音系统纯然是属于书面语的。”邵荣芬[⑦]指出：“《切韵》音系大体是个活方言音系，但也多少吸收了一些别的方

---

① 段玉裁（公元 1735—1815 年），字若膺，一字懋堂，江苏金坛人。

② 黄淬伯．讨论《切韵》的韵部与声纽［J］．语言历史研究所周刊，1928（第 6 集 61 期）．慧琳一切经音义反切声类考［J］．中央研究院历史语言研究所集刊，1930（第 1 本第 2 分）．慧琳一切经音义反切考韵表［J］．国学丛刊，1930（第 2 卷第 2 号）．

③ 董同龢．汉语音韵学［M］．台北：广文书局，1968.

④ 罗常培．切韵鱼虞之音值及其所据方言考——高本汉切韵音读商榷之一［J］．中央研究院历史语言研究所集刊，1931（第 2 本第 3 分）．

⑤ 陆志韦．古音说略［J］．燕京学报（专号之二十），1947. 又见陆志韦．陆志韦语言学著作集（第 1 集）［C］．北京：中华书局，1985.

⑥ 王力．汉语史稿（上册）［M］．北京：中华书局，1957.

⑦ 邵荣芬．切韵研究［M］．北京：中国社会科学出版社，1982.

音的特点。具体地说，它的音系基础是洛阳音系，它所吸收的方音特点主要是金陵话的特点。”张琨①进一步认为，《切韵》不完全是从《诗经》发展而来的。早在《诗经》之前，原始汉语就分化为北方汉语和南方汉语，《切韵》既包含了以《诗经》为代表的北方汉语系统，也包括了《诗经》以外的南方汉语系统。也就是说，《切韵》所反映的语音系统是一个综合系统。

从现有的资料和研究成果看，目前，后一种说法即认为《切韵》代表的是一个综合音系的看法，已经为大多数人所接受。当然，陆法言在综合古今南北音系的时候，必定是以一种具体方言的音系为基础的，多数学者认为，这种基础方言的音系是洛阳音的可能性最大。正因为《切韵》音系具有综合的性质，因此，现代汉语的大部分方言的语音差异都可以从中找到根源，在阐述上古到现代语音变化过程的时候，也可以用它作为参照。也正是因为《切韵》的这种性质，才更显示出它的重要价值。有人认为，《切韵》音系既不能作为中古语音的代表，也不能在它的基础上建立音韵理论和音韵体系。不过，《切韵》作为一个中古综合的审音体系，由于它综合了当时中国南北两方确实存在着的详细音类，因此，它可以作为我们考察不同时期、不同地域的汉语语音音类分合的理论语音参照系统，以及语音命名系统。②

2. 北音韵书

在传统音韵学中，一般把《中原音韵》一系的韵书称做“北音韵书”。这类韵书的主要特点是摆脱了《切韵》系统的束缚，主要依据近代汉语北方话的实际语音特点编制而成。这一系列的韵书主要反映汉语口语语音特点，分韵较少，大多不保留入声，声

① [美]张琨．汉语音韵史论文集［C］．张贤豹，译．台北：联经出版事业公司，1987.

② 周祖庠．新著音韵学［M］．上海：上海辞书出版社，2003：109.

母系统也比较简单，因此，大体代表了近古汉语的语音特点。由于《中原音韵》是这类韵书的代表，所以又称《中原音韵》一系的韵书。属于这一系的韵书还有元朝卓从之的《中州音韵》（全称《中州乐府音韵类编》）、明朝范榛的《中州全韵》、明朝王文璧的《中州音韵》、明朝乐韶凤、宋濂等人奉诏编修的《洪武正韵》、明朝兰茂的《韵略易通》（有人将其单独作为一类韵书的代表）、明代毕拱辰的《韵略汇通》、清朝樊腾凤的《五方元音》等。

为了满足北曲创作的需要，元代周德清[①]依据大都（今北京）的实际语音（元代著名戏曲中押韵的字）撰成《中原音韵》（成书于元泰定甲子年，即公元 1324 年）。此书分两部分：前一部分是韵谱，它是北曲押韵的标准；后一部分是“正语作词起例”，论述北曲语言艺术的法则。作者在“自序”中把“曲”称做“乐府”，并且指出：“欲作乐府，必正言语，欲正言语，必宗中原之音。”这种明确地以中原语音为编写韵书标准的主张，是对传统韵书编写原则的重大改革。由于此书纯粹以一个地点的语音（大都的实际语音）为根据，因此，在描写语言学和历史语言学方面都有很高的价值。

《中原音韵》分十九部，每部之内含阴平、阳平、上声、去声，没有入声，这与《切韵》、《广韵》有很大的不同。《切韵》、《广韵》一类的韵书虽然把平声分为上平和下平两部分，但只是因为平声字太多才分为上下两卷，而不是表明平声字本身有什么区别。到了元代，由于声母清浊的影响，平声已经分为阴阳两类——与清声母结合的变成了阴平，与浊声母结合的变成了阳平。与此相关，由于塞音韵尾-p、-t、-k 的消失，入声随之消失，分别归入平声、上声、去声之中。可以把这两方面的变化概括为一条语音发展规律：平分阴阳，入派三声。周德清《中原音韵》的

① 周德清（公元 1277—1365 年），字挺斋，江西高安人。

主要贡献之一，就是发现了这方面的变化。以北京语音为标准音点的普通话的语音系统，就是从《中原音韵》所反映或代表的语音系统发展而来的。

《中原音韵》的价值主要体现在以下三个方面：

（1）描写了元大都地区的实际语音系统，为汉语语音史建立了一个近代语音平面，使后人不仅可以了解元大都的语音面貌，而且可以追溯现代北京话的语音源头。

（2）由于《中原音韵》描写的是不同阶层所能接受的共同语音——“中原之音”，随着北曲的兴盛和流行，自然扩大了“中原之音”的影响，提高了它的权威地位，对于汉民族共同语的形成，起到了很大的作用。周德清关于“中原之音”将成为人间“通济之言”（共同语）的看法，是很有远见的。自金元以来，我国政治、文化的中心逐渐转移到黄河下游一带，特别是元朝建都北京，使得北京语音的地位显得更加重要。

（3）打破了《切韵》一系韵书的束缚，对当时“泥古非今，不达时变”的观念，对《切韵》一系韵书只注重代表非今非古、非南非北的语音而忽视当代实际语音的做法，提出了尖锐的批评。这些都对当时以及后世的音韵研究具有重要的理论意义和方法论价值。

《切韵》、《广韵》一系的韵书原本是隋唐时期所编纂的代表古今南北语音的韵书，但后来北方汉语的语音变化较快，而南方汉语尤其是东南地区汉语语音的变化较慢，保留了许多古音成分。周德清认为《广韵》是“闽海之音”的看法是欠妥的，因为《广韵》的前身《切韵》、《唐韵》本来就是隋唐时代编纂的代表古今南北语音的韵书，后来北方汉语的语音变化较快，东南江、浙、闽、粤诸省的汉语语音变化较慢，因此古音就保留得比较多，但不能认为《广韵》代表任何一种方言包括“闽海”一带的语音。

三、声母的确立

从音韵学角度看，音韵学家对声母的研究晚于韵母。这与我国古代诗歌特别发达有关。为了方便人们写诗作文押韵的需要，前人编写的韵书都是按韵编排的。音韵学家不仅可以以此了解每个字的用韵情况，而且可以在此基础上归纳韵类。汉字不是拼音文字，过去又没有创制一套拼音符号，只能用汉字代表语音系统中的声母[①]和韵母。早期的韵书虽然采用反切上字表示声母，但并没有统一的标目，同一个声母可以用好几个不同的反切上字表示。比如在《广韵》中，同一个 d［t-］声母，采用了“都、丁、多、当、得、德、冬”等七个不同的反切上字做代表。在这种情况下，音韵学家依据早期的韵书就很难了解声母的状况。直到唐朝末年，才有人参照梵文和藏文的“体文”，创立了“字母”，[②]用来标明声母的类别。每一类举一个代表字，例如用“帮”字作为［p-］声母的代表字，称做“帮”字母或“帮”母字。

字母的创制大约在唐朝末年。在敦煌发现的唐代写本《归三十字母例》（现藏英国伦敦博物馆）和《守温音韵学残卷三十字母表》，是目前能够见到的最早的两种字母表。[③]

三十字母的制定，是音韵学家对中古汉语声母系统的首次归纳。守温创制的三十字母，与《归三十字母例》中的字母总数、字母用字都相同，说明二者是相同或相近的声类系统。二者在字母发音部位的归类和编次上略有不同，这体现了守温的声母分类思想：

---

① 在音韵学中，声母又叫字母、声类、纽、声纽。这些名称都是古代学者称呼声母的别名，它们都是指字音开头的部分。

② “字母”一词来源于梵文的“摩多”（mata），指声母的代表字，不包括韵母，韵母的代表字叫韵目。

③ 敦煌唐写本《归三十字母例》中的三十字母如下：端、透、定、泥；审、穿、禅、日；心、邪、照；精、清、从、喻；见、溪、群、疑；晓、匣、影；知、彻、澄、来；不、芳、並、明。

唇音：不、芳、並、明；

舌音(舌头音和舌上音)：(舌头音) 端、透、定、泥；

(舌上音) 知、彻、澄、日；

牙音：见、溪、群、来、疑；

齿音(齿头音和正齿音)：(齿头音) 精、清、从；(正齿音) 审、穿、禅、照；

喉中音 (喉中清音和喉中浊音)：(喉中清音) 心、邪、晓；(喉中浊音) 匣、喻、影。

与“字母”一词来自于梵文一样，把声母分为五类发音部位(五音)，用“清”、“浊”表示发音方法，同样受到了梵文拼音原理的影响。有四个方面的理由可以说明守温三十字母系统明显受到梵文、藏文拼音原理的影响：

(1) 公元7世纪中叶 (唐朝初期)，藏族学者参照梵文字母创制的藏文字母也是三十个。据罗常培的研究，藏文三十字母在公元8世纪之前已经传入中原，它很有可能成为守温制定三十字母的蓝本。①

(2) 守温三十字母不仅有声母发音部位的名称，而且以发音部位分组。这与梵文、藏文字母发音部位的分组大体一致。

(3) 梵文、藏文字母中每一组字大致按照发音方法为序排列，即：不送气清音→送气清音→不送气全浊音→送气全浊音→鼻音。守温三十字母中每一组字的排列大致也是按照这个顺序，只是根据声母的特点在字母的安排上有所增减。比如梵语全浊声母有送气和不送气两套，守温字母只有一套，这是根据汉语实际减少的。

① 罗常培．梵文颚音五母之藏汉对音研究 [J]．中央研究院历史语言研究所集刊，1931 (第3本第2分)．

（4）守温本人是佛教徒，“字母”一词又是佛教徒从梵文翻译过来的，这更能说明三十字母的梵、藏来源。正如罗常培所说：“守温初作字母，仅类聚反切上字而参对梵、藏体文，于梵、藏有而华音无者固皆删汰，于华音有而梵、藏无者亦付阙如。”[①]可见，守温制定的三十字母，不仅参考了梵文，而且参考了藏文。不过，由于藏文字母也是仿照梵文字母创制的，因此，归根结底，三十字母是依照梵文字母而来的。

三十字母系统的不足主要是过分拘守梵、藏字母的范围。随着汉语语音的发展以及人们对汉语语音认识的不断深入，三十字母与实际读音的差距日益明显。于是，宋人在三十字母基础上增加了轻唇音（非、敷、奉、微）、舌上音（娘）、正齿音（床）六个字母，成为三十六字母。它们大体上代表了唐宋时期汉语语音系统的三十六个声母：[②]

帮 滂 並 明　　非 敷 奉 微
[p] [p′] [b] [m]　　[pf] [pf′] [bv] [ɱ]
端 透 定 泥　　知 彻 澄 娘
[t] [t′] [d] [n]　　[ȶ] [ȶ′] [ȡ] [ȵ]
精 清 从 心 邪　照 穿 床 审 禅
[ts] [ts′] [dz] [s] [z]　[tɕ] [tɕ′] [dʑ] [ɕ] [ʑ]
见 溪 群 疑　　影 晓 匣 喻　来 日
[k] [k′] [g] [ŋ]　　[ø] [x] [ɣ] [j]　[l] [ȵʑ][③]

① 罗常培．敦煌唐写本守温韵学残卷跋［A］．罗常培语言学论文选集［C］．北京：中华书局，1963.

② 上行汉字为三十六个声母的代表字，下行音标为通行的音值构拟。

③ “並”母不能写作“并”，因为“并”字是古“帮”母字；这里的“溪”字应当读 qī 音。有人把“非敷奉微”的读音构拟为唇齿音［f、f′、v、ɱ］，ø 表示零声母；有人把“影”构拟为喉塞音［ʔ］。高本汉把“日”母的读音构拟为舌面前鼻音加擦音［ȵʑ］，即半舌音加半齿音；董同龢、周法高、李荣等人构拟为［ȵ］。

四、等韵学

等韵学是传统音韵学审辨汉字字音、分析汉语发音原理和方法的学问。等韵学发端于唐末，主要是由于人们研究反切、分析汉字字音结构而引起的。

早在六朝时期，人们进行梵、汉对译时，就常常采用一些范畴来区别梵音的特征。比如在送气的全浊声母上注“重声”，在不送气音上注“稍轻”，在鼻音上注“不轻不重”。这实际上是对辅音发音方法的一种区别。也有人在舌上音上注“重”，在舌头音上注“轻”，这实际上是对辅音发音部位的区分。

到了唐代，译经事业发达，审音、辨音显得更加重要，人们对音类的区分也更趋细密。唐末，音韵学家已经开始按照“等”来分韵。到了宋代，等韵学达到鼎盛。

1. 等呼

根据韵母中主要元音及介音发音状况划分的类别称做“等”。它是等韵学中的基本概念之一，大约产生于唐代。

过去，一般都认为“等”是专为韵母分类设立的，李新魁则提出了独到的见解。他认为，“等”最初是对声类的分类，后来才扩展为对整个音节的分类，中古韵图对“等”的划分仍然是声韵并重。①

“等”的概念既与韵母也与声母有联系，因为声母和韵母具有一定的配合关系。比如在等韵图中，轻唇音只出现在三等，舌头音只出现在一等和四等，舌上音只出现在二等和三等，齿头音没有二等，正齿音没有一等和四等，日母只有三等。韵图中声母和等的配合情况如下：

---

① 李新魁．汉语等韵学［M］．北京：中华书局，1983.

	半半齿舌音音	喉音	齿音	牙音	舌音	唇音
一等	来	匣晓影	心从清精	疑溪见	泥定透端	明並滂帮
二等	来	匣晓影	禅审床穿照	疑溪见	娘澄彻知	明並滂帮
三等	日来	喻晓影	禅审床穿照	疑群溪见	娘澄彻知	明並滂帮 微奉敷非
四等	来	喻匣晓影	邪心从清精	疑群溪见	泥定透端	明並滂帮

在汉语语音结构的分析中，“等”的概念是一个十分有用的工具。它的运用早已越出等韵学的范围，在分析切韵音系以至上古汉语音系时，都产生了很大的作用。①

到了唐末宋初，“等”的用途被转移到韵类上，即从韵的角度对韵母进行分类。汉字的韵母通常分为韵头（介音）、韵腹（主要元音）、韵尾三个部分。比如“天”［t′iɛn］（t′ien《中原音韵》），t′是声母，ien 是韵母。在韵母中，i 是介音，即韵头；e 是主要元音，即韵腹；n 是韵尾。音韵学家根据韵母中介音［i］的有无、主要元音的洪细，把韵母分为四等。

四等的区别在于声音的洪细，即发音时口腔共鸣的大小。清代小学家江永在《音学辨微·辨等列》中指出：“一等洪大，二等次大，三四皆细，而四尤细。”用现代语言学的术语来说就是，一二等韵没有［i］介音，所以声音“大”；三四等韵有［i］介音，所以声音“细”；二等韵的主要元音比一等韵的舌位稍前稍高，发音时口腔共鸣空间稍小，所以是“次大”；四等韵的主要元音比三等韵的舌位更前更高，发音时口腔共鸣的空间最小，所以“尤细”。

① 许嘉璐，主编．传统语言学辞典［C］．石家庄：河北教育出版社，1990：60.

等	[i] 介音	主要元音洪细		例字	
	的有无	开口度	舌位	中古发音	现代发音
一	无	最大	较后	豪 [-ɑu]	-ɑu
二	无	次大	较前	肴 [-au]	-ɑu
三	有	较小	在前	宵 [-iɛu/-iæu]	-iɑu
四	有	最小	最前	萧 [-ieu/-ɛu]	-iɑu

"呼"最初指开口呼和合口呼两类：凡介音或主要元音是 [u] 的韵母，属于合口呼，其他则是开口呼。在《广韵》系统里，分两呼八等，两呼指开口呼和合口呼，开、合两呼又分为一、二、三、四等。等、呼本是两个概念，由于后来两呼八等合流，变为四呼：开口一二等变开口呼，开口三四等变齐齿呼，合口一二等变合口呼，合口三四等变撮口呼。这样，韵母系统大为简化，所以，分析现代汉语只需四呼，用不着八等的概念。我们现在所说的四呼现象大致在元代以后形成。一般而言，后来的齐齿呼属于原来的开口呼，撮口呼属于原来的合口呼。

2. 七音（九音）

等韵学起初又称"七音之学"。"七音"源于"五音"，它们都是指声母按发音部位而区分的类别。"五音"指唇音、舌音、齿音、牙音、喉音。五音之分最早见于南朝梁陈之间的顾野王《玉篇》所附《五音声论》、守温《韵学》残卷以及宋代《广韵》所附《辨字五音法》。宋人增补三十字母为三十六字母之后，又把"来"母定为半舌音，把"日"母定为"半齿音"。于是，五音便成为"七音"。后来，音韵学家又在七音基础上增加到九音。五音、七音、九音对比如下：

五音：唇音、舌音、齿音、牙音、喉音

七音：唇音、舌音、(半舌音)、齿音、(半齿音)、牙音、喉音

九音：重唇音、轻唇音、舌头音、舌上音、齿头音、正齿音、牙音、喉音、半舌半齿音

从发音方法上，等韵学把声母分为全清、次清、全浊、次浊四类。[①] 在古代汉语里，浊声母比现代汉语多得多，因此，音韵学家在分析声类（纽）的清浊时，进一步做了分类，即把清音分为全清和次清，把浊音分为全浊和次浊（又称“不清不浊”）。

这样，以七音（九音）为纲重编三十六字母，就可以把声母代表字（三十六字母）的发音部位、发音方法排列出来。下页是“三十六字母发音部位和发音方法新旧名称分类对照表”（旧名左列为七音，右列为九音）。

等韵学的主要目的是审音，采用“等呼”理论分析汉语韵母的结构，采用“五音”、“七音”分析声母的发音部位，采用“清浊”分析声母的发音方法。这种分析方法与现代语音学辅音和元音分析方法是相通的。等韵学的建立，标志着音韵学的成熟。

3. 韵图

有了声母和韵母的分类，就可以把声韵母结合起来拼读。为了简洁地表示声韵母结合拼读的情况，音韵学家编制了韵图，即采用韵图的办法拼写汉字的字音。所谓“韵图”，就是运用等韵的理论和方法，分析韵书的反切、排列韵书的音节、表现韵书音系的图表。图表内同一纵行表示声母相同或相近，同一横行表示相同的韵母和声调，分两呼四等相拼而成字音。今天看来，拼音是一件非常容易的事，那是因为有了拼音字母的缘故。古人利用

① 全清声母指不送气的清塞音、塞擦音和擦音；次清声母指送气的清塞音、塞擦音；全浊声母指浊塞音、塞擦音和擦音；次浊声母指浊鼻音、边音、半元音。

汉字做反切，上字只取声母，下字只取韵母，两字“急读”往往难以拼出准确的读音，所以，只有靠韵图来解决：利用横行即韵图横推相同的韵母和声调，利用纵行推看相同或相近的声母，可以准确查出反切的正确读音。这样看来，韵图的作用实际上是一种“反切图”或“查音表”。

三十六字母发音部位和发音方法新旧名称分类对照表

发音部位旧名		发音部位新名	全清	次清	全浊	次浊	全清	全浊
三十六字母		发音方法旧名与新名	不送气不带音的塞音塞擦音	送气不带音的塞音、塞擦音	带音的塞音、塞擦音	带音的鼻音、边音、半元音	不带音的擦音	带音的擦音
唇音	重唇	双唇音	帮[p]	滂[p′]	並[b]	明[m]		
唇音	轻唇	唇齿音	非[pf]	敷[pf′]	奉[bv]	微[ɱ]		
舌音	舌头	舌尖中音	端[t]	透[t′]	定[d]	泥[n]		
舌音	舌上	舌面前音	知[ȶ]	彻[ȶ′]	澄[ȡ]	娘[ȵ]		
齿音	齿头	舌尖前音	精[ts]	清[ts′]	从[dz]		心[s]	邪[z]
齿音	正齿	舌面前音	照[tɕ]	照[tɕ′]	床[dʑ]		审[ɕ]	禅[ʑ]
牙音		舌根音	见[k]	溪[k′]	群[g]	疑[ŋ]		
喉音		零声母	影[ø]					
喉音		舌根音					晓[x]	匣[ɣ]
喉音		半元音				喻[j]		
半舌音		舌尖中边音				来[l]		
半齿音		舌面鼻擦音				日[ȵʑ]		

韵图的作用主要体现在两大方面：一是实用性。它可以阐明反切，辨明语音的实际发音特点，为人们提供练习发音的工具。二是学术价值。它采用以简驭繁的方式，表现整个音系的特点，实际上是古代的音节表，可以较完整直观地显示出语音组合的系统性，同时也可以为后人提供音变的线索，为语音史的研究提供参考。

最早的等韵图是为《切韵》、《广韵》一类韵书服务的，它们把韵书中的现成音系编排成图表，目的是展示韵书中的全部音节，并使得原来比较隐晦的音节结构更为直观。元明以后，有些等韵学家直接从口语中归纳音系，编成韵图。古音学发展起来以后，还有人为上古音编出了韵图。最重要的与韵图有关的等韵学著作有宋代张麟之刊行的《韵镜》①、宋代郑樵②的《七音略》③、南宋杨中修的《切韵指掌图》④和《四声等子》⑤、元朝刘鉴的《切韵指南》⑥，以及明代梅膺祚《字汇》后附《韵法直图》、《韵法横图》，《康熙字典》前附《字母切韵要法》、清代潘耒⑦的《类音》、江永的《音学辨微》和《四声切韵表》等。

按王力的看法，上述韵图分为三派：第一派以《韵镜》和《七音略》为代表，把字音分为二呼，每呼分四等，按照《切韵》的韵部分为四十三图；第二派以《四声等子》、《切韵指掌图》、《切韵指南》为代表，把字音分为二呼，每呼分四等，但把《切韵》的韵部合为二十图或二十四图；第三派以《韵法直图》、《韵法横图》、《字母切韵要法》、《类音》为代表，把字音分为四呼，不再分等。三派的划分既跟时代的发展也跟汉语本身的发展特点有关。第一派韵图产生于南宋之初或北宋后期，即 12 世纪以前；第二派产生于 12—14 世纪之间；第三派产生于 16 世纪以后，当

---

① 作者不详，成书年代可能在唐五代或宋初，为帮助理解《切韵》字音的拼切编著。

② 郑樵（公元 1103—1161 年），字渔仲，福建莆田人。

③ 为表现《切韵》音系编著。王力认为上述两部书实际是一部书，原名《七音韵鉴》，镜就是鉴，《韵镜》即《韵鉴》。参见王力．汉语音韵［M］．北京：中华书局，1980：81.

④ 有人认为，此书的作者不详。

⑤ 作者不详，约成书于 12 世纪以后。

⑥ 全称《经史正音切韵指南》，成书于元顺帝至元二年，即公元 1336 年。

⑦ 潘耒（公元 1646—1708 年），字次耕，江苏吴江人。清代音韵学家，顾炎武的弟子。代表作《类音》共八卷，对音理的分析非常精细。

时二呼四等早已合并为四呼，不再分等。

需要指出的是，《四声等子》首次引进了“摄”的概念，①并用“通、江、止、遇、蟹、臻、山、效、果、假、宕、曾、梗、流、深、咸”十六摄统率各个韵部。一般而言，归入同一摄的韵在韵腹和韵尾上是相同或相近的。另外，《四声等子》与《韵镜》中的入声只跟阳声韵相配的方式不同，它是以入声兼配阴阳。这种分配方式在《七音略》中已见端倪，但对其全面运用则始于《四声等子》。此后的《切韵指掌图》、《切韵指南》也采用了这种方式。王力认为，这可能反映了当时入声已经消失的事实，它的韵目系统与《中原音韵》近似。② 李新魁则认为，这可能与入声中收舌根音和舌尖音的韵变成收喉塞音的韵、只保留了双唇音的韵尾有关。③

从宋元到明清，汉语的语音系统发生了许多重大变化。在声母方面，许多地区的全浊声母已经清化，并按照平仄分别变为送气和不送气清辅音；知组字和照组字混淆，喻三、喻四与影母合并，等等。

在韵母系统中，一些元音产生了合并，韵尾也发生了一些变化，“等”的变化更为突出。宋元韵图都是两呼四等，即开口呼和合口呼；两呼各分四等，一共是八类。到了明代，基本上是一、二等合并，三、四等合并，部分二等字出现介音，被归入三

---

① “摄”与“转”的概念有关。“转”由梵文借入，等韵学家用它表示韵图中声韵辗转相拼成字音的意思。韵图中每一图都横列所有声母，纵列若干韵，纵横交错，转成若干字音，总成一图。故“转”又引申为“图”之义。“摄”有总括、总摄之义，又称“韵摄”。它指等韵图在归韵列字时，把韵尾相同或相类、主要元音相同或相近的各韵归并成更大的类别。也就是说，凡韵尾相同或相类、主要元音相同或相近的转，可以合为一摄。参见许嘉璐，主编．传统语言学辞典［C］．石家庄：河北教育出版社，1990：350，610.

② 王力．汉语音韵［M］．北京：中华书局，1980：112.

③ 李新魁．汉语等韵学［M］．北京：中华书局，1983：181.

等。由于过去只分四等，只有两呼，而四等与开合两呼结合，形成了开齐合撮四呼，因此，“等”、“呼”有别的界限也就随之消失。不过，虽然明代的《韵法直图》中已经提到开齐合撮四呼的名称，但同时还提到混呼、闭口呼、齐口呼等术语，显得有些杂乱。明朝学者桑绍良的《青郊杂著》分为四科，实际上已经相当于后世的四呼。遗憾的是，桑绍良所使用的术语并不准确。直到潘耒的《类音》才首次依据嘴唇的形状和舌头的位置，确定四呼为开口呼、齐齿呼、合口呼、撮口呼。从此，四呼的名称便被正式确定下来，为以后许多韵图的作者所采用，并且一直沿用至今。在声调方面，不少地区的平声分化为阴平和阳平，入声趋于消失。所有这些，在明代的等韵学著作中都有反映。①

从语音史角度看，韵图是汉语历史音韵学的珍贵资料，它细致地考察汉语的各种语音现象，分析声母的发音部位和发音方法，把韵母分为韵头、韵腹、韵尾，同时还分析了发音器官的构造、发音器官在发音过程中的相互配合方式以及功能，分析了每个语音单位（大体上相当于现代语音学中的“音位”）的特征（大体上相当于现代音位学中的“区别特征”）。这种语音分析理论和方法，代表了中国传统音韵学的最高水平，它不仅为古代语音研究提供了科学手段，而且韵图本身所表现的特定时代的语音系统，又为汉语音韵共时系统的断代和历时系统的演变研究，提供了可靠的资料和线索。因此，清人龚自珍说：“等韵明而天下之言语明。”②

五、古音学

“古音学”与“今音学”（中古音韵学）相对。所谓“古音”

① 李智明．中国古代语言学史稿［M］．贵阳：贵州教育出版社，1993：174.
② ［清］龚自珍．龚自珍全集［C］．北京：中华书局，1959：121.

是指周秦时期（公元前11—前3世纪）和两汉时期（公元前2—公元2世纪）这段时间的语音，一般称做先秦古音。“古音学”是指对这一历史时期语音的研究，主要以《诗经》为代表的先秦韵文和以《说文解字》为代表的谐声系统、先秦两汉古籍中的异文、声训、注音等材料作为研究对象。由于主要通过归纳《诗经》的用韵研究古音，也有人称为“《诗经》音系”；而《诗经》产生于周代，人们便把周秦当做上古音的代表时期，把两汉看做上古阶段向中古阶段的过渡时期。

语音是发展变化的，从先秦时代到南北朝时代，汉语的语音已经发生了明显的变化。古代学者虽然很早就意识到了上古音与后代音的区别，但是，从关注上古音到建立古音学这样一个音韵学的门类，却经历了漫长的过程。

相对今音学的研究，古音学研究开始得比较晚。一般认为它萌发于宋代，明代陈第提出语音变化的时空理论，奠定了古音学发展的理论基础。清初，顾炎武著《音学五书》，开创了其后三百年古音研究的历史。在古音研究领域，音韵学家在古韵分部、上古韵部系统、古声调、古声母系统等方面取得了巨大成就。关于古音学以及韵部的划分，王国维总结出三大贡献：（1）陈第提出“古本音”不同于今韵；（2）戴震提出“阴阳二声相配”；（3）段玉裁提出古四声不同于今声。至于怎样划分韵部，分多少部合适，只不过是其“小者”而已。①

1. 上古音的韵母研究

在《诗经》中，相互押韵的字，总是韵母相同或相近的。比如《诗经·周南·关雎》：“关关雎鸠，在河之洲。窈窕淑女，君子好逑。”其中“鸠、洲、逑”是相互押韵的字，即使《诗经》中的有些字今天读起来不押韵，上古时期也是押韵的。如果对

---

① ［清］王国维．五声说［A］．观堂集林·艺林八（卷八）［C］．

《诗经》中的所有韵脚加以分析归并，就可以大体上求出上古音的韵母系统。然而，这种研究思路并不是一朝一夕建立起来的。

《诗经》中的古诗，按说都应该是押韵的，但到了六朝时期，其中不少韵脚读起来已经不押韵了。由于当时的学者还没有建立起音变的观念，因此，以为《诗经》的作者为了凑合用韵，强行改变了字音，即所谓“叶音（协音）说”。后来，人们才逐渐认识到，这可能是字音本身产生了变化，而不是周秦诗人擅改字音导致的。对此，王力指出，古代语言学家大都缺乏语言发展的观念，因而无法正确理解和解释语音的历史发展。尽管有时一些学者提及古今语音的不同，但多是注意个别的、孤立的现象，缺乏对语音系统发展变化的整体认识。因此，“历史观点一天不建立，古音学就一天不能产生。”①

古音学的萌芽之作是宋代吴棫（约公元 1100—1154 年）的《韵补》。作者以古韵“通转”② 学说，分析《广韵》206 韵在先秦古韵中的离合异同，但没有对古韵进行分部，而古音的研究恰恰需要从古韵分部入手。宋代郑庠（籍贯与生卒不详）的《古音辨》虽然把《广韵》206 韵归并为六部，但《广韵》以中古音为主要代表，因此，他的研究也算不上严格意义上的古音研究，他的著作也属于古音学萌芽阶段的代表作。

古音学的真正建立，在很大程度上归功于明末语言学家陈第③。陈第的主要著作是《毛诗古音考》、《屈宋古音义》、《读诗拙言》等。他在《毛诗古音考》（1604 年成书）的自序中，提出了三个重要观点：（1）提出了著名的语音演变的时空理论：“时有古今，地有南北，字有更革，音有转移，亦势所必至。”这种

① 王力．中国语言学史［M］．太原：山西人民出版社，1981：143.

② 因时地或其他原因发生的一个或一类音，变为另一个或另一类音的现象。

③ 陈第（公元 1541—1617 年），字季立，号一斋，福建连江人。

正确的语言发展观，为古音学的建立和发展奠定了理论基础。(2) 正确提出了古人诗韵出于天然的观点。他认为，士人篇章、百姓俚曲都是自然谐韵的，不会违反自然语音去迁就某种“叶音”。这就从根本上否定了“叶音”说，为古音学的建立和发展铺平了道路。(3) 古人用韵有严密的系统，而不是“通转”所能解释的。陈第认为，《诗经》是上古音的代表，其押韵材料是“本证”，其他押韵材料只能算作旁证。这就克服了前人不区分材料时代及其材料价值的局限性。此外，陈第还论证了谐声在古音研究中的重要作用，揭示了谐声与《诗经》在语音上的密切关系。

在《毛诗古音考》中，陈第通过详尽地考证《诗经》的用韵情况，比较《楚辞》中的韵字，参考《说文解字》对形声字的解释，从根本上否定了“叶音说”，并且用大量例证证明了“古本音”的存在。从此，古音学开始作为音韵学中的一门分支学科逐渐建立起来。陈第虽然证明了“古本音”的存在，但他没能从古韵母中归纳出部类。

明末学者方以智提出了“欲通古义，先通古音”的主张。[①]他不仅继承了陈第语音变化的理论，而且进一步把汉语语音的发展分为五个时期：(1) 古音，(2) 汉音，(3) 晋以后的音，(4) 宋元音，(5) 明音，并且都附以丰富的文献材料作为证据。

在陈第的影响下，清代学者顾炎武首次运用历史的方法归纳并建立了韵部体系，从而成为清代古音学的奠基人。顾炎武在音韵学方面的重要著作是《音学五书》，它包括《音论》、《诗本音》、《易音》、《唐韵正》、《古音表》五种相互关联的著述。《音论》在评价前人研究成果的基础上，总述古音。其他四种论古韵，其中《诗本音》探讨《诗经》中的用韵情况；《易音》推考

① [明] 方以智．音义杂论 [A]．通雅（卷首之一）[C]．

《易经》的用韵情况，并与《诗经》用韵进行对比；《唐正韵》通过对唐韵即中古音的分析，找出上古音演变的线索；《古音表》则综合上述研究成果，列出十个古韵部类，这是音韵学中的第一个古音表，具有重要的学术价值。顾炎武在上古韵母研究中的贡献主要体现在以下两个方面：

（1）首次划分了上古韵部。顾炎武根据《诗经》的押韵，结合谐声系统等资料，分合《广韵》中的用韵情况，得到古韵十部。把他归纳的古韵十部与《广韵》206韵相比较，可以看出上古汉语到中古汉语韵部的发展轮廓，从而可以揭示这段时间汉语韵母变化的规律。顾炎武的分类虽然比较粗略，但它是第一个上古韵部的分类，可以说古韵进入系统研究是从顾炎武开始的，它为以后的古音研究奠定了基础。后来的学者在此基础上不断增补更新，基本弄清了上古汉语的韵部系统。因此，顾炎武的《音学五书》这部著作具有划时代的意义，它在理论、材料和方法上，都为古音学的全面发展做出了重要的贡献，开创了后来近三百年古音研究的历史。

（2）揭示了上古入声韵和阴声韵之间的密切关系。在以《广韵》为代表的今音韵书中，入声韵和阳声韵之间是隐约相配的。顾炎武发现，在上古韵文的押韵、经传异文、一字两读以及谐声字中，阴声韵和入声有着密切的关系。于是，他改变了《广韵》入声的分配系统，在《古音表》中将入声跟阴声韵相配，从而揭示了上古入声韵和阴声韵之间的联系。他的研究成果为后人普遍接受，并且经过江永、戴震、孔广森等人的发展，创立了阴阳对转理论。

需要指出的是，顾炎武的学术思想中有明显的复古倾向。一方面，他立足于语音演变的立场，把汉语语音的发展划分为几个阶段，并有与之相配的文献和韵书，在此基础上创造了“沿流而溯源”、“借今音离合以求古音”（江永《古韵标准·例言》）的研究方法；另一方面，他又认为古韵十部不应当再有变化。在他看来，宋齐以后韵部的增加，是一些韵书作者主观分合导致的。他以古音为是，《唐韵》为非，不仅依古音正《唐韵》，而且希望“天之未丧斯文，必有圣人复起，举今日之音而还之淳古者”。（《音学五书·序》）

江永在充分肯定顾炎武古音研究贡献的同时，也指出了他的不足：“近世音学数家，……各有论著，而昆山顾炎武宁人为特出。”“细考《音学五书》亦多渗漏，盖过信古人韵缓不烦改字之说，……顾氏《诗本音》改正旧叶之误颇多，亦有求之太过，反生葛藤。”在他看来，顾炎武“考古之功多，审音之功浅”。对于顾炎武的复古倾向，江永批评说：“愚谓此说亦大难。……若废今人之所日用者，而强易以古人之器，犹不能使之通行，而况欲复古乎！顾氏族《音学五书》与愚之《古韵标准》皆考古存古之书，非能使之复古也。”（《古韵标准·例言》）

继顾炎武之后，江永的《古韵标准》在顾炎武《音学五书》基础上进一步把古韵分为十三部。江永熟悉今音，精通等韵字母之学。在研究古音的时候，又注意到了方言之间语音的差异，并且通过比较，找出了它们的对应规律。由于具备了上述条件，江永的古音学研究大大超出了前代学者。江永的突出贡献在于发现了语音的发展具有规律性，不同时代的语音之间存在一致的对应条例。

在《古韵标准·平声第八部·总论》中，江永明确指出：“凡一韵之音变，则同类之音皆随之变。虽变而古音未尝不存，各处方音往往有古音存焉，……人能通古今之音，则亦可以辨方音，入其地听其一两字之不同，则其它字可类推也。”这里，江永不仅说明了语音的类变规律，而且阐明了不同地域的音变存在不平衡现象，某些方言中较多地存留了古音形式，方言之间同样存在对应规律。他还注意到语音变化的限制条件、在地理上的扩展以及方音之间的借用情况，同时他认为，语音变化最初是个别人的偶然行为，影响到周围人群，便成为方音。方音向周围扩散，逐渐取得优势地位，这种语音形式一旦进入韵书，就会成为人们作文审音的标准，也就会得到社会的承认。此外，江永还注意到语音变化中的同化和类推现象。[①]

段玉裁关于上古韵部的分类思想和分类结果主要体现在的《六书音韵表》中。在江永《古韵标准》的基础上，他把古韵分为六类十七部，晚年接受了戴震和孔广森的意见，认为古韵应当分为十九部。

戴震虽然是段玉裁的老师，但其古音学著作《声类表》的成书却晚于段玉裁的《六书音韵表》。他在段玉裁研究成果的基础上，把入声独立出来，并与阴声韵和阳声韵一一配对，完整勾画出了上古韵部的系统，揭示出了各部之间的关系。关于韵部的分类，他先是把古韵分为七类二十部（1773 年），两年后改为九类二十五部。

孔广森[②]的《诗声类》类聚《诗经》中的入韵字，以《诗经》、《周易》、《楚辞》、《太玄》等古代韵文的押韵为主要依据，同时注意到了谐声材料，在段玉裁十七部的基础上，把古韵分为十八部，其中阴声九部，阳声九部。

王念孙[③]在没有读过段玉裁、戴震、孔广森著作的情况下，将古韵分为二十一部[④]，结论与前人有许多相同之处，可见其古音研究的杰出才能。与王念孙相类似，江有诰[⑤]在只是读过顾炎

---

① 李智明．中国古代语言学史稿［M］．贵阳：贵州教育出版社，1993：237—239.

② 孔广森（公元 1752—1786 年），字众仲，山东曲阜人。

③ 王念孙（公元 1744—1832 年），字怀祖，江苏高邮人，戴震弟子。

④ ［清］王引之．经义述闻（卷三十一）［M］．

⑤ 江有诰，生年不详，卒于公元 1851 年。字晋三，安徽歙县人。

武、江永著作而没有看到段玉裁、孔广森、王念孙著作的情况下，在《音学十书》中也将古韵分为二十一部，并且与王念孙的观点十分接近。为什么王念孙、江有诰在没有读过前人有关著述的情况下，能够得出比较一致的看法？除了他们深厚的古音学造诣之外，一个基本原因是他们使用的材料、对待材料的态度大体相同，并且采用了正确的方法。就材料而言，清代学者主要依据《诗经》为代表的上古韵文，即使有时使用汉魏及其以后的材料，也只是作为参考。他们延续了陈第关于“本证”和“旁证”的思路，始终以“本证”作为基本依据。在材料的处理上，大都能够采用实事求是的态度，客观地进行归纳和总结，最终得出结论。①

清代最后一位古音学家章炳麟在《国故论衡·二十三部音准》中把古韵分为二十三部，晚年改为二十二部。近代学者黄侃分二十八部，王力分十一类二十九部。② 至此，上古韵部的分类大体完整可信。

王国维认为，古韵学“作者不过七人，③ 然古音廿二部之目，遂令后世无所增损。”④ 对此，王力评论道：“王氏说得对。处理古韵，只是用简单的客观归纳方法，材料有限，方法简单，各家所得结论往往不谋而合，因为材料是一样的，方法是一样的，只要方法做得细致，决不会做出不同的结论来。”在王力看来，清人在古韵的分部方面，“可以说是到了登峰造极的地步”。⑤

① 李智明．中国古代语言学史稿［M］．贵阳：贵州教育出版社，1993：264—265.

② 黄侃．音略［A］．黄侃论学杂著［C］．上海：上海古籍出版社，1980. 王力．汉语音韵［M］．北京：中华书局，1980.

③ 指顾炎武、江永、戴震、段玉裁、孔广森、王念孙、江有诰。

④ ［清］王国维．周代金石文韵读序［Z］．观堂集林·艺林八（卷八）［C］.

⑤ 王力．清代古音学［M］．北京：中华书局，1992.

2. 上古音的声调研究

古韵研究中的一个重要内容是声调问题。与上古韵部研究一样，上古声调研究也经历了一个发展过程。明代陈第认为上古没有声调，清代学者基本上认为上古有声调。不过，清代学者对上古声调的特点及其类别有不同看法，大致可以分为三派：顾炎武、江永一派学者用中古四声看待上古四声；段玉裁一派认为上古没有去声；王念孙、江有诰一派则认为上古有平上去入四个调类。

顾炎武在《音学五书·音论·古人四声一贯》中认为，平上去入四声自古有之，不过人们在诵读诗歌时，可以临时改变韵脚字的声调以求相协而已，即“四声通转说”。他还进一步认为，“一字之中，自有平上去入。”这等于说一个字的声调可以随具体语境的变化而改变。也就是说，他虽然肯定古有四声，但认为字无定调。这犯了以今律古的错误。因为上古韵文中韵脚字的声调与中古时期不同，并不意味着它们在上古也不相同，它们很可能在上古时期属于同一声调的押韵。江永也认为上古有四声，但他不同意顾炎武的“四声通转说”，而是认为上古每个字都有定调，不可随意改变。

段玉裁在考察了周秦和汉初韵文后提出了“古无去声说”。他在《六书音韵表·古四声说》中指出：“古四声不同今韵，犹古本音不同今韵也。考周秦汉初之文，有平上入而无去；洎乎魏晋，上入声多转而为去声，平声多转为仄声。于是乎四声大备。”“古平、上为一类，去、入为一类。上与平一也，去与入一也。上声备于三百篇，去声备与魏晋。”段玉裁不仅看到了古今声调的不同，而且从用韵以及谐声材料中发现上古时期去声和入声的密切关系。这一发现，不但解决了上古的调类问题，即肯定去声和入声为一类，同时也解决了阴声韵和入声韵的分野问题，即确定了阴声韵属于开口音节，去、入一类都收-k、-t。[①] 这说明清代学者对上古声调的认识进入了一个新的阶段。

王念孙、江有诰都主张上古有平上去入四声，并且也认为每个字的声调古今不一定相同。王念孙曾一度改从段玉裁的古无去声说，但晚年在改定《合韵谱》时又认定古有四声。江有诰起初也认为古无四声，后来，通过对《诗经》押韵字的比较分析，发现《切韵》中的有些上声字在上古读作平声，有些去声字在上古读作平声，有些平声字在上古读作上声，等等。为此，他不仅断定古有四声，而且进一步认识到，上古的四声不同于中古的四声。这种看法大体代表了清末学者对上古声调认识的最高水平。

总括清代学者对上古音声调问题的讨论，可以归纳为两点：一是古无去声说。这是段玉裁的重大发现，不仅解决了上古调类问题，而且解决了阴声韵和入声韵的分野。二是入声问题。把入声当做一个调类，还是处理为韵部，是考古派和审音派的重大区别。顾炎武、段玉裁等考古派把它看做一个调类，而以戴震为代表的审音派则把它处理为韵部。入声看起来是调类问题，实际上却牵扯到对上古韵部的归纳。其中考古派主张阴阳二分，审音派主张阴阳入三分。这正是他们对入声产生分歧的根源。

3. 阴阳对转学说

语音系统具有整齐对应的特点，语音之间一般也具有匀称和谐的搭配规律。汉语声类（声纽）的清浊音有整齐的搭配规律，比如三十六字母中的 p～b、pf ～bv、s～z、t～d，等等。在声母系统中，有一个全清，就有一个全浊，清浊相配成对。它们的发展变化，同样也有整齐对应的规律。在韵母方面，比如上古韵部，每一类韵部的搭配都很整齐，音韵学家按照各个韵部收尾的情况，把韵部归纳为三大类型：以元音收尾的叫阴声韵，以鼻音

---

① 何九盈．中国古代语言学史［M］．郑州：河南人民出版社，1985：317.

收尾的叫阳声韵（与声调分阴阳无关），以塞音-p、-t、-k 收尾的叫入声韵。阴阳入三类韵母是汉语语音的重要特征之一，在现代汉语普通话中，入声韵已经消失，它完整地保留在广州话等方言中。

在汉语语音的历史发展过程中，阴声韵可以转变为阳声韵，阳声韵可以转变为阴声韵。同样，入声韵可以转变为阴声韵或阳声韵，而阴声韵、阳声韵也可以转变为入声韵。这种转变有一个条件，就是要同类，即韵腹（主要元音）必须相同。转变的规律是，主要元音不变，韵尾变为同一发音部位的尾音或者失去尾音。如果一个韵母本来就没有韵尾，则在主要元音后面加一个尾音。古人把这种转变规律叫做“阴阳对转”。

阴阳对转是汉语语音发展的事实，体现了汉语语音系统整齐对应的特点。首先发现这一事实的是清代古音学家戴震。他在分析先秦古音时，就是以阴阳相配为韵部分类的，但他没有定出“阴阳”的名称。

阴阳对转理论是戴震的学生孔广森正式提出的。孔广森把古韵分为阴阳两类各九部，否认上古有入声韵，把入声韵看做阴声韵，并与真正的阴声韵归为一类。这样，他的九部阳声和九部阴声不仅可以分别相配，而且可以相互转化。孔广森把这种相互转化的规律称做阴阳对转。

后来，章炳麟在《文始》和《成均（韵）图》中进一步发展了这个理论。章炳麟的《文始》在寻求“义随音衍”的语音变化轨迹时，对韵部通转关系的界定比较宽泛。在《成均图》和《文始·略例》中规定的通转条例，展示了已经发生的音变状况：符合音理的，称做“正声”，距离正常情况比较远的特殊现象，称做“变声”。也就是说，“正声”与“变声”的划分是为了区别普遍规律与例外。这种做法本身表明，章炳麟不仅具有了语言发展的观念，而且充分认识到了语音变化的复杂性。

孔广森的阴阳对转说旨在解释阴阳押韵现象。阴阳押韵则韵腹相同，由此可以揭示上古韵母阴阳相配的格局。章炳麟的对转说包括的内容更加广泛，除了包含孔广森对转说的全部内容之外，还指出了押韵、谐声、通假、声训等现象中发生的对转或旁转之后韵腹所产生的不同变化。也就是说，孔广森主要通过共时角度观察阴阳对转的结果，而章炳麟则主要从历时角度观察阴阳对转的结果。

4. 上古音的声母研究

与上古韵部研究相比，上古声母研究要冷清得多。主要原因是声母研究的条件远不如韵部的研究。韵部研究有大量韵文为依据，声母研究只能依靠先秦两汉古籍中的异文[1]、声训[2]、注音[3]、重文[4]、通假字、联绵字等材料。上古音声母的研究方法大体遵循这样的思路：首先依据上述材料所反映的事实，找出上古时期不存在的声母，并加以证明；剩下的声母便可以看做是上古的声母。研究上古声母的另一类材料是谐声字（即形声字）。不过，清代学者只是认识到谐声字是研究上古韵部的材料，而对其在研究声母方面的作用缺乏足够的重视。

在上古声母研究中，音韵学家主要取得了五方面的突破：（1）古无轻唇音（非敷奉微）；（2）古无舌上音（知彻澄）；（3）古娘母归泥母（ȵ＞n），古日母与泥母同类（ȵʑ＝n）；（4）古喻母四等与定母同类（$j_{四}$＝d）；（5）古喻母三等归匣母（$j_{三}$＞ɣ）。

① 在上古文献中，同一字的几种不同书写形式叫做异文。比如上古神话人物“伏羲”，在史书中又写做庖牺、包牺、炮牺、伏牺等异文。

② 声训又称音训、谐声训诂，指古注释家用读音相同或相近的字解释字义。

③ 古代注释家用同音字或反切为某些字所注的音叫做注音。

④ 重文是指“同字异体”现象，即同一个字有几种字体。

前两项由钱大昕提出。[1]“古无轻唇音”是指上古汉语只有重唇音（相当于双唇音：p、p′、b、m），没有轻唇音（相当于唇齿音：pf、pf′、bv、ɱ；或构拟为 f、f′、v、ɱ̥）。也就是说，中古三十六字母中的轻唇音“非敷奉微”在上古时期读如重唇音“帮滂並明”。“古无舌头、舌上之分”指上古汉语只有舌头音（相当于舌尖中塞音：t、t′、d），没有舌上音（相当于舌面前塞音：ȶ、ȶ′、ȡ）。也就是说，中古三十六字母中的舌上音“知彻澄”在上古时代读如舌头音“端透定”。第三项为章炳麟提出；[2]第四、第五两项为曾运乾提出。[3]

上述研究结论，从材料方面看，都有比较充足的根据。但是，材料只是一个方面，而且很难做到全面无误。要确定这些结论是否成立，最终还要看它们是否符合音理的发展规律。语音发展的一个基本规律是，在一定时间、地区和相同条件下，同样的语音会发生同样的变化，没有例外。如果同一语音到后代变成了几个不同的音，就必然存在导致这些不同结果的条件。如果找不到分化的条件，就不能肯定地说后代的某几类音来自于前代的某一类音。这是因为它们有可能本来就是不同的几类音或属于不同的音类。根据这个原则考察上述五项研究结论，(1)、(2)、(5)三说找到了分化的条件，因而是可信的；(3)、(4)两说还没有找到分化条件，仍需进一步证明。正因为如此，学术界至今对上古声母数量存在不同的看法。[4]

在上古汉语声类系统中，国内外的一些学者依据古代的谐声、声训、注音、重文、异文和异读、联绵字、通假字、古文

① ［清］钱大昕．古无轻唇音［A］．舌音类隔之说不可信［A］．十驾斋养新录（卷五）［C］．

② ［清］章炳麟．娘日二纽归泥说［A］．章氏丛书·国故论衡上［C］：31—33.

③ ［清］曾运乾．喻母古读考［A］．杨树达编．古声韵讨论集［C］．

④ 胡安顺．音韵学通论［M］．北京：中华书局，2003：230—232.

字、方言以及汉藏亲属语言的比较认为，上古汉语除了有单辅音声母之外，还有复辅音声母。不过，目前人们对上古汉语究竟有哪些复辅音声母，还没有一致的认识和明确的结论。这方面的进一步研究，可能有助于人们重新认识上古汉语的结构特点特别是语音结构特点。

六、传统音韵学理论和方法论的成就及其局限性

1. 传统音韵学的实用价值

传统音韵学的实用价值主要表现在“正音”、“通经”、“发蒙”三个方面。

（1）正音。在古代，虽然难以实施口语的规范，却可以推行书面标准音。“正音”就是制定一种可以作为规范的音系让人们遵守。从唐代起，历代王朝都为科举考试规定了书面上的标准音系。比如唐代的标准音系是《切韵》，宋代是《广韵》以及由它简化而成的《礼部韵略》，元、明、清是《平水韵》。由于这类书面音系跟任何一个方言的口语音系并不完全吻合，而是超越方言的，因此，各地区的人们都能够接受它，这就为维护中国文化的统一起到了重要的作用。

（2）通经。注解古书是训诂学的任务，而训诂学需要借助于音韵学，即以“因声求义”为主要手段。“通经”就是指音韵学为阅读和注释经书服务。清代学者把音韵学看做小学的基础，他们在训诂学、文字学中广泛运用了古音知识，因而取得了超出前人的巨大成就。

（3）发蒙。音韵学的一个基本功能是帮助人们识字。识字先要知音，一般韵书都有反切注音，或者通过特定的编排规则帮助人们按音查字。这样，人们就可以通过韵书认识更多的字。民间流行的通俗韵书，在这方面的作用更加突出，它们在普及文化方

面起到了重要的作用。[①]

2. 音韵学的理论贡献

在传统音韵学一千七八百年的历史中，音韵学家积累了丰厚的研究成果，为后人留下了宝贵的学术和文化遗产。在今音学方面，南北朝、隋唐、两宋时期的韵书，为后人提供了中古时期丰富的语音资料；在古音学方面，清代学者通过先秦两汉时期的各类音韵资料，分析出了上古韵部系统，构建了先秦两汉时期汉语音系的框架；在时音方面，元、明、清时期的民间韵书，不但记录了共同语的语音，还包含不少方言音系的资料；在等韵学方面，既积累了大量等韵图中所包含的不同时代的语音材料，又有适应汉语特点的音节分析理论和方法，特别是与声韵调有关的音节结构层次分析方法。此外，今音学中的反切系联法、古音学中的韵脚字归纳法等等，都反映出古代音韵学所达到的理论高度。

古代音韵学家不仅在古音学、今音学、等韵学三个方面取得了大量具体成果，而且对三者之间的密切联系有了一定的认识。作为语音系统研究的一种工具和方法，等韵学的价值不仅体现在语音结构的分析方面，而且也推动了古音学和今音学的研究。古音学的研究也在很大程度上需要借助于今音学。[②] 正是把音韵学的不同门类有效地结合了起来，音韵学的研究取得了巨大的成就。

3. 音韵学的方法论成就

古代汉语中的一个汉字基本等同于一个音节。在汉语里，音节这一层单位是清楚的。音韵学所关注的是怎样从音节中分出更小的单位，以及这些单位是怎样构成音节的等问题。

早在汉代，人们已经能够把音节区分为声母和韵母两部分，反切法实际上就是音节结构的“声母＋（韵母＋声调）”的分析

① 耿振生．音韵通讲［M］．石家庄：河北教育出版社，2001：14.

② 耿振生．音韵通讲［M］．石家庄：河北教育出版社，2001：7—8.

方法。南北朝以后的韵书进一步把音节区分为四个部分，即韵书在分卷时采用了声调标准：一卷之内在分韵的时候，使用了“韵腹＋韵尾”的标准；一韵之内分小韵，有的以声母为依据，有的以韵头为标准。也就是说，韵书采用的分析方法是“声母＋韵头＋（韵腹＋韵尾）＋声调”。唐代以后的等韵图进一步采用了音节分析的五分法，其中对韵摄的归纳，以及鼻音韵尾和塞音韵尾的配合，表明韵图作者已经能够清楚地区分韵腹和韵尾。清朝学者不仅从理论上阐述了音节结构的五分法，而且明确地采用“字头、字项、字腹、字尾”等术语分别代表声母、韵头、韵腹、韵尾。

五分法是对汉语音节结构最为精密的分析方法。在音节结构的五个成分中，声母和韵母由音质音位构成，其结合方式是线性的；声母、韵头、韵腹、韵尾的发音在时间上前后接续，同样构成一个线性的序列。声调是由发音的高低抑扬形成的，是非音质音位，它附着在声韵母或韵母之上，随音节的开始而开始，结束而结束，是整个音节的音高。因此，声调跟声母和韵母的结合，体现了一个非线性的组合方式。[①] 也就是说，音韵学所创建的声韵调分析法，实际上是一种典型的非线性音系学的方法。

韵书和韵图的作用是通过对大量汉字进行逐层分类和交叉分类，从而展示音系结构的。为了完整地反映汉语的音系结构，展示各种音节成分，古人采用了多重分类的手段，即把大量的汉字收集起来，进行多次的分层分类。声母、韵头、韵腹、韵尾、声调都可以作为分类的依据，凡是包含相同成分的字，就可以划分为一类。由于不可能同时采用各种分类标准，因此，分类时需要按照一定的层次。在每一个层次上，分别采用一条标准，先分出大类，再进一步分出小类。每分一层，就可以展现出一种音节成

① 耿振生．音韵通讲［M］．石家庄：河北教育出版社，2001：30—31.

分。一个汉字在各个层次中所处的地位，自然就显示出它的音节结构。这种层次分类的方法，是韵书和等韵图作者所遵循的基本原则。也就是说，韵书和韵图反映的是语音配列关系的研究，它实际上既体现了汉语语音的历史研究，又代表了汉语语音的系统研究。

随着汉藏语系语言研究的扩大和深入，以及汉语音韵学理论和方法在其他汉藏语系语言研究中的应用，汉语音节结构的层次分析方法和非线性分析方法已经发展成为汉藏语系语言语音研究的共同财富，而且不断显示出它的价值和作用。汉语传统音韵学虽然不是严格科学意义上的现代音系学，却是中国科学音系学的先驱和基础。音韵学归纳总结出的一些理论和方法，至今仍然是中国汉藏语言现代音系学建立和进一步发展的基础。①

4. 音韵学研究的局限性

（1）语言观方面的局限性

古代音韵学家语言观方面的局限性主要体现在重视“正音”、排斥“方音”上。这与古人对标准语的态度有关。古人认为，标准语是天然生成的，是所谓“天地之元音”，把它看做“正音”，而把方音看做“讹音”、“谬读”。与之相关，崇尚书面语，轻视口语。古人常常把书面语看做第一性的，口语则是第二性的；书面语是文雅、高尚的，口语则是粗俗、鄙陋的。即使研究时音的学者，也把书面语置于口语之上，认为口语应当服从于书面语。一些学者虽然了解“音随时变”的道理，却厚古薄今，以为古音②是纯正高尚的，后代的读音则是讹读的结果。与这种语言价

① 瞿霭堂，劲松．汉藏语言研究的理论和方法［M］．北京：中国藏学出版社，2000：258.

② 有人认为《广韵》所代表的中古音是标准音，有人认为《诗经》时代的上古音是最纯正的。

值观相适应，古代音韵学家著书立说的目的不是为了发现语言事实，揭示语言史上的规律，而是为了规范读音，即规定出一种标准的读音系统让人们遵循。

（2）研究手段上的局限性

传统音韵学一直以汉字作为语音分析的基本工具，缺乏更好的记音和标音工具，是古代音韵学在研究方法上的一个客观局限性。汉字代表的语音单位是音节，音韵学分析的单位却是小于音节的声母、韵母以及韵头、韵腹、韵尾等单位。后者都是从音节中分析出来的更小单位。当用一个汉字代表一个更小的单位时，常人所看到的仍然是这个汉字所代表的整个音节，加之同样的汉字在不同的方言、不同的时代有不同的读音，因此，要简洁明了地说明一个字所代表的是一个声母或者韵头、韵腹、韵尾，并非易事。在语音构拟方面，同样因为汉字标音的局限性，古人只能分出音类，难以标出音值。也就是说，汉字虽然可以作为标音的工具，却不是直接与音素相联系的。古人没有能够创造出一种用以记录音素的记音或标音符号，所有研究成果只能靠代表音节的汉字来表示，这是制约音韵学进一步发展的重要客观因素。

（3）研究范围上的局限性

传统音韵学的研究范围主要局限于韵书、等韵图、先秦两汉时期的韵文等方面。研究目的是为了正音和读经，没有从语言发展史的角度考虑问题，研究成果基本上局限于断代的语音系统，有些学者虽然考虑到了不同时代语音的纵向联系，但并不十分充分，因此，难以从历史角度把历代音系联系起来，探讨语音演变的规律性，阐明从古到今的语音发展过程。①

---

① 耿振生．音韵通讲［M］．石家庄：河北教育出版社，2001：10—11，13.

第四节　训　诂　学

训诂学是中国语言文字学中一门传统的解释语词和研究语义的综合性学科。它以语义（包括字义即词义、句义）为基本研究内容，兼及语法、修辞现象，目的是总结前人的注疏经验，阐明前人的训诂体例、方法和原则。从传统小学发展的历史看，训诂学创始最早，它不仅拥有大批丰富的资料，有许多有价值的著述，而且有不少在理论和实践方面贡献卓著的训诂大师为后人留下的丰富经验。

汉代崇尚经学，在两汉的几百年间，不仅出现了堪称中国古代语文研究的四部经典著作《尔雅》、《释名》、《方言》、《说文解字》，而且训诂学由此而兴。

一、训诂学的专著及其贡献

《说文》曰："诂，训故言也。"故言就是旧言，即前代流传下来的关于经义的解释。训诂学的著作一般分为两类：一类是训诂学专著，另一类是传注体的研究著作，即专为解释或注疏经书特别是先秦经书而撰写的著作。《尔雅》、《方言》、《释名》、《说文解字》属于第一类著作。

1.《尔雅》及雅学

《尔雅》[1] 是第一部词典式的训诂专著。《汉书·艺文志》说：

① 关于《尔雅》的作者，说法不一。比较一致的看法是，它最初成书于汉武帝（公元前 2 世纪）之前，不是一人所作。何九盈认为，《尔雅》成书于战国末年，由齐鲁儒生编纂而成。详见何九盈．中国古代语言学史［M］．郑州：河南人民出版社，1985：17.

“古文读应尔雅，故解古今语而可知也。”“尔”是“近”的意思，“雅”是“正”的意思，这里指雅言。“读应尔雅”是说讲解应当贴切、正确。怎样才能达到这一要求呢？主要依照故训，即前人流传下来的关于经义方面的解释，《尔雅》由此得名。

现存《尔雅》全书分十九篇，列2091条，收4300多词，共13113字，编纂原则是汇编故训，编纂体例是“释雅以俗，释古以今。”① 即以当代常用词的常用义，解释古书中的词义。书中收录了大量的古代注释，用当时常用词语解释古语、生僻词语、方言俗语。简言之，用今语释古语，用雅言释方言，目的是为了沟通古今方俗。此外，《尔雅》还包含了广博的古代知识，实际上是一部古代的百科全书。比如，后人可以从“释亲”中了解古代的亲属称谓、宗族关系和婚姻制度；从“释器”中了解古代的各种器物和用具；从“释天”中了解古代的天文历法知识，等等。因此，《尔雅》不仅是后人研究古代词义的重要资料，对继承前人的文化遗产具有重要的价值，而且在词义的训释方式、词语类属的编排、词义的归纳排比等方面，都有独到之处。

黄侃指出：“《尔雅》解释群经之义，无此则不能明一切训诂。《说文》解释文字之原，无此则不能得一切文字之由来。盖无《说文》，则不能通文字之本，而《尔雅》失其依归；无《尔雅》，则不能尽文字之变，而《说文》不能致用。如车之运两轮，鸟之鼓双翼，缺一则败矣。”② 这不仅指出了《尔雅》的重要作用，而且说明了研治《尔雅》和研治《说文》之间的密切关系。

《尔雅》的主要不足是对词义的解释过于简单，即常常把一些意义相近的词汇集在一起，最后用一个词统一概括，未能区分

① ［清］王国维．尔雅草木虫鱼鸟兽释例上［A］．观堂集林（卷五）［C］．

② 黄侃，笺识．黄焯，编次．尔雅音训［M］．上海：上海古籍出版社，1983：1—2.

每个具体词的真正含义，因而有失之笼统的弊端。另外，在一些条目中，对词语的分合不够恰当。

《尔雅》之后，汉代孔鲋为补充《尔雅》未收词语而作的《小尔雅》①，以及魏晋南北朝时期魏张辑的《广雅》、晋郭璞的《尔雅注》等仿《尔雅》编纂体例之作的问世，形成了训诂学中的一个门类“雅学”。

《小尔雅》共十三章，收词语 374 条。编纂目的是增补《尔雅》，其分类较之《尔雅》有分合也有增补。由于收录了《尔雅》未收的先秦古语和秦汉新兴词语，为后人保存了不可多得的古训，常为历代注释家所引称。不足之处是收词少，全书包括注文在内不足万言，且有杂乱错讹之处。

自《尔雅》成书至魏，历时四百余年。这期间，不仅增加了新词语，而且方言和雅言之间的差异也有不少变化。在这种情况下，《尔雅》已难以适应时人的需要，《广雅》应运而生。《广雅》分上、中、下三卷，收词语 2343 条，共计 18150 字。在体例上，《广雅》虽然承袭《尔雅》，但内容更加丰富。作者不仅广征博引，而且增收了新词，扩充了《尔雅》原有的一些解释。

晋郭璞的《尔雅注》积十八年功力，“复缀集异闻，荟萃旧说；考方国之语，采谣俗之志”，（郭璞《尔雅注·序》）补充和阐发《尔雅》，成为雅学中的杰作。除了能够博稽群籍、荟萃众注、详加注释之外，这部著作有两个突出的特点：（1）以今语证古语，以方言俗语释雅言。作者既认识到了语言的历史联系，又注意到了语言的地域差异；不但常引扬雄《方言》证《尔雅》，而且以方言俗语注释《尔雅》。这不仅便于后人把握古训，而且为后人提供了魏晋时期的丰富语料。（2）据音理以通古今雅俗之变。作者联系音义相近的古今异语、雅俗殊言，用“语转”说明

① 关于《小尔雅》的作者，清代学者有过不同的意见。

它们之间的关系，打破了汉字的束缚，以声音通语变的方法，具有重要的学术价值。①

宋代比较重要的雅学著作是陆佃的《埤雅》和罗愿的《尔雅翼》；明代重要的雅学著作是朱谋玮（字郁仪）的《骈雅》和方以智的《通雅》。

陆佃《埤雅》中的“埤”，是“辅佐、增加”的意思，《埤雅》取辅佐或增补《尔雅》之义。此书前后写了四十年，释词296条。在注释名物时，作者不仅大量参考古代书面文献资料，而且使用了亲自调查获得的资料。书中对列举的植物形状、习性等，都有确切的描述，并且能够从字音、字形上探究事物得名的由来。不过，由于陆佃受王安石影响很大，书中又多引王安石《字说》，因此，在词义的解释方面，有不少附会之处。

罗愿的《尔雅翼》也是考察研究自然界动植物名称的著作。书中有很多实地考察获得的第一手资料，一些条目的解释不仅具有科学的根据，而且十分生动。

《埤雅》和《尔雅翼》的突出贡献是，无论在内容还是在形式上都突破了《尔雅》、《广雅》的框架，阐释名物不像《尔雅》、《广雅》那样简单，而是广征博引，贯通古今，探微求源。每条释文少则数十字，多则上百甚至几百字，颇为详备。

元明时期重要的雅学著作是元代朱谋玮的《骈雅》、明代方以智的《通雅》。朱谋玮的《骈雅》成书于万历十五年（公元1587年），分七卷十三门，书中搜集的材料十分广博。“骈”为“联”义，即所收词条都是双音节的，用来解释的词语也是双音节的，对后人研究古代联绵词具有一定价值。

方以智在明末学术界享有很高的地位。他一生著述不断，撰著达四百万字以上，内容涉及社会人文科学和自然科学，可谓博

① 赵世举．汉语研究管见录［C］．武汉：湖北人民出版社，2005：8—10.

大精深。《通雅》是他传统语言学方面的代表作。如果把《尔雅》看做早期的百科辞典，那么，方以智的《通雅》则是考释百科词语的学术著作。《通雅》正文五十二卷，《序录》一卷。开篇有五篇概论性的文章，前三篇论文字、音韵、训诂，后两篇论诗文。全书约七十万字。钱澄在《通雅序》中指出，方以智“要其三十年心血，尽在此一书。”《通雅》初稿早在作者二十八岁之前就已经完成，后来不断修改完善，直到乾隆五年（公元1666年）刊印。方以智对书中所收各类词语做了精密的考证，在编纂体例上也有不少创新。全书的重点是解释词义。作者在收集词条时，以解决一些疑难词义问题为宗旨；在释义过程中，列举对疑难词义的各种看法，并加以“折中”，书中的许多词条像是词义札记。《通雅》的主要价值或贡献体现在以下五个方面：

（1）反对执古废今的观念，坚持厚今薄古的思想。他说：“古今以智相积，而我生其后，考古所以决今，然不可泥古也。……生今之世，承诸圣之表章，经群英之辩难，我得以坐千古之智，折中其间，岂不幸乎！”[①] 在他看来，知识是历代智者逐渐积累而成的，即使圣人也会受到时代的局限，因此，后人完全可以超过前人。

（2）科学、客观地对待材料。首先，方以智认为所有的结论都应当建立在坚实的材料基础上，每立一论，旁征博引，凡能搜集到的材料，都尽可能广为搜集。对于所引材料，不仅注明出处，而且进行细致考辨。对于各种材料，他都能够依据时代特点加以区分，甄别不同材料的不同价值。其次，方以智不仅重视书面材料，而且重视实地调查。他在《通雅·凡例》中指出：“草木鸟兽之名，最难考究，盖各方各代，随时变更。……须足迹遍天下，通晓方言，方能核之。”《通雅》中的许多材料就是他通过

① ［明］方以智．音义杂论·考古通说［A］．通雅（卷首之一）［C］．

实地考察获得的。

(3) 发展了戴侗"因声以求义"的理论，明确提出"欲通古义，先通古音"，"因声求义，知义而得声"[①] 的正确观点。在方以智看来，"理其理，事其事，时其时，开而辩名当物，未有离乎声音文字而可举以正告者也。"[②] "惟声音可通古今人物之情，文字其寄托者也。"[③] 他关于研究古义要以研究古音为前提的正确主张，对清代语文研究产生了一定影响。

在考察词义时，方以智注意到两种不同类别的词。一种是"异类同名"词，这类词声音相同，词义具有明显的内在联系。比如："山岐曰岔，水岐曰汊，二音同。"另一种是声音相同或相近、意义相同或相关的词。方以智认为它们的关系是"转声"、"声义相因"、"音相近而转"、"一声之转"、"同声相转"。比如："尔、你、而、若、乃，一声之转。"可见，方以智摆脱了文字形体的束缚，从词的语音和意义两个方面入手，探索词与词之间的关系，在同源词的研究方面具有重要的意义。

(4) 提出了方言随世而变、由方言推求古音、古义的正确主张。方以智指出："古今方言亦变矣。……不考世变之言，岂能同古今之诂而正名乎？"[④] "古人多引方言以证经传。方言者，自然之气也，以音通古义之原也。"[⑤] 不仅如此，他还使用大量的方言词语考察古训、古义。这不仅可以为后人了解方言词语的源头提供帮助，而且还能帮助人们了解这些词语音义方面的一些变化。

(5) 搜集并解释了许多从唐朝至明代的词汇。对后人而言，

---

① ［明］方以智．音义杂论·方言说［A］．通雅［C］.
② ［明］方以智．通雅自序［Z］．通雅［C］.
③ ［明］方以智．通雅·释诂·古隽［A］．通雅［C］.
④ ［明］方以智．音义杂论·方言说［A］．通雅［C］.
⑤ ［明］方以智．通雅·疑始［A］．通雅［C］.

研究先秦词汇需读《尔雅》，研究汉、魏词汇需读《广雅》，研究唐、宋、元、明词汇，则不可不读《通雅》。于是，上述三部书便成为我国古代最重要的雅书。①

清代不仅出现了大批仿《尔雅》的著作，而且在对《尔雅》及仿《尔雅》著作的研究方面也取得了不少成果。在仿《尔雅》著作中，朱骏声附于《说文通训定声》之后的《说雅》比较重要。该作取《说文》9353字，仿《尔雅》体例重新编排，共分十九篇。它的主要特点是，突破了以往雅书以释义为主的模式，把形、音、义紧密结合起来。在编排方面，各篇以义为纲，把意义相同、相关的字排在一起；在意义相同或相关的字中，又按形、音的区别分类排列。这对后人认识汉字的形音义关系、研究同源词、辨析古代同义词等，都有较高的参考价值。

在研究《尔雅》的著作中，邵晋涵的《尔雅正义》、郝懿行的《尔雅义疏》最值得称道。

《尔雅正义》共二十卷。总的编写原则是，据唐石经、宋刻本及古书所引，“审定经文，增校郭注”。主要特点是：(1)以郭注为主，广采汉魏六朝旧注，以疏通经注；(2)博采齐、鲁、韩《诗》及群经传注，以补郭注之所未备；(3)广征群经及周秦诸子、汉代学者著述的辞例，“与郭注相证明”。该作内容之丰富、说解之详博，均胜于此前众家注疏。同时，它对后世也产生了较大影响。这部著作的主要不足是，在校文方面，对过去的经、注多有遗漏；在释义方面，对诸家注义搜采不周；在注经、明声、辨物方面，引述简略，辨物大都不列今名。②

---

① 何九盈．中国古代语言学史［M］．郑州：河南人民出版社，1985：186—187．李智明．中国古代语言学史稿［M］．贵阳：贵州教育出版社，1993：214—215．

② 黄侃．尔雅说略［A］．黄侃论学杂著［C］．上海：上海古籍出版社，1980．

《尔雅义疏》共十九卷，初名《尔雅略义》。该著不仅博采众家，而且贯通古今，兼融方俗，内容十分丰富。主要特点是：(1) 不为字形所囿，以声音贯穿训诂。在阐明文字通假、揭示声转等方面，时有新见。(2) 不为旧注所蔽，据目验考释名物。释义详明，常能正前人之谬说，补众家之未备。在阐释《尔雅》条例、辨正诸家疏漏、征引方言口语等方面，也有突出的表现。主要不足是，就古音求古义，时有失误；袭他人成说，常不明举。

在研究《广雅》的著作中，当属王念孙的《广雅疏证》最为杰出。《广雅》问世之初并没有引起人们的重视，隋代学者曹宪为之作音释，得以勉强流行。因避隋炀帝杨广讳，改称《博雅》，自称所著为《博雅音》。曹宪所著本，《隋志》作四卷，《唐志》改做十卷，书名仍称《广雅》，沿用至今。清朝乾隆年间，曹本《广雅》脱衍讹误，难以卒读。

王念孙积十年工夫撰成《广雅疏证》(正文十卷，《补证》一卷)。这部著作的最大特点是“就古音以求古义，引申触类，不限形体”。(《广雅疏证·自序》) 此外，在以下两个方面做出了突出贡献：(1) 旁考群籍，详校曹本，对其中衍文、讹字、脱落、错乱处予以补正，为后人整理出一个详实准确的定本。(2) 广征博引前人故训及时人新说，对原文逐条详加阐释。他不仅考辨字形，而且探求音义，特别擅长以古音求古义。总之，《广雅疏正》不仅为后人提供了详实准确的定本，提供了丰富准确的古汉语词汇、语义材料，而且为后人展示了科学严谨的治学态度和方法。①

2.《方言》

《方言》既是汉语方言学的第一部著作，也是重要的训诂学著作。它的全称是《辅轩使者绝代语释别国方言》，书名的前半

---

① 赵世举．汉语研究管见录［C］．武汉：湖北人民出版社，2005：28—31.

部分“辅轩使者”暗示全书的资料来源。“辅轩”是古代的一种轻车，周秦时期，每年八月，天子都要派遣驾驶轻车的使者到各地采风，包括采集各地的方言。返回后，对采集到的各类资料加以整理，藏于密室。秦朝灭亡，原来珍藏的方言记录大都遗失，只有残编一千多字和简略的编纂条例，几经周折分别落入扬雄少年时代的老师严遵（字君平）和远方亲戚林闾（复姓）翁孺手中，后来传给了他们所器重的扬雄。在严氏和林闾氏所传资料做底本的基础上，扬雄花费二十七年加以注释增补，临终时完成9000字。由于后人的增补，现存《方言》共11900字。扬雄在注释增补方言资料的过程中，虽然没有条件像“辅轩使者”那样驾驶轻车去各地记录方言，但他坐镇京都，广泛向来自各地的官吏、各方人士做方言调查，获取的资料仍然有较高的可信度。

书名的后半部分“绝代语释”和“别国方言”特指全书包含的内容：“绝代语释”是从时间角度看词语的历史演变；“别国方言”是从空间角度看词语的地域变体。扬雄撰辑《方言》的目的是出于实际的需要。他在《方言》“释古今语”条中说：“初别国不相往来之言也，今或同。而旧书雅记故俗语，不失其方，而后人不知，故为之作释也。”意思是说，他调查研究方言的目的，是因为古书中存留的古词语不容易理解，试图用活的、实际存在的语言做比较，以寻求一个相当的解释。采用的具体办法是，用当时各地方言和方言词语的含义推求古书中相当的文字。找不出相当文字的，就采用直音的办法，或者用同音假借，或者另造新字。

在体例方面，《方言》虽然与《尔雅》近似，即每条先列举一些同义词，然后用一个常用词加以解释，但它并没有受到《尔雅》体例形式的限制。《尔雅》的体例按意义排列，把意义相同或相近的词排列在一起，最后用一个当时通行的说法加以解释。问题是，语言中意义完全相同的词毕竟不多，有些词的意义虽然大体相近，但在修辞或用法上常常有细微的差别。《尔雅》只是注意到同义词词义上的近似，却没有反映出同义词修辞色彩和用法上的不同。《方言》的一个重要特点是十分注重同义词之间的细微差异。[①] 另外，《尔雅》的着眼点是字；扬雄则从实际口语出发，《方言》中的同义词不属于同一种语言或方言，而是不同语言或方言的词汇，实际上是各地方言以及不同语言的词汇互译。比如《方言》卷一："嫁、逝、徂、适，往也。自家而出谓之嫁，由女而出为嫁也。逝，秦晋语也。徂，齐语也。适，宋鲁语也。往，凡语也。"这个词条不仅指明了"逝、徂、适"三词的地域分布，而且解释了"嫁"的意义是由女子出嫁的意义引申而来的。也就是说，《尔雅》是以今语释古语为主，重在时间；《方言》则是以通语（雅言）释殊言（方言或异族语言）为主，重在地域。

《方言》所涉及的地域范围相当广泛，东起东齐海岱，西至秦陇凉州；北起燕赵，南至沅湘九嶷；东北至北燕，西北至秦晋北鄙，东南至吴越东瓯，西南至梁益蜀汉。要记录如此广大地域里的词语，采用小地名有相当的困难，因此，扬雄大都采用古代国名或大区域名称。书中记录的特殊方言或语言，按照地理分布表示差异，有的通行区域广阔，有的通行区域狭小。从语言方面看，有的是声音相近的转语（即同一个词在不同方言中有着不同的语音形式），有的则是声音不同的同义词。总体而言，大致分为五类：（1）通语、凡通语、凡语、通名，即没有地域性差异的词语；（2）某地某地之间的通语、四方之通语、四方异语而通者，即通行区域比较广的词语；（3）古今语、古雅之别语，即当时实际语言中残存的古语成分；（4）某地语、某地某地之间语，即不同地域的方言；（5）转语（或语之转）、代语，即兼包纵横两方面由于声音转变而产生的词语。[②]

---

① 何耿镛．汉语方言研究小史［M］．太原：山西人民出版社，1984：4—6.

② 何耿镛．汉语方言研究小史［M］．太原：山西人民出版社，1984：3—4.

在训诂学方面，《方言》主要有两大发现或者说贡献。一是发现《尔雅》中记录的不少同义词实际上是古代不同的方言词。二是在方言词汇比较中，发现古今语言、方言词的差异是由时代或地域的不同而产生声韵差异的词语。就此而言，《方言》不仅开创了我国语言调查和方言研究的先河，是研究古代汉语方言分布的主要依据，而且在训诂学上也有重要的价值。正如戴震所说“训诂之学，自《尔雅》外，惟《方言》、《说文》切于治经，……此书为小学断不可少之书。”①

3.《释名》

东汉刘熙（又作刘熹）的《释名》可算我国古代的第一部词源学著作。全书分八卷，二十七篇。作者分篇的原则是“义以类聚”，目的是探寻事物名称的“所以之道”（即事物得名的原由）。正如他在《释名·序》中所说：“夫名之于实，各有义类。百姓日称而不知其所以之意，故撰天地、阴阳、四时、邦国、都鄙、车服、丧纪，下及民庶应用之器，论叙指归，谓之《释名》，凡二十七篇。”全书收词 1500 多条，大多为常用词。

刘熙主要采用声训的方法，从声音的关联上推究事物得名的缘由。《释名》所采用的声训方式主要有五种：（1）取同一韵部的字为训，包括同音字在内；（2）取异部的双声字为训；（3）平、上、去三声取入声字为训，或入声字取平、上、去三声字为训，其中以双声字为多；（4）取阳声韵字训阴声韵字，或阴声韵字训阳声韵字；（5）取同一字为训，但四声读法不同。② 由于被解释的词和用作解释的词声音相同或相近，因此，后人可以依据这种现象，分析归纳其中的材料，并参照书中的各种发音描写和

① ［清］段玉裁．戴东原先生年谱［Z］．戴震集［C］．上海：上海古籍出版社，1980：459.

② 何耿镛．汉语方言研究小史［M］．太原：山西人民出版社，1984：18—19.

汉代韵部分类的相关材料，考察《释名》中反映的方音特点。

刘熙的另一个贡献是，第一次较全面地归纳出对事物命名的四条原则：（1）依据事物的形体命名，（2）依据事物的特征命名，（3）依据事物的功用命名，（4）依据事物的变化命名。① 此外，他对地名沿革的分析也十分精彩，具有很高的学术价值。

刘熙还正确地指出了新名与旧词、新的词语和旧的思想片段之间的联系，从而揭示出语言的经济性原则。他在《释名·序》中指出："熙以为自古造化制器立象，有物以来迄于近代，或典礼所制，或出自庶民，名号雅俗，各方多殊。圣人于时就而不改，以成其器，著于既往，拙夫巧士以为之名，故兴于其用而不改其旧，所以崇尚易，省事功也。"

在解释词源方面，《释名》虽有不少穿凿附会之处，但在辨识古音、古义以及音义之间的联系方面，仍然具有重要的参考价值。因此，《释名》在训诂学中占有比较重要的地位。②

4.《说文解字》

传统小学把形和义的统一看做研究古文字和古代文献词义的一个重要原则，看做由字而及词的一个重要途径。最早把理论与实践结合起来、全面系统贯彻这个原则说形解义的，是许慎的《说文解字》。就编排体例看，《说文解字》是一部文字专书，但作为汉代古文大师贾逵的学生、被称做"五经无双"的许慎，撰

---

① 胡奇光．中国小学史［M］．上海：上海人民出版社，1987：109—110.

② 《尔雅注》、《方言》、《释名》主要是为了解释古书中的字义。由于内容比较简单，而且由于时代关系，有许多词语已不为后人所了解，因此，有不少人为其做注或者增补。比较重要的如三国时魏国孙炎等人撰写的《尔雅注》、《方言注》、《三仓注》等。《三仓》为字书，又名《三苍》。秦代李斯著《仓颉篇》、赵高著《爰历篇》、胡毋敬著《博学篇》，合称"三仓"。汉代也把三书合为一书，统称《仓颉篇》。另外，也有人把西汉扬雄著《训纂篇》、东汉贾鲂著《滂喜篇》与三合一的《仓颉篇》合称为《三仓》。

写《说文解字》的目的却是为了传播和解释古文经典。由于许慎主要从古代文献的用词中摘取词义加以训释，因此，《说文解字》实际上也是一部在训诂学方面做出重要贡献的著作。

《说文解字》主要采用三种释义方法：(1) 用同义词或近义词解释被解释的词，在解释意义较抽象的词时，更是常用这种方法；(2) 标立义界，即对词义做出定义式的说解；(3) 阐述语源或音转。

许慎采用上述方法，主要有三方面的依据：(1) 字形结构，(2) 汉字形音义关联变化的客观事实和规律，(3) 古代文献或语言现实中的使用情况。①

总之，从训诂学的立场看，《说文解字》是一部以形训为主的训诂专书。许慎特别注重文字形体结构的分析，目的是索求与字形结构相合的字词本义。他不仅确立了分析字词本义的原则，而且为后人保存了先秦文献的故训。

上述训诂学专书虽然研究重点各不相同，释义方法各具特色，但核心问题都是字词的意义问题。总体看来，《尔雅》主要采用义训的方法，重在字义（词义）实际使用情况的阐释；《释名》主要采用声训的方法，重在字义（词义）来源的历史溯源；《方言》主要采用方言俗语的对照类比，重在解释字义（词义）的空间分布和差异；《说文解字》主要采用形训的方法，重在依照文字形体的构造解释字义（词义）。

二、传注体研究著作及其贡献

训诂学方面的另一类著作，是专门为解释或注疏经书特别是先秦经书撰写的。大凡经传注疏一类的著作，都可以归入此类。

---

① 徐超．中国传统语言文字学［M］．济南：山东大学出版社，1996（第1版），1998（第3次印刷）：57.

传注体的训诂研究一向被看做训诂学的正宗。它们集文字、训诂、校勘、辨误、考证于一身，重点诠释古书阅读中遇到的各类问题，核心是词义问题，类似于解释学的工作。西汉毛亨的《毛诗故训传》是现存最早、最完整的《诗经》传注，也是训诂学史上第一部以词语为重点解释对象的专著。东汉郑玄的《毛诗笺》、《周礼注》、《礼仪注》、《礼记注》等，也属于此类著作。汉代的这一著述传统为后世所继承，留下了大量训诂材料。公元6世纪陆德明的《经典释文》、唐玄应的《一切经音义》[①] 和慧琳的《一切经音义》[②]，也是重要的训诂学专著。

及至唐代，距离汉代已经过去了六七百年，汉代学者为先秦典籍做出的不少注解，在唐人看来已经难以理解。于是，出现了一种新的注解，即作者不仅解释正文，而且还给前人的注释做注解。这种注释一般叫做“疏”，也叫“正义”。比如在目前最为通行的《十三经注疏》中，《诗经》就是由西汉毛亨传、东汉郑玄笺、唐代孔颖达等人正义的。毛传、郑笺的“传”和“笺”在当时都有特定的含义。“传”指阐明经义；“笺”有补充和订正毛传的意思，即在阐明毛传中的简略隐晦之处的同时，提出不同于毛传的意见，供读者参考或者识别。在注疏方面，唐代孔颖达的《五经正义》、李善的《文选注》、颜师古的《汉书注》等，都达到了较高的水平。

宋代学者在古书注释方面同样做了大量工作。比如朱熹著有《周易本义》、《诗集传》、《大学章句》、《中庸章句》、《论语集注》、《孟子集注》、《楚辞集注》等。朱熹为学，“大抵穷理以致其知，反躬以践其实”，自经史而外，举凡诸子、佛老、天文、

---

① 共二十五卷，又称《玄应音义》。“一切经”又叫“大藏经”，是佛家经典的总称。

② 共一百卷，又称《大藏音义》、《慧琳音义》。

地理无所不涉。他一生著述丰厚，其中《四书章句集注》（公元1190年刊刻）不仅是他集理学大成的代表作，而且成为宋以后数百年间科举考试的教科书。朱熹不但是理学集大成者，而且由于他致毕生精力注释儒家经典，于《四书》、《五经》用力最勤，在宋儒中尊崇古义，学最笃实，在训诂方面也称得上卓然一家，对后世产生了重大影响。

朱熹沿着理学家开辟的儒、释、道三教归一的路径，出入于佛、老，反求诸六经，用儒学统一佛、道，建立了系统的理学体系。在几十年的讲学和著述实践中，他既不像汉唐诸儒那样信古无疑，遵修旧文而少有创新，也不像一般宋儒那样蔑古轻经，空衍义理而学无根底。他继承了传统训诂学的基本原则和方法，又融合时代精神，形成了独具时代风格的训诂学。这主要体现在以下三个方面：

（1）守注疏以治训诂，由训诂以通义理。他注《大学》、《中庸》取名“章句”，用汉儒名目，便是沿用祖宗成法，坚守注疏的体现。朱熹训诂的原则和方法是：依先儒注疏讲训诂，说有所本，不蹈空言。在他看来，“故治经者，必因先儒已成之说而推之。借曰未必尽是，亦当究其所以得失之故，而后可以反求诸心，而正其谬。”这说明，他并不是盲目步古，全盘接受，而是认真分析比较，加以取舍，在传统的基础上发展前人的成果。他认为，理皆在六经之内，只有遵循注疏以治训诂，由训诂以通义理的原则，才能义理明而又不废训诂。总之，他的训诂学具有鲜明的致用色彩，与汉代古文经学家为读古书而治训诂大异其趣，但由训诂以通经明道的方法却是一脉相承。

（2）学有专门，寓创造于注疏之中。朱熹一反当时学者不顾经文、空衍义理、横生奇说的空疏学风，提倡学既要有宗主，又要有不同，贵在创新。在他看来，有宗主而无不同，学术守成而停滞；有不同而无宗主，学术为无本之木，无源之水，同样不能发展。注释古籍，一方面要能尊重古人见解，力求出言有据，避免浮谈无根；另一方面又不迷信古人，盲从古注，而要敢于追求真谛，创立新义。

(3) 穷衍义理而不废考据，不以空言说经。在他看来，“所谓穷理者，事事物物，各自有个事物底道理，穷之须要周尽。若见得一边，不见一边，便不该通。穷之未得，更须款曲推明。盖天理在人，终有明处，须从明处，渐渐推将去。”因此，朱熹解经，一是用义理的是非加以折中选择，一是用不同证据比较分析。二者相辅相成，兼而用之，期于有理有据而后已。他重视名物考据，反对虚设议论，空言说经：“不期今日学者，乃舍近求远，处下窥高，一向悬空说了，扛得两脚都不著地，反甚于向者之未知寻求道理，依旧在大路上行。今日学者，却求捷径，遂至钻山入水。”朱熹的考据方法，大抵不出汉魏诸儒正音读、通训诂、考制度、辨名物的范围，但在宋儒承虚接响、荒经蔑古的风气中，却是佼佼者了。

朱熹考据训诂的局限性主要体现在两个方面：(1) 受时代风气影响，难免沾染轻于疑经、说无佐证的习气。这突出地表现在他不明音理，欠考古之功方面。(2) 以训诂明义理，寓理学于训诂，著书立说中贯穿理学说教。在解说文字的时候，常常背弃六书，而是为其理学寻找根据。①

总体而言，宋代训诂学的最大特点是疑古蔑经，标新立异，勇于开拓创新，好求义理，长于议论，重视规律的探讨。这对于开启心智、昭示来人具有重要的作用。它的最大局限是，不达古音，舍声求义，以今度古，穿凿附会，致使大量训诂著述成为理学的附庸，在训诂学方面的实际价值不大。

---

① 李建国．汉语训诂学史（修订版）［M］．上海：上海辞书出版社，2002：191—198.

在注释训诂方面，清代学者的成就最大。清儒几乎对每一种重要的先秦典籍都做了注解，而且钻研了汉唐学者的注解。他们根据具体材料判断前人的是非，不但解决了古书中的许多疑难问题，而且做了大量古籍校勘工作。此外，他们还常常采用读书札记等形式，对古书词句的诠释和文字校订提出了许多精辟独到的见解。

不过，从东汉许慎时代到清朝段玉裁、王念孙时代之前的一千七百年间，小学家特别是文字学家常常等同或者混淆文字和有声语言的关系，不了解文字只是记录有声语言的辅助工具的基本性质。在他们心目中，文字是直接表示概念的，因此，在小学研究中特别重视文字中的义符，似乎一个汉字不具备义符，就不能代表概念。这种重形不重音的观念，严重制约了小学研究的进步。直到清朝段玉裁、王念孙时代，才从根本上突破了这种认识上的偏差和束缚。段玉裁以音韵贯穿文字，王念孙以音韵贯穿训诂，他们分别把古音学成果运用于文字学和训诂学，取得了巨大的成就。因此，小学鼎盛时期的乾嘉时代以"段王之学"著称。

段玉裁的观点突出地体现在他为王念孙《广雅疏正》所作的序中。他指出："小学有形、有音、有义，三者互相求，举一可得其二；有古形、有今形，有古音、有今音，有古义、有今义，六者互相求，举一可得其五。古今者，不定之名也。三代为古，则汉为今；汉魏晋为古，则唐宋以下为今。圣人之判字，有义而后有音，有音而后有形。学者之考字，因形以得其音，因音以得其义。……治经莫重乎得义，得义莫切于得音。"（《王怀祖广雅注序》）

所谓"三者互相求"，是要阐明形音义之间的内在联系；"六者互相求"，是要考究形音义的历史演变。前者是共时分析，后者是历史考察。而共时分析和历史考察都以音韵为线索和基础，这就构成了段玉裁小学理论的核心，即形音义三位一体。也就是说，段玉裁的形音义三位一体是以字音为基础的。因此，“圣人之判字，有义而后有音，有音而后有形。学者之考字，因形以得其音，因音以得其义。”这从造字、考字两个角度说明了“音”是“形、义”之间的中心环节；而“治经莫重乎得义，得义莫切于得音”则成了清代训诂学的纲领。

王念孙的观点主要体现在他的《广雅疏正·自序》中。他指出：“窃以故训之旨，本于声音。……就古音以求古义，引申触类，不限形体。”他以音韵贯穿训诂，从语音上探明词义关系，解决了训诂学上的一些遗留问题，使得训诂学的面貌大为改观，从而使其从零散故训知识的积累，发展成为一门比较系统的学问。段玉裁称他“尤能以古音得经义，盖天下一人而已矣。”阮元评价说，以形、音、义互相推求，“实可谓无所不达，严而不乱。”

上述思想的提出和具体实践说明，清儒不仅认识到文字只是有声语言的代表，而且能够在训诂学实践中从语音入手，摆脱文字形体的束缚。清代是训诂学的大发展时期。由于清儒的训诂研究依据了正确的原则，因此，清代训诂学的成就大大超过了以往任何一个时期。清代训诂学的成就突出地表现在以下三大方面：

（1）涌现出大批古书注释。凡是比较重要的古籍，都有细致的、高水平的注释、整理和研究，并且常常有多种版本。

（2）出现了大批训诂学专著。王念孙的《广雅疏正》、《读书杂志》，王引之的《经义述闻》、《经传释词》，郝懿行的《尔雅义疏》，俞樾的《群经平议》、《诸子平议》、《古书疑义举例》，章炳麟的《文始》、《新方言》、《国故论衡》（上卷）都达到了很高的水平。此外，段玉裁的《说文解字注》、朱骏声的《说文通训定声》也是重要的训诂学著作。这一时期值得提及的另一部重要著作是阮元主持编写的《经籍籑诂》（共106卷）。该书搜罗了唐代以前散见于各种训诂著作中的训诂资料，是继承《经典释文》传统的一部古代训诂资料的集大成著作。

(3) 找到了训诂学研究的正确途径，即摆脱文字形体的束缚，从语音入手，阐释意义。在王念孙之前，训诂学家多为字形所蔽，望文生义，导致穿凿附会。北宋王子韶（字圣美）虽然创立“右文说”，但在古今语音系统未明之前，仍然为文字偏旁所限，难以真正达到以声音通训诂的目的。即使精通古音的大家段玉裁亦有“右文”之嫌。王念孙也注意从文字形体推求古义，但不为形体所限，不陷于本字本义的推求，而是广泛搜求旧例，汇集声近义同之字，以声音贯穿训诂，把古音学和训诂学结合起来，从而把单字字义的训释推进到同义字的综合比较阶段，促进了训诂学真正意义上的进步。

三、虚词研究

在我国传统语言文字学的历史中，清末马建忠[①]的《马氏文通》问世之前，语法学还没有作为一门独立的分支学科建立起来，这主要是因为汉语、汉字的特点造成的。王力认为，汉语言文字本身的特点规定了中国古代语言学不以语法为对象，而以文字为对象。虚词可以作为词汇问题解决，句法则古今差别不大，古代汉语句法问题可以通过熟读领悟解决。这就说明了为什么梵语音韵曾经影响了我国的音韵学，而梵语语法却没有促进汉语语法学的产生；又说明了为什么直到 19 世纪末年，马建忠才从西方移植了“葛郎玛”。[②]

汉语不像西方语言那样，形态丰富，规则明显，容易形成以

① 马建忠（公元 1845—1900 年），字眉叔，江苏丹徒人。年轻时就读于上海，1875 年到法国留学，毕业于巴黎大学，后任驻法使馆翻译。回国后帮助李鸿章办洋务，希望达到富国强兵的目的。

② 王力．中国语言学史［M］．太原：山西人民出版社，1981：211.

词形变化为基础的语法学。另外，西方语言采用表音文字，字母和文字系统简单，研究者的注意力自然会更多地集中在语法现象上。汉语是典型的孤立语，缺乏形态变化，以“字”为单位的词使用起来十分灵活，词序和虚词是最基本的语法手段，词的准确意义常常需要结合句子或更大的上下文来理解，从而导致语法的规则不像西方语言那样显露。汉语的语法规则不仅是隐蔽的、深层的，而且表义的汉字增加了识别语法成分的难度。因此，中国的传统语言文字研究自然把注意力更多地投入到汉字上。这应该是汉语语法学没有像传统的训诂学、文字学、音韵学那样独立出来的基本原因。

当然，这并不是说在中国古代语言文字学的历史上没有语法研究。早在先秦的一些经典比如《墨经》、《荀子》、《公羊传》中，就有一些有关语法问题的论述。两汉时期，一些传注家在为《春秋》等经书作传注、阐释其微言大义时，不仅细致地观察语言现象，而且注意到了内动词和外动词（或称及物动词和不及物动词）、主动词和被动词以及词序不同所表示的不同语法意义。比如《春秋》僖公元年有“邢迁于陈仪”[①] 的记载。《春秋公羊传》解释说：“迁者何？其意也。迁之者何？非其意也。”这是对动词主动和使动用法的区分和解释。又如《公羊传·何休解诂》说：“‘宣公六年，赵盾知之’。解诂云：由人曰知之，自己知曰觉焉。”这是对动词及物和不及物的区分和解释。汉代传注家还注意到了虚词的用法，把位于句首、句末或语头而难以解释的字叫做“词”或“辞”，并加以说明和解释。这实际上是古汉语“助字”或“虚字”研究的开端。

汉代之后，训诂学兴起。训诂学的内容除了解释词义、疏通文句、说明修辞、阐明义理之外，也涉及语法问题。也就是说，

① 邢国地名，《左传》、《谷梁》作夷仪。

语法分析包含在训诂学之中，或者说语法研究属于训诂学的范畴。正是由于词序和虚词是汉语的基本语法手段，词的准确意义需要结合句子或更大的上下文来理解，因此，古人研究语法问题，主要是沿着“句”和“读”（“句读”大体相当于句法）的路子进行的，同时注重虚词的研究。

古代学者对汉语语法现象的分析和解释，主要体现在两个方面：一是在古书的注疏中，随文分析所遇到的语法现象；一是重点探讨虚词问题，特别是通过探索虚词在句子中的功能，达到语法研究的目的，这是一种功能主义的研究路子。

在我国传统语言学史中，早在先秦时期就有零星的虚词研究。两汉时期的学者们也注意到了虚词研究，比如《诗经》的毛传、郑笺中，都有一些有关虚词的解释。唐代孔颖达在《左传·昭公二十年》疏中，把语法看做词的正确用法。他指出：“语法，两人交互乃得称‘相’，独使员从己，语不得为相从也。”这应当是“语法”二字的最早出处。[①] 从宋代开始，学者们把词语分为“实字”、“虚字”和“半虚半实字”三类，并有一些研究成果问世。

第一部虚词著作是元朝学者卢以纬的《语助》。[②] 书中罗列了一百多个虚词，并援引书证解释其用法。《语助》的主要特点表现在以下方面：

(1) 把义同、义近或意义相关的语助词归入同一条目，从位置、意义（包括意义不同、意义相近）的角度，比较虚字的用法。

从虚词位置进行比较。比如：“夫：‘夫’字在句首，为发语之端，虽与‘盖’字颇相近，但此‘夫’字是为将此事物而发语

---

① 洪诚，选注．中国历代语言文字学文选［Z］．南京：江苏人民出版社，1982：8.

② 又名《助语辞》，成书于元代泰定元年，即公元1324年。参见邓文彬．中国古代语言学史［M］．成都：巴蜀书社，2002（第1版），2004（第2次印刷）：380—382.

为不同；有在句中者，如‘学夫诗’之类，与‘乎’字似相近，但‘夫’字意婉而声衍；在句末者，为句绝之余声，亦意婉而声衍。”

从意义不同的角度进行比较。比如：“或：有带疑辞者；有带未定之意者；有不指名其人、指名其事，但以‘者’字代之者；有未有此事，预度其事物设若此者；有言其事之多端，连称几‘或’字以指陈之者。”

从意义相近角度进行比较。比如：“所：亦指事物而言，如‘所能’、‘所学’之类，比‘于’字所指义绝不同。‘所’字活，‘于’字死。‘于’是死字，故所指之事亦不活，如‘志于学’之类，但指其事耳。‘所’是活字，若曰‘所学’，是明指其学习之而为其事也。”

（2）不仅搜集了少量俗语虚字，并用方言俗语加以解释，而且对文言虚字和俗语进行比较，具有较高的学术价值。比如：“未尝：俗语‘未曾’之意。‘尝’即是‘曾’，喻如曾经口食之而知其味也。”

《语助》虽然比较简略，但作为第一部虚字研究专著，其开创之功和学术地位是应当充分肯定的。

大量的虚词研究著作是在清代问世的，其中比较重要的著作有袁仁林的《虚字说》、刘淇的《助字辨略》、王引之的《经传释词》。

《虚字说》[①] 分 51 组 141 条，一些条目下连带涉及十多个虚词，总计收虚词 155 条，其中单音词 80 条，复音词（二合音、

---

① 康熙四十九年即公元 1719 年成书，乾隆十一年即 1746 年刊行。参见许嘉璐，主编．传统语言学辞典［C］．石家庄：河北教育出版社，1990：490．邓文彬．中国古代语言学史［M］．成都：巴蜀书社，2002（第 1 版），2004（第 2 次印刷）：383—385.

三合音）75 条。作者首次把过去称做“语助”的虚词命名为“虚字”，并对虚字的概念做了详细解释。袁仁林在“虚字总说”中指出，“虚字无义”，并进一步解释说：“夫虚字诚无义矣，独不有气之可言乎？吾谓气即其义耳。”他与训诂派主要采用意义训释虚词的方法不同，而是用“神情口吻”、“声气”解说虚词的作用，在体察虚词的语气作用上有独到之处。他说：“凡书文发语、语助等字，皆属口吻。口吻者，神情声气也。当其言事言理，事理实处，自有本字写之，其随本字而运以长短疾徐、死活轻重之声，此无从以实字见之也，则有虚字托之，而其声如闻，其意自见。故虚字者，所以传其声，声传而情见焉。”

关于虚字的概念，袁仁林指出：“虚字者，语言衬贴，所谓语辞也。在六书分虚实，又分虚实之半，皆从事物有无动静处辨之，若其属口吻，了无意义可说，此乃虚之虚者，故俗以虚字目之，盖说时为口吻，成文为语辞，论字为虚字，一也。”

从上面的引文可知，袁仁林不仅明确界定了虚字的定义，而且对词类的活用、活用的功能以及上下文对活用的影响等，都有精辟的阐释。袁仁林把虚字分为发语辞、转语辞、助语辞、疑辞、叹辞等五类，特别注重探求虚字的实字义，以及由实到虚的引申，注意用法相近的虚字之间细微差别的比较，善于用形象生动的比喻说解虚字。此外，该书的一个重要特点是注重例证，全书大约采用了近三百条例句，较之以前的同类著作更为丰富。这部著作的主要不足是，可能由于作者不精音韵，涉及音理时常有谬误，谈声气有时流于玄虚。

刘淇的《助字辨略》（康熙五十年即公元 1711 年刊行），博取宋元以前古文、诗词中的虚词（助字）476 个，按照四声排列，分上平、下平、上、去、入五卷。作者把虚词分为重言、省文、助语、断辞、疑辞、咏叹辞、急辞、缓辞、发语辞等三十类，采用正训、反训、通训、借训、互训、转训等六种方法加以解释，既解释虚词的常见用法，也解释特殊用法。这是第一部大规模解释古代汉语虚词的专著。收词范围较之以往更加广泛，用例十分丰富，每字之后除了解释之外，大都详列书证。引书不只局限于秦汉古籍，也采集唐宋诗文，甚至涉及到明代以后的著作。这不仅为虚词和语法研究奠定了基础，而且为后人留了的丰富的资料。不足之处是，缺乏明确的分类目的和原则，分类标准不统一，导致分类系统繁杂。

王引之的《经传释词》(嘉庆三年即公元1798年成书，共十卷）搜集了九经三传及周秦两汉古籍中的虚词160字，分字编次。全书体例谨严，条理清晰，引证详备。作者对于所举之字，尽可能远溯原始，逐一辨析。在释词体例上，每一条目下按照虚词的用法、意义的不同，分别列举说明，辅以丰富的例证，重点解释经传中具有特殊意义的虚词用法。在条目解释方面，主要采用训释法（采用通用的同义虚词注释）和归纳法（列举大量书证归纳虚词的意义和用法）详加说明，论证详实可靠，补充和纠正了前人特别是汉儒的一些说法，具有很高的学术价值。王引之在《经传释词·序》中概括了解释虚词的总原则："比例而知，触类而长之。"按照洪诚的解释，这条总原则包括三种方法：（1）类比见义。综合结构相同的句子，观察其助词在这些结构中的共同作用，确定其意义。（2）上下相因见义。即从上下文呼应的关系观察一个词的作用。（3）互文见义。即通过可以互相替换的字解释词的意义和用法。上述三种方法都是从句子结构中研究虚词的意义和作用。[①]

此外，唐代孔颖达《五经正义》对"复语"即同义并列结构的分析，《毛诗正义》对"倒文"即颠倒语序现象的研究，清末

① 洪诚，选注．中国历代语言文字学文选［Z］．南京：江苏人民出版社，1982：17.

俞樾①《古书疑义举例》中关于实字的活用、虚字的用法、语序、省略等方面的研究，都是重要的语法研究成果。②

四、训诂学的主要方法

关于训诂学的方法，陆宗达、王宁较早概括出“以形索义”、“因声求义”、“比较互证”三种，而且明确指出：“三种训诂方法必须结合起来使用，但在解决不同问题时，可以侧重使用其中的一种方法。究竟主要使用哪种方法更合适些，主要看提出的问题具备哪方面的已知条件和需要，首先探求哪方面的未知条件而定。”③ 对于训诂学的方法，后来的学者虽有所增补，但都无法脱离形、音、义三者互求的范围。

1. 以形索义法

古代书面汉语是用汉字记录的，经过数千年，口语已经发生了巨大变化，汉字便成为了解古代汉语的一个重要途径。口语虽然发生了巨大变化，汉字却基本上不受时间和空间的局限，起到了“前人所以垂后，后人所以识古”（许慎：《说文解字·叙》）的作用。汉字不仅为后人保留了古代语言，而且也保留了古代文化。④ 正是认识到了汉字这种超越时空的性质以及保留古代语言和文化的作用，许慎在他的《说文解字》中力求用形、音、义统一的原则，按照540部并以“六书”作为分析字形的准则，以求达到文字规范化、系统化的目的。

汉字是表意为主的文字，最早的汉字是按照字义绘形的。汉

① 俞樾（公元1821—1907年），字荫甫，浙江德清人。

② 赵振铎．训诂学纲要（修订本）［M］．成都：巴蜀书社，2003：260—264.

③ 陆宗达，王宁．训诂学方法论［M］．北京：中国社会科学出版社，1983：29.

④ 陆宗达，王宁．训诂学方法论［M］．北京：中国社会科学出版社，1983：73.

字虽然很早就有表音的趋势，但始终没有能够发展成为拼音文字，一直停留在表意文字状态。象形字包括绘形象物和烘托显物两类，指事字包括符号见义和加标指物两类，二者都是独体“文”，即它们的形体都不能再拆开分析。会意字包括会比图形和会合字形两类，形声字包括追加声符和音义合成两类，二者基本都是合体“字”，它们的形体可以拆开分析。转注字包括追加意符和改造意符两类，就其平面结构而言，与形声字无异。假借字包括转义借字和同音借字两类，前者是字义引申而字形没有分化，后者是借其音而与字形无关。可见，象形、指事、会意三书，察其形而知其义；转注、形声二书，见其意符则知其意义范畴；假借一书，其转义借字仍然需要借助字形的分析，只是同音借字不能运用“以形索义”的方法。也就是说，字形和语义之间存在着直接的、密切的联系。字形往往反映出它所记录的词的本义，本义又为词义的进一步引申提供了依据和线索，这就使得通过字形推求并证明古代文献中的词义成为可能，“以形索义”也就成为训诂学中最早提出的一个重要方法。可以说，“以形索义法”的产生，是由汉字本身的特点决定的。

从本质上看，以形索义就是通过字形的分析，了解汉字所记录的词的本义，有人称做“形训”。早在先秦时代的文献中，就已经有了以形索义的萌芽。比如《左传》宣公十二年，楚子曰：“夫文，止戈为武。”《左传》宣公十五年，宗伯曰：“故文，反正为乏。”《韩非子·五蠹篇》：“仓颉之作书也，自环者谓之私，背私者谓之公。”东汉许慎所谓“厥意可得而说”即汉字形义相关的最早表述。他的《说文解字》对字形的说解，多半也是为了释义。汉代之后，这种方法使用得更加普遍。

以形索义法具有三个方面的作用：（1）揭示字词的本义，了解字词的多义性。由于汉字起源悠久，而且长期稳定，因此，可以通过对形义相关汉字之间义项的系联，揭示汉字所表示的本义。由此出发，探明其转义即引申义和比喻义，便于掌握字词的多义性。(2) 系联字词的类化义。汉字既是独立的，又是相互联系的。象形字虽然只有二百多个，但可以在此基础上组合搭建出新的汉字。层层叠加，字形组合在一起，字义也就随之组合到一起了。类化义就是指象形字有某义，而以这个象形字为构件的汉字也常常包含某义，因此，可以利用形训的方法探求一个汉字的字根，据此可以系联一个汉字之群。(3) 提供文献词义训释的理据。后人阅读古书的解释，往往知其然而不知其所以然。运用以形索义法，不仅可以解释字词意义的由来，而且可以发现旧句读的失误。

以形索义法的局限性表现在相互关联的三个方面：(1) 只有早期汉字的形体和意义才有一致性，因此，以形索义法赖以凭借的字形必须是早期汉字的形体。(2) 汉字的构造形体虽然可以对揭示字词的本义具有提示和参考作用，但它不是唯一的根据。因为文字毕竟是后起的，而且只是口头语言的另外一种表现形式，它既有受语言制约的一面，也有独立发展的一面。(3) 形声字在汉字中占绝大部分，它由意符和声符两部分构成，而它的意符只能提示意义范畴，却不能揭示字的本义。因此，运用形训的方法分析大量形声字，就会受到很大的局限。①

后来，训诂学家在实践过程中发现，在表意文字里，字形本应是索求语义的重要依据，但把形义之间的联系绝对化之后，字形反而成了一种障碍。这是因为，汉字是汉语的书写符号，它的音和义来自汉语，它的形则是人为地加给汉语的一种标志。也就是说，音和义的发展变化主要受语言发展规律的制约，而汉字字形的变化，却既受语言的影响，又有不受语言制约的自身发展规律。在这种情况下，“以形索义法”的绝对化和简单化，就会导

---

① 白兆麟．新著训诂学引论［M］．上海：上海辞书出版社，2005：201—207.

致训诂学中一个最忌讳的错误，即“望形生训”。

“望形生训”是指随意用书写的字形解释形义已经脱节的字义，从而歪曲文献的原义。这种现象在训诂学的历史上不乏其例。正因为如此，从汉代起，文字学家和注释家开始关注语音这个重要因素。《说文解字》中保留了大量的语音材料；《释名》、《方言》等书中大量运用声训；注疏中以音别义的条例随处可见。然而，在很长一段时间里，音和义之间究竟存在怎样的联系，在理论上并没有得到真正的、系统的论述。直到清代，“因声求义”作为训诂学的一个重要方法，才逐渐系统化、理论化。①

2. 因声求义法

因声求义又称“声训”、“音训”，它是指通过字形的外表，依据字音的相同或相近探求字义（词义）的方法。因声求义法之所以能够成立，既有语言内部的理论依据，也有训诂实践需求的外部要求。在约定俗成的语言系统中，音义关系表现在许多方面，既有偶然同音造成的音近义通现象，也有造词之初形成的音近义通现象。一些具有类似特征的事物之间，语音可以相同或相近，这就是因声求义方法的语言内部理论依据。从训诂实践的外部要求看，古籍中出现的通假、声训、错字等现象，大都是由于读音相同或相近造成的。这样，正确地运用因声求义法，可以有效地探求事物得名的由来，能够帮助人们正确理解音义之间的关系。

汉儒虽已广泛使用因声求义的方法，但总体上看缺乏严密性和科学性。比如《易经·说卦》：“乾，健也；坤，顺也；……”《尔雅·释言》：“颠，顶也。”《说文》：“天，颠也。”“户，护也。”东汉刘熙《释名》主要采用声音相同或相近的字辗转训释。

① 陆宗达，王宁．训诂学方法论［M］．北京：中国社会科学出版社，1983：77.

他不仅训释字义，而且说明音义关系。比如："春，蠢也；物蠢动而生也。""土，吐也；吐生万物也。""衣，依也；人衣以庇寒暑也。"但是，由于刘熙过分强调音义相通的一面，因而附会之处颇多。

北宋王子韶提出的"右文说"有合理的一面。这不仅是因为"右文说"指出的"声类同则义相通"的现象确实存在于部分汉字之中，更重要的是，它利用音近义通的原理揭示出被隐蔽了的词语构造的内部理据（详见"文字学"部分）。

清代，小学家在总结前人经验教训的基础上，通过"音近义通"的原理研究训诂问题，形成了比较精密的方法，并且取得了很大的成就。特别是乾嘉学者戴震、段玉裁、王念孙等人，不但在因声求义的实践中取得了巨大成就，而且有一定的理论阐述。

戴震认为，"故训声音，相为表里。"（《六书音韵表·序》）王念孙强调："训诂之旨，本于声音。故有声同字异，声近义同，虽或类聚群分，实亦同条共贯。譬如振裘必提其领，举网必挈其纲。"（《广雅疏证·序》）王念孙著《广雅疏证》的主要方法，就是"就古音以求古义，引申触类，不限形体"。章太炎著《文始》，运用声音通转规律归纳同源字，是对"因声求义法"的系统运用。

总之，清代以来，语音问题在训诂学中受到了极大的重视，"因声求义法"也比"以形索义法"使用得更加广泛。

训诂学家如此强调语音在训诂中的作用，首先是根据这样一个重要的事实，即他们发现，如果把汉代以前的注释分为义训和声训两类，那么，声训的比例相当可观。根据黄侃（黄季刚）的统计："《说文》列字九千，以声训者十居七八而义训不过二三。"如此大量的声训，其中虽然有义训中训释字和被训释字的偶然同音，但绝大部分确实反映了音和义的密切关系。清代小学家开始认识到，对于汉语而言，字形只是外在的，是书写符号的形式，而不是语言本身的形式，并且它是在语言发展到一定阶段后才产生的。因此，从本质上看，语义的发展变化主要依托于声音而不是字形，离开了声音这个要素，就不能通过形音义之间的联系正确地解释古代语言。因此，因声求义法成为训诂学中的一种最基本的方法，它实际上是探求和贯通语义的根本途径。

总体而言，因声求义具有三个方面的作用：(1) 解决同音替代问题，排除通假造成的形、义分离现象，从而求出本字。正如王念孙所说："训诂之旨，存乎声音。字之声同声近者，经传往往假借。学者以声求义，破其假借之字，而读以本字，则涣然冰释。"① (2) 解决方言词问题，求出方言词语音变化的轨迹。(3) 推求语源，诠释某些词命名的由来。

因声求义法在解释词义方面虽然具有重要的作用，但其运用要受特定条件的制约。首先，字词的读音必须相同或相近，而且要以先秦古音为依据。这种方法之所以到清代才有长足进展，就是因为古音学的建立为其提供了可靠依据。其次，要有古代文献作为依据。正如陆宗达所言："一定要有确凿的文献作为佐证。仅仅凭着声音相同或相近而随意联系，不但作不出正确的训诂来，反而会由于穿凿附会，把形、音、义的联系搞乱，把古书的意思曲解。"②

音和义的关系，既可以体现在"以声求义"中，也可以体现在"以义正音"上。"以义正音"包含两方面的内容：(1) 通过大量义通之词声音演变的轨迹，证明古代声纽和韵部之间的关系，以此作为音韵学研究古代汉语音系的佐证；(2) 通过已经确认的意义关系，正个别字词的音读。如果说"以声求义法"是从

---

① ［清］王引之．经义述闻序［Z］．同样意思的话，王念孙之子王引之曾多次提及。

② 陆宗达．训诂简论［M］．北京：北京出版社，1980.

形式到内容，那么，“以义正音法”则是从内容到形式。[①] 正如戴震所说：“疑于义者，以声求之；疑于声者，以义求之。”（《转语二十章·序》）这十六个字概括地说明了训诂学音义互求的方法。

“以形索义法”和“因声求义法”都是通过词的形式（书面形式是字形，口头形式是语音）探求词的内容的。然而，词义和字形之间存在着复杂的联系。总体而言，音义之间的关系是音少义多，但二者之间究竟存在哪些联系则需要科学的判定。也就是说，词义之间是否相关，是什么性质的相关，直接关系到形义和音义关系的探求。如果不是从语言发展的实际出发，而是在它们之间随意建立联系，就有可能导致绝对化，即所有的意义都可以相关，所有的同音词都可以断定为同根词。正确的做法是，应当在运用“以形索义法”和“因声求义法”的时候，综合考虑词义本身的内在发展规律，比如词义的特点、存在形式、发展规律以及词义之间的相互关系。

因声求义法是清代学者对训诂学的重要贡献。但是，随着这一方法的推广，出现了一些流弊。一些考据学家把因声求义看做万能法宝。他们常常脱离文献证据，不加限制地使用“一声之转”，甚至只用双声或者叠韵的方式破假借，致使因声求义这一正确的方法误入歧途，从而导致穿凿附会。王力曾指出：“这样滥用古音通假，不难把鸡说成狗，把红说成黄，因为‘鸡’、‘狗’双声，‘红’、‘黄’双声；又不难把松说成桐，把旦说成晚，因为‘松’、‘桐’叠韵，‘旦’、‘晚’叠韵。这好像是笑话，其实古音通假的误解和滥用害处很大，如果变本加厉，非到这个

① 陆宗达，王宁．训诂学方法论［M］．北京：中国社会科学出版社，1983：117—119.

地步不止。”[1]

3. 义训法

与形训、声训鼎足而立的训诂学方法是义训。义训是指不利用字形、字音，直接从意义入手解释词语的方法。凡是形训、声训不能包括的训释，大都可以归入义训范畴。采用义训方法解释词义时，只从现有意义的角度做解释，不大考虑词义的来源和形义关系。形训和声训主要通过词的形式即书面形式和语音形式探求词的内容，所以通常得到的是词的本义和常用义，而义训则是根据文献中具体语言材料，根据具体语境解说词义，得到的是词的具体意义。义训的方式主要有互训、义界等。

互训是指意义和用法相同或相近的两个或两个以上的词相互解释。比如《说文·老部》：“老，考也。”“考，老也。”《尔雅·释言》：“宫谓之室，室谓之宫。”从时代角度，互训有同时的（如前例），也有异时的，如《说文·舟部》：“舟，船也。”段注：“古人言舟，汉人言船。”异时互训反映出古今用词以及词义的发展变化。从地域角度，互训有以通言释方言的，比如《方言一》：“党、晓、哲，知也，楚谓之党，或曰晓，齐宋之间谓之哲。”从体例角度，互训是甲、乙两词相互直接训释，又叫直训。还有甲、乙两词用丙词训释，叫同训。比如《尔雅·释诂》“命”和“令”同训“告也。”另外还有甲用乙来训释，乙用丙来训释，甲、乙、丙三词递相为训，这叫递训或转训。比如《尔雅·释言》：“煽，炽也。”“炽，盛也。”从类属角度，有以共名释别名的，即指出某一事物所属的种类。比如《说文·木部》：“李，果也。”“橙，橘属。”这又叫类训。类训一般跟互训不同，其主要表现是不能反复为训，即不能倒训。

---

① 王力．训诂学上的一些问题·关于古音通假［A］．龙虫并雕斋文集（第一册）［C］．北京：中华书局，1980：339.

互训只是指在特定语境中一组词有相对的同义，而不是指在所有语境中一组词有绝对的同义。上古单音节词表义相当灵活，而且常常具有模糊性的特点，这给互训带来了一定的不便，即难以做到精确地解释。也就是说，互训只能反映一组词之间的相同或相近，却不能辨别它们之间的不同。这就需要运用“义界”的方式。①

按照陆宗达的说法，“用一句或几句话来阐明词义的界限，对词所表概念的内涵做出阐述或定义，这种方法叫做义界。”②

义界是互训的一种，设立义界的目的之一也是为了弥补互训的不足。采用义界的方式阐释意义，可以使词义明确化。由于语言中很少有绝对相同的两个词，因此，采用义界的方式训释词义，还可以帮助人们了解词的概括意义。比如《尔雅·释亲》：“男子先生为兄，后生为弟；男子谓女子先生为姊，后生为妹；父之姊妹为姑。”义界还可以用于互训之后，以补互训的不足。比如《说文·老部》：“老，考也。七十曰老。”

4. 比较互证法

“比较互证”是指运用词义本身的内在规律，通过词与词之间意义的关系和多义词各个义项之间关系的对比，比较其异，证明其同，即相异才能比较，相同才能互证，从而达到正确探求和判定词义的目的。

在语言文字的发展过程中，字义的发展是字形和字音发展变化的内在动力。这鲜明地体现在造字和考字两个相反的过程中。正如段玉裁所说：“圣人之制字，有义而后有音，有音而后有形。

---

① 许威汉．训诂学导论（修订版）[M]．北京：北京大学出版社，2003：116—118.

② 陆宗达．训诂简论[M]．北京：北京出版社，1980.

学者之考字，因形以得其音，以音以得其义。”[①] 也就是说，造字（词）和制字时是以意义为出发点，而考字、解释字（词）意义时则以意义为落脚点。就每个字、词产生和发展演变的过程看，形音义三者是相互推动、互为因果的。不论就文献语言形音义关系的研究而言，还是就语言整体的研究而言，对词义内在规律的关注都是至关重要的。“比较互证”的训诂方法，正是在这种需求下产生的。[②]

五、训诂学研究的局限性

传统训诂学研究的局限性主要表现在三个方面：

（1）多汇集编纂之功，少归纳概括之力，长于分析，拙于综合，即多材料考证，少理论探讨。多数研究成果主要局限于材料的考证，缺乏深入系统的理论探讨，即使理论的论述也多失之于零散，原理性的东西常常被淹没在浩繁的材料之中。

（2）缺乏整体和系统的观念，导致牵强附会、以偏概全。由于缺乏整体和系统的观念，在对某些现象和问题的分析上，即使有合理的认识，也常常因为立论上的偏颇，导致结论上的牵强附会，或者流于谬误。本来只是在同根词之间才存在音近义通的音义关系，一些学者却任意扩大其适用范围，以为任何音近的词必然义通，或者任何义同的词必然音近，从而导致了错误的结论，典型的例子是汉代刘熙的《释名》。由于刘熙没有正确认识音近义通原则的适用范围，试图证明它的普遍性，从而导致了立论上以偏概全的错误而走上歧途。

（3）尊经崇古，尤其是过分相信汉代以前的古注，把古代的

---

① ［清］段玉裁．王怀祖广雅注·序［Z］．经韵楼集（卷八）［C］．

② 陆宗达，王宁．训诂学方法论［M］．北京：中国社会科学出版社，1983：131—133.

诠释材料看做当然的立论根据。小学本是经学的附庸，最初的目的在于通经，后来范围虽然有所扩大，也主要局限于“明古”。先秦时期的字义差不多成为小学家唯一的研究对象，即使涉及方言，也是为上古字义寻找证据。尊经与崇古密切相连，通经的目的决定了崇古的局限性。一般而言，注释书的时代越是接近文献产生的时代，就越具有准确性和可信度。然而，这需要一个前提：这些注释必须是科学的、准确的。过去的训诂由于严重依附于经学，而旧的经学历来有严守师承的传统，因此，在训释词义的过程中，附会经义的现象在所难免，并且历代有之。这就不可避免地导致了训诂材料的以讹传讹，加之几千年辗转传抄，致使形、音讹误现象更为严重。虽经后人的不断校勘，仍没有能够完全还其本来面貌。在这种情况下，不加分辨地依据这些古注材料作为立论的根据，必然影响结论的可信度和科学性。

第五节　文字学

中国传统小学中的文字学不仅研究文字的各个方面，而且特别关注文字的形体以及形体与声音和意义之间的关系。汉字的表义特征以及大量形声字的存在，使得人们可以借助于文字的形体研究声音和意义。从汉字的形体与意义的关系看，六书中的象形、指事、会意都是用字形表义的，即使形声字也是一边义符，一边声符，即有一半的形体与字义有关，而且声符常常能够表明形声字的造字原意。① 在许多形声字中，声符除了表声之外，还有表义功能。在这种情况下，认识了汉字的形体，就可以帮助人们了解字的本义，也就大体上了解了词的本义。从汉字的形体和

① 在《说文解字》中，象形、指事、会意字占总字数的19%，形声字占81%。

声音的关系看，不懂古音，就不能理解谐声字和声旁在声音上的关系，也就不懂得文字假借或者通用在声音上的关系。正因为如此，文字学是研究汉字的形体以及形体与声音、形体与意义之间关系的一门学科。

一、《说文解字》在文字学方面的贡献

汉字的产生大约在夏商之前，最初受原始图画影响，依类象形，随后出现会意、形声。在文字初创时期，并没有系统的造字理论作为指导。到春秋战国时期，开始出现“止戈为武”之类解释汉字字形的萌芽。战国末年，出现了“六书”的说法（最初见于《周礼》），但真正用“六书”解说汉字形体的，是从东汉开始的。

汉代是文字学的开创时期。东汉时期的古文经学家注意研究前人留下来的篆文、古文、籀文，分析造字的原则，创立“六书”学说，并开始创立文字学。从文献记载看，当时讲论六书内容的有班固、郑众、许慎，但三人各举出的六书名目和排列次序并不相同。① 这种分歧反映了他们对不同结构汉字的产生次序有不同的见解。

东汉著名的古文经学家、文字学家许慎被当世学界称为“五经无双许叔重”。古文经学派出于通经的目的，着重文字的分析和训诂的考证，对促进汉语言文字学科的发展起到了举足轻重的作用。许慎著有《五经异义》十篇、《孝经古文说》一篇、《淮南子注》二十一卷，均已亡佚。唯有《说文解字》通行于世。和帝时，许慎花费五年工夫（公元 96 年到 100 年），以篆文（小篆）为主，兼采古文、籀文（大篆），首创按形体偏旁编

① 班固：象形、象事、象意、象声、转注、假借；郑众：象形、会意、转注、处事、假借、谐声；许慎：指事、象形、形声、会意、转注、假借。

排文字的方法，分别部居，据形系联，著成《说文解字》[①]。它是我国第一部分析字形、考究字源、说解字义、辨识读音的字典，也是一部全面的文字学专著和训诂学著作。全书正文十四卷，卷末有叙目一卷，共十五卷。[②] 正文收汉字 9353 个，重文 1163 个。《说文解字·叙》虽然只有大约 1300 字，内容却十分丰富，集中体现了作者的语言文字观，可以看做我国最早系统阐述语言文字理论的经典之作。《说文解字》在文字学中的贡献主要体现在以下五个方面：

1. 阐述了汉字的源流和演变过程

从战国到秦汉时代，文人学士谈及汉字的起源，多不加分析地归于黄帝史官仓颉一人所造。汉代今文经学家则认为古文字是一些“好奇”之士故意改变隶书字形，“向壁虚造不可知之书，变乱常行，以耀于世。”（《说文解字·叙》）针对这种固定不变的观念，许慎不仅提出了文字的变易性特点，而且阐明了汉字的起源和发展过程。

许慎指出：“始作《易》，八卦以垂宪象。”在许慎看来，人们首先产生“易”的观念，“易者，象也。物无不可象也。”在长期的劳动和生活实践中，古人逐渐发现两物并立、两物对比的现象，并从中观察到盈虚消长的变化规律，认识到自然界的万物都可以用另一物来表现。当生活向人们提出了记录事物的要求之后，这种“易”的观念便促使人们产生了行动，这行动就是“卦”。“八卦以垂宪象”就是指悬挂物象以表现给他人或后人。这种悬挂物象以示人的挂物方法，应该是人类最早的记事手段。结绳是用绳子代替其他各种可挂之物，许多绳子挂

① 成书于和帝永元十二年，公元 100 年；经过 22 年即公元 100 年到 121 年定稿奏上。

② 现存宋初徐铉校定本，每卷分上下，共三十卷。

在一起，就构成了后来的阴爻和阳爻的排列组合。后人把这些排列组合归纳为八种形式，八卦由此而来。八卦表示的意义并不固定，因此，不能称之为文字。于是，作为记事的符号被淘汰，只能留给后人用作占卜。到黄帝时代，史官仓颉创制书契文字。由八卦到结绳为治，再到初造书契，发展到“言语异声，文字异形”，而后有秦兼天下而书同文。汉字形成后，其字体经历了古文、大篆（籀文）、小篆、隶书的演变过程。许慎归纳的从“八卦到结绳再到书契”的汉字起源和发展模式，虽然不一定完全符合汉字起源和发展的客观实际，但也不能说汉字的起源与它们毫不相干。

2. 总结了汉字造字的原则、过程、规律和发展特点

关于汉字的造字原则，许慎概括为“分理别异”四个字，即认为区别性是汉字的基本特征。关于汉字的造字和用字特点，在许慎之前已有论述，即在分析汉字形体结构基础上归纳的“六书”学说。许慎在前人研究的基础上，进一步指出了汉字的产生过程和规律。他认为，造字首先从指事开始，而后因不足于记事，才有象形补充，这是造字的第一阶段，即“独体为文”时期。形声、会意即“合体为字”时期，是汉字发展的第二阶段。转注、假借是汉字的使用规则，它是汉字发展的第三阶段。

把指事列为“六书”之首，反映了许慎的文字学观点。在他看来，文字是记事的符号。记事之初，不应当是描摹事物的形体。由于记事的需要而挂物、结绳，进而产生八卦，后来才产生了指事字。象形是作为记事补充手段而产生的。对于这种观点，后人有不同看法。清代学者王筠在《说文释例》中指出：“有易然后有事，故宜以象形为首。”近代学者唐兰认为：“原始文字，只有图形，是无可疑的。”他把汉字演化过程分为三个时期：“由绘画到象形字的完成是原始时期；由象意文字的兴起到完成是上

古时期；由形声字的兴起到完成是近古时期。”①

关于汉字的发展趋势，许慎归纳了两点：一是“孳乳而浸多”，二是“以趋约易”。在他看来，汉字初创时是“依类象形”，即按照物的类来画它的形，而不是按照某个具体的物来画它的形。也就是说，汉字的所象之形，实际上是诸形的概括。其后，汉语的书面形式发展到了既有形符又有声符的阶段，这才是字，它像鸟生子那样逐渐增多。许慎关于汉字“孳乳”观点的重要性在于，如果汉字只是依类象形的单体字，它的功能就十分有限。利用形声相益的手段，其滋生能力就会大大加强。“以趋约易”是指汉字形体的演变规律，即初为古文、籀文，后来是小篆、隶书，字体笔画由繁复屈曲而趋于平直简易，便于书写使用。

3. 确立“分别部居，不相杂厕”的编排原则，首创“据形系联”的方法

面对大量需要解释的汉字，许慎采用的编排原则是什么？这就是《说文解字·叙》中所说的“分别部居，不相杂厕”。分别部居，是指分540部首统摄全部所收的汉字。正如段玉裁在《〈说文解字·序〉注》中所说：“凡字必有所属之首，五百四十字可以统摄天下古今之字。此前所未有之书，许君之独创，若网在纲，如裘挈领，讨原以纳流，执要以说详，与《史籀篇》、《仓颉篇》、《凡将篇》杂乱无章之体例，不可以道里计。”

许慎首先通过全部汉字的分析，归纳出可以统摄全部被释字的540个部首，部首之间的排列顺序大致立足于“形”，从而开创了“据形系联”的部首归字方法。有些字难以从“形”的方面找出它们之间的内在联系，于是制订出“共理相贯”的条例作为补充。由于540部之间不大可能都有形体上的联系，于是，许慎把有形体联系或者形体联系相对明显的字排列在一起，形成相对

① 唐兰．古文字学导论（增订本）[M]．济南：齐鲁书社，1981.

独立的“据形系联”的小系统，小系统之间就不一定存在形体上的联系了。至于每个部首之下所统摄的字的排列方法，大致依据字的本义按类编排。

许慎立足于小篆，结合古文、籀文，分析汉字的内部结构，开创了“据形系联”的部首归字法。这种方法不仅便于检字，更重要的是揭示了汉字内部的系统性。汉字是表意文字，同一形符的字在意义上有联系。这样，540 部实际上就是 540 个义类。把形体相似或意义相近的部首排列在一起，实际上等于把 540 部分为若干大类。每一部内部的字也基本按类排列。比如“木”部的次序，先列木名，再列树木的各个部分——木、柢、根、末、果、杈、枝、条、枚，然后列木制品。这样做，有助于读者更好地认识义符的作用，从而更确切地了解字义。

4. 首创汉字形音义分析法

许慎指出：“仓颉之初作书，盖依类象形，故谓之文。其后形声相益即谓之字。”也就是说，文字初创时，大抵是依据物类的形体去描摹它们的图像，所以称之为文。后来利用形旁和声旁相附益，产生的符号称之为字。简言之，“文”指整体象形表意的单体字，“字”指既有表形也有表声的合体字。“说文解字”的意思是“说解文字”。在今天看来，文和字、说和解分别是两组同义词（词素），但在许慎时代是有严格区别的。清代文字学家许瀚在《说文答问》中指出：“……盖对言之，则独体曰文，合体曰字；散言之，则文、字可通用也。说者，释也；解者，判也。‘文’独体，故宜‘说’；‘字’合体，故宜‘解’。”由此可见许慎的良苦用心。他实际上是以字形结构的分析作为突破口，揭示文字形音义之间的内在联系，从而也就揭示了文字形体的结构以及造字的基本规律。

“至孔子书六经，左丘明述春秋传，皆以古文，厥意可得而说。”（《说文解字·序》）正因为汉字的表义特征“厥意可得而说”，所以，在《说文解字》中，许慎主要依据小篆字形解说音义。许慎不仅认识到了汉字据义绘形、形义相连的特点，而且看到了汉字的表音性质——形声结合可以产生大量的汉字。因此，他能够结合形音义解说字形，归纳造字方法，阐释字义，从而为文字学的建立奠定了科学基础。

许慎不仅系统阐述了汉代的“六书”理论，探讨了汉字的结构系统，而且将其应用于全书的汉字分析，即依据六书原理解释汉字，先讲字义，再解说形体构造，最后解释读音。这种从形音义三个方面探讨汉字结构的做法是符合汉字实际的，抓住了汉字的特点。正如段玉裁在《〈说文解字·序〉注》中所说：“必先说义者，有义而后有形也；音后于形者，审形乃可知音，即形即音也。合三者以完一篆。说其义而转注、假借明矣；说其形而指事、象形、形声、会意明矣；说其音而形声、假借愈明矣。一字必兼三者，三者必互相求；万字皆兼三者，万字必以三者彼此交错互求。”

在字义解释方面，《说文解字》最重要的贡献是“就形以说音义”。这实际上包含两个方面：一是因形见义，一是以声求义。正如《说文解字·序》段注所说：“许以形为主，因形以说音说义。其所说义与他书绝不同者，他书多假借则字多非本义。许惟就字说其本义，本义乃假借之权衡也。”王念孙也指出：“《说文》之为书以文字而兼声音训诂者也。”（《说文解字注·序》）由于古文篆籀原是因形见义，要探求文字的本义和语源，就不能不从分析字形构造入手。尽管有汉人附会的成分，但由于距离周秦的时间并不是太远，人们可以有效地联系汉字形体的发展以及古语和方言，采用字形分析的方法研究字义和语源。

5. 正确论述了语言文字和社会生活实践的关系

许慎不仅联系社会发展变化的状况阐述了汉字产生和统一的过程，以及汉字字体演变的过程，而且进一步指出了语言文字与社会生活实践的密切联系，以及它们之间的作用和反作用的关系。他指出："盖文字者，经艺之本，王政之始，前人所以垂古，后人所以识古。"（《说文解字·序》）在他看来，文字之学是"六经"的根本，古代文化靠文字记录，不懂文字就无法通六经，无法继承和发扬古代文化。同时，文字又是王道的基础，颁布政令，统一思想，完成公务，都与文字有密切的关系。文字还可以使传统文化得以延续和发展，前人通过文字把文化传给后人，后人凭借文字而认识古代文化。概而言之，"文以载道"。①

总之，在中国语言学历史上，《说文解字》不仅是第一部运用六书理论系统分析汉字字形结构的奠基之作，对于后人认识本字、破解经典通假、进一步考释古文字等，都具有重要的学术价值，而且也是一部考察汉字字源的著作，对于后人进一步研究语源学创造了条件；同时，它还是一部重要的训诂学著作，对于后人认识文字的本义，考察词义系统，提供了基本依据。在小学家看来，要通古籍，应先精《说文》。正如清代学者张之洞②在《说文解字证序》中所说："治经贵通大义。然求通义理必自音训始；欲通音训，必自《说文》始。"王鸣盛③在《说文解字正义·序》中指出："《说文》为天下第一种书，读遍天下书，不读《说文》，犹不读也。"可见，《说文解字》在中国文化史中的重要地位以及在小学研究中的价值。

① 周祖谟．说文解字［A］．汉语文字学［A］．中国大百科全书·语言文字卷［C］．北京：中国大百科全书出版社，1988：367—368，160—165．宋均芬．从《说文解字叙》看许慎的语言文字观［J］．汉字文化，1997（2）．

② 张之洞（公元1837—1909年），字孝达，直隶南皮（今河北南皮）人。

③ 王鸣盛（公元1722—1793年），字凤喈，江苏嘉定（今上海嘉定）人。

二、《说文解字》以后的文字学研究

《说文解字》问世后，晋代吕忱[①]的《字林》、南朝梁顾野王[②]的《玉篇》，也是重要的字书。在体例上，这两部著作均仿照《说文解字》，按部首编排，收字都在一万以上。不同之处是，《玉篇》在字体上不用小篆，改用楷书。楷书汉字与小篆的根本区别是，不遵守六书传统，这就使得《玉篇》在部首、释义等方面有了新的特色。在收字方面，《字林》比《说文》多收3471字。这些字都是从各类典籍中搜求出来的“异字”、“古籀奇惑之字”。《玉篇》共收16917字，比《说文》以来任何一部字书的收字都要多。每字之后先注反切，再引群书训诂，并详加解说。在部首方面，《玉篇》删去《说文》中的十二部，增加十四部，即比《说文》多两部。[③] 以上三部字书比较如下：

时代	书名	字体	卷数	部首	收字/增字
东汉	《说文解字》	小篆	15	540	9353
晋代	《字林》	隶书	7	540	12824/3471
南朝梁	《玉篇》	楷书	30	524	16917/7564

在释字方面，《字林》与《说文》略有不同。据清任大椿所辑《字林考逸》载，二者的差异表现在两个方面：一是个别字的释义不同。比如“窜”，《说文》释为“匿也”；《字林》释为“逃也”。二是《字林》的释义比《说文》更为详细。比如“符”：

---

① 吕忱，字伯雍。西晋任城即今山东济宁东南人，《韵集》作者吕静之兄。《字林》原书已失传。

② 顾野王（公元519—583年），字希冯，南北朝梁代吴郡（今江苏吴县）人。

③ 陈炳超．辞书概要［M］．福州：福建人民出版社，1985：143.

“［信也］，谓分而合之曰‘符’。”又如“字”：“字［从竹］。［汉制以竹，长六寸，分而相合］为信。竹取岁寒不变，以布德也。又用铜，君臣同心也。”上文方括号中的内容是《说文》的解释，其他则为吕忱新增的解释。

《玉篇》与《说文》在释字方面最根本的区别是：《说文》以说明字形为主，讲本义也是为了证明字形。因此，它只讲本义，不讲引申义。《玉篇》不再像《说文》那样用六书条例分析字形，而是以说明字义为主。因此，它先以反切注音，后释义。释义部分又分义项，务求释义的完备性。比如，“级”就有“等级”、“阶级”、“首级”、“丝之次第”四个义项，义项之下附有书证。《玉篇》的旨趣不在探求字的本义，只是引证《说文》对本义的解释，备为一说。相反，它更加重视字的常用义，比如“等级”、“阶级”、“首级”均为“级”的常用义，其中“阶级”一项还由“台阶”义引申为官的品级义。凡此种种，作者都征引群书，详加注释。可见，《玉篇》把词的常用义和引申义放在首位。正因为如此，它被后人看做中国语言学史第一部真正意义上的“字典”。

南北朝以后，唐人李阳冰[①]对《说文》的字义做过不少新的解说，同时也存在一些窜改错讹之处。

古代汉字的字体是由篆而隶、由隶变楷，后来又发展出草书和行书。汉末以后，篆隶通行，草书变化，汉字的形体和笔画的规范不为常人所了解。及至唐代，问题更加突出。为了规范汉字的形体和笔画，唐代的文字研究主要是正字形。与之相应，正字法专书应运而生。其中比较重要的有颜元孙的《干禄字书》[②]、

---

① 李阳冰，字少温，李白从叔，著名文字学家、书法家，赵郡即今河北赵县人。

② 颜元孙，字聿修，唐代万年（今陕西西安）人。颜之推、颜师古之后。《干禄字书》意为“求禄位必备字书”，为章奏、书启、判状等公文用字所编写。

张参的《五经文字》[①] 等。这类专书大致都以正体和俗体并列，目的是为人们提供正字标准，有效辨别字形。

五代宋初的徐铉[②]、徐锴[③]兄弟（史称大小徐）都是研究《说文》的专家。徐铉校订并补充过《说文》，现在通行的《说文》便是大徐本。大徐本《说文》在每字之下依据孙愐《唐韵》注明反切，更加便于读者掌握《说文》中文字的读音。由于《唐韵》已经失传，其反切较系统地保存在大徐本之中，这就为后人保存了珍贵的语音资料。徐锴精通文字训诂之学，著述丰厚，现仅存《说文解字系传》四十卷，《说文解字韵谱》十卷。

《说文解字系传》实际上是《说文解字》注。因尊崇许慎，以其书为经，而自谦所作训解为传。它是汉魏之后最早的一部系统性较强、注释较详密的著作。书中第一至三十卷为“通释”，随文解释《说文》的训解；三十一至三十二卷为“部叙”，推寻许书540部排列次序的意义；三十三至三十五卷为“通论”，主要阐发文字结构的意义，即文字形体结构的含义；三十六卷为“祛妄”，驳斥前人说字的谬见；三十七卷为“类聚”，取同类名物的字说明其取象；三十八卷为“错综”，从人事推阐古人造字的意旨；三十九卷为“疑义”，论《说文》所阙的字以及字体与小篆不合的字；第四十卷为“系述”，概括说明各篇的宗旨。[④]

“通释”是全书的主体，也是最重要的部分。作者主要采用两种方法解释古义：一是引用古书证明古义，多有说明古书假借和古今用字的不同之处；一是以今语解释古语，取材十分广博，内容极为丰富，参考古书不下百余种，体现了徐锴文字学和训诂

① 张参，唐大历年间国子司业。《五经文字》为读经与科举的需要所编纂。

② 徐铉（公元917—992年），字鼎臣，扬州人。

③ 徐锴（公元920—974年），字楚金，徐铉弟。

④ 周祖谟．徐锴［A］．中国大百科全书·语言文字卷［C］．北京：中国大百科全书出版社，1988：435.

学的深厚功底。徐锴除了广引古书以证明许慎训解和古义之外，还特别注重词义的辨析，注意到形声相生、音义相转的现象，并从谐声字的声旁说明声旁与字义的关系，即后人所说“因声求义”的训诂方法。徐锴采用的“因声求义法”主要体现在两个方面：一是从谐声字角度，使用声韵相同的字在意义上往往相通；二是从字音的声韵角度，使用声韵相同的字说明字义的相似，而不论字的形体。这种“因声求义”的训释方法，对后代特别是清代学者产生了很大影响。

北宋时期，王安石的《字说》曾风靡一时，但因书中对字义的解释多有穿凿附会之处，经不起历史的考验，为历代文字学家所不取。

据《宣和书谱·正书》载，北宋王圣美写过二十卷本的《字解》，其解字的一个重要方法是著名的“右文说”。沈括《梦溪笔谈》卷十四有一条记载：“王圣美治字学，演其义以为‘右文’。古之字书皆从‘左文’。凡字，其类在左，其义在右。如木类，其左皆从木。所谓‘右文’者，如‘戋’，小也，水之小者曰‘浅’，金之小者曰‘钱’，歹而小者曰‘残’，贝之小者曰‘贱’。如此之类，皆以‘戋’为义也。”

“左文”与“右文”是指汉字的形符和声符。形符常居左，故称“左文”；声符常在右，故称“右文”。在王圣美看来，形声字右边的声音如果相同，这些字的意义也相同，像“浅、钱、残、贱”同“小”义。“左文”表义类，一般没有什么问题，但“右文”是否都能够表义呢？这就需要具体问题具体分析。王圣美最早明确指出声旁相同意义也相通的现象，对于音义关系的探讨无疑具有重要的启示和价值。“右文说”指出的“声类通则义相通”的现象，确实存在于部分汉字中。它的主要贡献是，系统地利用音近义通的原理揭示词语的理据，从而重现被隐蔽了的词语构造的内部理据。

“右文说”的局限性主要表现在：首先，语言中音节和文字的形体是有限的，汉语中存在大量偶然同音同时又偶然同声符的字。如果认为同声符的字意义一定都相通，就必然使得词语的训释和探源失于泛滥牵强，导致错讹在所难免。其次，声音和意义分别是语言单位的形式和内容，它们在社会约定俗成的基础上结合，相为表里。字形只是记录这种音义结合单位的符号，也就是说，对语言单位而言，它只是外在的东西，是书面符号形式而不是语言单位本身的形式，而且它只是有声语言发展到一定阶段之后的产物。因此，语义的发展变化，与语音而不是字形相伴随。文字毕竟是记录语言的符号，大量读音相同或相近的字，虽然声符不同，语义上却可以同出一源。如果仅仅着眼于声符是否相同，就可能把很大一部分本来属于同源关系的词排除在外，使词义的训释和探源失之于狭隘和残缺。

当然，从根本上说，“右文说”的主要缺陷并不在于它由汉字的形体入手探讨语义问题，这倒是它的一个贡献。因为它揭示了汉字的一个重要特点，即汉字不仅受汉语的制约，而且同时受汉字系统本身的制约。词义的变化与源流关系在一定程度上可以在字形上反映出来，从而使传统训诂学的研究触角深入到文字学、音韵学、词义学的交界领域。把只在一定范围、一定限度内有效的局部规律普遍化、绝对化，并由此走向自己的方面，这才是“右文说”的根本缺陷。①

南宋时期，郑樵作《象类书》、《六书证篇》②，不仅对假借有精辟的论述，而且不盲从许慎，大胆删减《说文解字》中的210个部首，定为330部首。当然，书中对文字的解说也有不少穿凿附会之处。

---

① 王远新．语言学教程［M］．北京：民族出版社，2003：269—270.

② 两书均已失传，可从《通志·六书略》中了解其中的一些主张。

戴侗作《六书故》[1] 三十三卷。在体例方面，戴侗改变《说文》体例，不立部首，按事类编排，分 9 个大类，479 个小类（即“目”）。在文字方面，不用《说文》中的小篆，而是根据金文，其中虽有一些杜撰字，或者误以俗字为金文，但在使用古文字方面做了大胆尝试。《六书故》的贡献主要体现在三个方面：

（1）提出了正确的语言文字发展观。戴侗认为，在人类早期，语言只是人们为了彼此了解而发出的大声喊叫。以后，随着人类智慧的增进，逐渐认识了各种事物，并用一定声音代表这些事物，语言便由此而逐渐完善。戴侗不相信圣人造字的传说：“六书不必圣人作也”，认为文字是为了满足人类社会日益复杂的需要而产生的，是随着社会的发展而不断发展的。文字产生之前，经历过结绳记事和刻木记事阶段，但它们都不是文字，只是为了帮助记忆，作为“徵”和“识”而用的。当结绳和刻木不能满足社会需要时，文字便产生了。文字一定要“配事物之名”，即一定要代表语言中的词，这与结绳和刻木有着根本的区别。关于语言和文字的关系，戴侗指出：“夫文，生于声者也，有声而后形之以文，义与声俱立，非生于文也。”用现在的话说就是，先有语言，后有文字，词义和语音形式并存，意义并不是由文字产生的。

（2）最早明确地提出了“因声求义”的训诂方法。戴侗主张在探求字义的时候，不仅要“因文以求义”，还要“因声以求义”。具体而言，象形、指事、会意三类字可以因声求义。由于形声字处于从纯形到纯音的过渡阶段，因此，既要因形求义，也要因声求义。至于假借，则应当完全摆脱文字形体的束缚，因声求义。这种看法对清代训诂学产生了深刻的影响。

---

① 戴侗，字仲达，永嘉（今属浙江）人，生活在宋元之际。《六书故》刊行于元延祐七年，即公元 1320 年。

（3）划清了假借与引申之间的界限。戴侗认为，词的引申义是由本义发展而形成的新义，引申义与本义有密切的联系，而与假借则完全不同。他修改了许慎关于假借的定义，指出："所谓假借者，义无所因，特借其声，然后谓之假借。"在许多条目之下，他都遵循了先讲本义，后讲引申义的释义原则，采用的方法是通过字形辨别本义，从本义出发说明引申义。《说文解字》只讲本义，戴侗则兼讲引申义和假借义，他虽然没有像后来的段玉裁、朱骏声那样系统地考察"本义"、"引申"、"假借"，但对这三个概念的区分却是明确的。

《六书故》的主要局限性表现在，作者虽然采用六书原则对所收的字做了系统的分类，以期达到"贯通群籍"的目的，但由于掌握的文字资料有限，加之不了解古音系统，因此，杜撰之处颇多，受到一些学者的非议。[①]

元明时期的文字学在大胆归并《说文》部首方面、六书的理论研究以及利用六书原则分析汉字方面、对字形结构的规范以及正体和俗体的区分等方面，做了大量的工作。然而，总体而言，这一时期的文字学研究成就不是很高，主要原因是当时还没有真正建立起古音学的科学体系，没有能够把文字学和训诂学、音韵学等方面的研究有效地结合起来。

清代的《说文》研究被认为是文字学的复兴和鼎盛时期。文字研究虽然自古有之，但清初的语言学家把注意力主要集中在了古音研究上，一直到乾隆年间才比较多地转向文字和训诂。乾隆中期惠栋[②]撰《读说文记》十五卷，被视为清代《说文》专书研

---

① 何九盈．中国古代语言学史［M］．郑州：河南人民出版社，1985：175—177.

② 惠栋（公元1697—1758年），字定宇，号松崖，江苏元和人，清乾嘉学派吴派代表人物。

究的开端。很快，《说文》便成为一大批语言文字学家的主攻方向。正如梁启超所说："自是《说文》学风起水涌，占了清学界最主要的位置。"① 丁福保《说文解字诂林》卷首"引用诸书姓氏录"收录了从清初到清末罗振玉、王国维为止的203位研究过文字学的小学家，其中在专题探讨上做出贡献的有50人左右，而对《说文》做过全面考释、成就最大的则是段玉裁、桂馥、朱骏声、王筠四家，即历史上所谓《说文》四大家。在这四大家中，又以段玉裁最为杰出。

段玉裁在文字学方面的代表作是《说文解字注》。该书从撰写到刊印，历经数十年，几乎是段氏毕生心血的结晶。作者以大徐本为底本，参考历代字书，对《说文》做了全面仔细的校勘，目的是恢复《说文》的本来面目。在校勘方面，主要使用"内证法"（即以许校许，以许证许）和"外证法"（即以群经、传注、字书校许证许），颇富创建性。在阐明《说文》义例方面，对《说文》总的编纂条例、使用的术语做了详细的阐发；在字义解释方面，不仅补充了大量例句，列出书证，而且用今语或方言印证《说文》。另外，还分析了字义的引申和变迁，辨析了一批同义词之间的细微差异。更为重要的是，段氏不仅正确地指出了字有古今、义有古今的道理，而且利用古音学知识，从文字形体入手，利用音义关系，考察词的确切意义，从而纠正了古籍传抄过程中发生的错误。他还依据谐声声符阐述了音义相通的现象，弥补了《说文》只讲本义不讲引申义和假借义的不足。上述成果不仅具有重要的文字学价值，而且为训诂学的发展增添了新的内容，开辟了新的途径。王念孙在为此书所作的序中认为，段玉裁由声音达形义，使得"训诂之道大明"。在他看来，"训诂声音明

① 梁启超．中国近三百年学术史［M］．北京：中华书局，1923：209.

而小学明，小学明而经学明。盖千七百年来无此作矣。”①

桂馥②有关《说文解字》研究的重要著作是《说文解字义证》。全书共五十卷，作者还没有来得及对全书做最后的修订，便与世长辞。六十多年后，经张之洞倡议才得以翻刻出版。桂著主要对《说文》进行注释，大量引用古书，推寻《说文》说解文字的缘由，其最大特点是资料十分丰富。至于他个人的学术见解，则多体现在对材料的选择、安排和解释中。

朱骏声③的《说文通训定声》是一部按韵部改编《说文解字》的著作。全书共十八卷，成书于道光十三年，即公元1833年。从体例上看，作者以谐声声符为纲，按音分别归属于古韵十八部，打破了许慎以来以部首排序的体例。除《说文》原有字之外，增补17240字，它实际上是一部根据《说文》而又大大超出《说文》的按谐声编排的字书。从内容上看，全书包括“说文”、“通训”、“定声”三部分。“说文”依据《说文解字》中的字形结构，考察字的本义；“通训”主要讨论引申和假借；“定声”根据古韵文中的用韵情况证明古音，凡同韵相押的叫做“古韵”，邻韵相押的叫做“转音”，并依此阐明字音。这说明，作者实际上是从形、音、义三个方面全面综合地研究汉字。

王筠④研究《说文》三十多年，撰著《说文释例》二十卷、《说文解字句读》三十卷以及《文字蒙求》等。《说文释例》在做了二十多年的准备之后，于1837年（道光丁酉年）成书。前十四卷说明“六书”及《说文》的条例、体制，后六卷列出对《说文》的一些疑问。各卷之后附有“补正”，常用金石古文补正

① ［清］王念孙．段玉裁《说文解字注》序［Z］．

② 桂馥（公元1736—1805年），字未谷，一字冬卉，山东曲阜人。

③ 朱骏声（公元1788—1858年），字丰芑，号允倩，江苏吴县人，钱大昕的弟子。

④ 王筠（公元1784—1854年），字贯山，山东安邱人。

《说文》的形体和说解。此书在六书体例和《说文》说解体例方面创获良多，堪称一家之言。后两书着重综合整理各家学说，属普及性著作。

总的看来，清代《说文》研究已经发展成为一个专门的领域，不仅吸引了大批学者投入其中，而且取得了多方面的成就。这一时期有关《说文》的研究成果主要集中在以下七个方面：（1）对《说文》进行全面的研究阐发，其中以《说文》研究四大家为主要代表；（2）校勘和匡正《说文解字》，补充订正前人和同时代的有关著作；（3）解释《说文》的体例，疏正《说文》的训解；（4）对段玉裁的《说文解字注》加以补充和订正；（5）说明古今字和假借字；（6）根据《说文》的谐声字研究古音；（7）根据《说文》的文字谐声系统因声求义。

上述研究成果既有系统全面的综合考察，更有具体入微的细致探索；既有注重材料梳理的论述，也有一定的理论阐发；既注重分析字形和字音，也重视分析字形、字音背后的字义，更加难能可贵的是，一些学者已经注意到汉字形音义三者的相互关系。

清代《说文解字》研究的兴盛，主要有三个方面的原因：（1）古音学系统得以建立，为古文字研究提供了有效的工具；（2）社会广泛重视《说文解字》，读书人不读《说文》，则被视为没有学术根底；（3）一批学者进行持久深入的专题研究，特别是《说文》四大家都是致毕生精力钻研，而且在诸多方面有新的发现和创获。①

三、古文字研究

传统文字学中的一个重要方面是古文字研究。古文字是指秦代统一文字以前的文字形态。

---

① 何九盈．中国古代语言学史［M］．郑州：河南人民出版社，1985：283.

早在汉代，小学家已经注意到文字的古今之分。当时，人们接触到的古文字资料主要有三类：(1)“古文经”抄本文字，即秦始皇焚书时被儒生藏匿起来、汉代发现的儒家经籍抄本所使用的文字。它是战国时代东方六国文字。(2) 籀文，即大篆。相传周宣王时太史籀所作字书《史籀篇》抄本使用的文字。主要通行于战国时代西方的秦国。(3) 先秦古铜器铭文。这种文字资料早于前两种。从汉字形体发展演变角度看，小篆也是一种古文字。不过，经过东汉许慎《说文解字》的全面解释之后，已经成为后人可以识读的文字。许慎之后，历代都有人对先秦铭文、籀文、古文经的文字做过搜集整理工作，还有人做过进一步的比较和解释。

宋代金石之学风行，被认为是古文字研究的开端。北宋欧阳修的《集古录》、南宋赵明诚的《金石录》搜集了铜器上的古文字（金文），但未加研究。南宋薛尚功的《历代钟鼎彝器款识法帖》除收录历代彝器上的文字之外，还做了适当的考释。

同前代学者一样，清代学者研究古文字的重点也在金文方面。他们不遗余力地搜集各类金石文字，刊布了一大批收录、考释古器铭文的著作。由于掌握了丰富的材料，又有小学各门知识的帮助，清代学者对金文的考释远远超出了前人。此外，币文、玺文、古陶文、封泥文字等，在清代也得到了认真的研究。古文字学家依据文献资料提供的线索，联系古代文化背景，大体断定了各类古文字的历史年代。

清末，古文字研究得到真正的发展，其中很重要的一个原因是 1899 年甲骨文的出土。由于甲骨文可以跟金文相互印证，清末以后的古文字学家，一般又都兼通甲骨文和金文，因此，一方面，甲骨文研究迅速发展成为一门新兴的学问，另一方面，甲骨文的研究又大大促进了金文研究的发展。甲骨文学者断识甲骨文字主要依据五项原则：（1）以《说文》为证，加以考释推测；（2）与金文互证；（3）从甲骨文本身归纳；（4）从字的象形判断；（5）从文化史上考证。[①]

清代的金文研究人才辈出，其中阮元[②]的《积古斋钟鼎彝器款识》、吴大澄[③]的《说文古籀补》、罗振玉[④]的《殷文存》、王国维的《史籀篇疏正》以及《观堂集林》中的一些文章，都是金文研究方面的重要论著。甲骨文的研究从1899年至今一直没有中断。

甲骨文和金文研究的发展，使得汉字字形的研究进入一个新时期。这主要表现在两个方面：首先，人们的眼界开阔了，不再墨守一部《说文》，不敢越雷池一步。其次，人们可以利用甲骨文和金文印证《说文》。正是由于甲骨文和金文研究的勃兴，使得古文字学在清末以及清朝灭亡之后达到鼎盛时期。

四、文字学研究的局限性

古代文字学家多认为汉字是仓颉所造，而且是根据六书条例创造的。比如班固在《汉书·艺文志》中说："象形、象事、象意、象声、转注、假借，造字之本也。"许慎在《说文解字·序》中指出："仓颉之初作书，盖依类象形故谓之文，其后形声相益谓之字。"这种看法显然不符合汉字起源和发展的基本事实，而是本末倒置。事实上，古人开始造字的时候，并不知道有所谓"六书"，更不可能根据六书理论指导造字。"六书"是后人根据汉字字形总结出的理论，因此，它不是造字之本，而汉字却是六书之本。自宋代以来，研究六书的人很多，并且做出了一定成绩，但他们大都把六书看做造字之本，遇到不符合六书条例的现

① 王力．中国语言学史［M］．太原：山西人民出版社，1981：135—136.

② 阮元（公元1764—1849年），字伯元，江苏仪征人。

③ 吴大澄（公元1835—1902年），江苏吴县人。

④ 罗振玉（公元1866—1940年），字叔蕴，一字叔言，号雪堂。祖籍浙江上虞，生于江苏淮安。

象，甚至不惜生搬硬套强其就则。

文字学研究的另一个不足是，一般都把六书中的每一种条例分成若干细目，比如把象形字分做独体象形和复体象形；把会意字分为指事兼会意和象形兼会意。对形声字的分类更细，比如一形一声字，二形一声字，三形一声字；一形二声字，二形二声字，等等。条例繁多，内容复杂，很难从整体上理清汉字的规律及其变化特点。①

第六节　汉语传统语言学语言观、方法论的特色

一、语言观的特色

中国传统的汉语言文字学在语言观方面的一个基本特点是“厚古薄今”。这主要体现在对待研究对象的态度上，即重视文字和书面语的研究，忽略口语和方言土语的研究。具体而言，主流学派的研究基本上局限于先秦两汉时期的古典文献，语文研究的目的为经学服务，不大重视当代语言的研究，即使研究当代口语或方言，也大都是为了证明古代词语的音和义，这就使得小学研究明显具有“考古”的性质。

针对这种状况，清末小学家章太炎曾明确指出：“近世小学，似若至精，然推其本，则未究语言之原，明其用，又未综方言之要。其余若此类者，盖亦多矣。”② “学问之道，不但当求文字，

① 高明．中国古文字学通论［M］．北京：北京大学出版社，1996（第1版），1997（第2次印刷）：45.

② ［清］章太炎．客帝匡谬［A］．章氏丛书（章太炎撰）［C］．杭州：民国浙江图书馆刊本。

文字用表语言，当进而求之语言。”[①] 王力也指出：“鼎鼎大名的清儒所著的语言学杰作，没有一部不是为经学服务的。”“小学家把古代语言（主要是先秦语言）放在一个平面上研究，忽视了它的发展历史。段玉裁偶然讲一讲古今词义的异同，已经是凤毛麟角，他没有系统地讲语言的发展规律，也够不上称为历史语言学。在音韵方面，自清儒以后，历史观点虽然比较清楚，但清儒排斥今音，崇尚古音，仍然不是进行语音史的研究。”[②] 这就导致了中国传统语言学在语言文字事实与语言文字理论的关系上，偏重于前者而忽略后者；在文字与语言的关系上，以文字和书面语为主，忽略口语研究；在古代与当代的关系上，以古代语文研究为主，即使涉及当代语文研究，也是为了说明古代语文问题；在“雅言”（共同语）和方言的关系上，以“雅言”为主。导致这种研究范式的原因主要有两点：

一是由于研究对象的特点即汉语汉字的特点造成的。汉语的单音节性和汉字的表义性，致使传统语言学家在研究语文问题时，常常从汉字的角度出发，即汉语文的研究主要以文字为依据。方块汉字具有表义和整体认知的特点，一个汉字大体代表一个音节，一个音节大体代表一个词。这种文字、音节、词在单位上的一致性特点，为语言文字研究带来了一定的方便：分析了汉字的音义，大体相当于研究了汉语词的音节结构和词的意义。汉字的表义特点，使得词义研究常常可以借助于汉字字形的帮助，而大量的形声字则是研究上古语音的重要材料。这些外在条件决定了中国传统语言学特别重视文字的特点、重视文字形、音、义的研究，而忽略其他方面特别是语法的研究。中国两千多年的古

① 诸祖逖．记本师章公自述治学之功夫及志向［J］．制言（25）．

② 王力．中国语言学史［M］．太原：山西人民出版社，1981：209—210，210.

代语文研究，始终以音韵学、训诂学、文字学三大门类为主流，语法学却受到了严重的制约，即使对于具有语法意义和语法功能的虚词，也多是当做词汇或修辞对象进行研究并被归入训诂学范畴的。也正是由于这个原因，梵文拼音原理曾对汉语音韵学产生了重要影响，而梵文文法研究，则没有对汉语语法学产生多大影响。文字学、音韵学、训诂学是围绕着汉字的形音义三个方面展开的，这固然有研究上的便利，同时也不可避免地带来了消极的一面：过分重视文字的形体，很难正确地认识和处理文字和语言之间的关系。小学家们误以为文字可以绕过声音而直接代表意义，因此，在词义研究上，往往被文字的形体所束缚，而不大重视通过语音来考察词义。这一缺陷直到清代才为人们所认识，并在一定程度上得到克服。正如黄侃所说："清代小学之进步，一知求本音，二推求本字，三推求语根。"① 这说明，清代学者已经摆脱了文字形体的束缚，直接从声音上求本字本义。本义明而引申假借义明，词义之间的衍生关系和密切联系也因之而明。这是清代小学取得超出前人成就的重要保证之一。

二是崇尚经学的传统导致的。儒家的经典一般多写于先秦，而最早一批对经书的注释，以及为读懂经典而撰写的辞书、字书如《尔雅》、《说文》等，则成于两汉。于是，传统小学家特别是乾嘉学派的学者大都把研究对象集中在这段时间。在一些人看来，儒家的经典越古越好，甚至认为有关儒家典籍的注疏也是越古越好。清代是小学研究的巅峰，即使如此，也没有能够摆脱这种研究范式。正如梁启超所说："选择证据，以古为尚，以汉、唐证据难宋、明，不以宋、明证据难汉、唐。据汉、魏可以难唐，据汉可以难魏、晋，据先秦、西汉可以难东汉。以经证经，

---

① 黄侃．文字声韵训诂笔记（黄焯，编）［M］．上海：上海古籍出版社，1983：12.

可以难一切传记。”[①] 乾嘉学派中的吴派学者本着“凡古必真，凡汉必好”的观念，更有明显的复古和拟古倾向。过分重视古代语文的研究，必然忽视当代语文的研究。因此，传统小学始终存在着厚古薄今的倾向。

二、方法论的特色

1. 注重实用，缺乏系统的理论建树

从历史上看，注重研究实际问题而不大重视理论探讨，是中国学术研究的基本特点，语文研究也不例外。清人张之洞说：“由小学入经学者，其经学可信。由经学入史学者，其史学可信。由经学史学入理学者，其理学可信。以经学史学兼辞章者，其辞章有用。以经学史学兼经济者，其经济成就远大。”[②] 这段话一方面说明小学研究的重要性，即它是其他学科研究的基础，另一方面说明小学研究的目的是为了研究经学，并进而掌握其他学问。

我国古代语言文字方面的著作，大都是为了实用的目的而撰写的。比如许慎《说文解字·叙》说：“盖文字者，经艺之本，王政之始。”陆法言《切韵·序》说：“凡有文藻，即须音韵。”扬雄《方言》是经过直接或间接实地调查而编成的，描写了当时方言词语的分布情况，是我国第一部比较方言词汇集。罗常培在总结这部著作的方法时说：“简直是现代语言工作者在田野调查时记录卡片和立刻排比整理的工夫。”[③] 然而，扬雄的写作目的

---

① 梁启超．清代学术概论［A］．梁启超论清学史二种［C］．上海：复旦大学出版社，1985.

② ［清］张之洞．书目答问·国朝著述诸家姓名略［Z］.

③ 罗常培．扬雄《方言》在中国语言学史上的地位［A］．罗常培语言学论文选集［C］．北京：商务印书馆，1963：178.

竟然是“其不劳戎马高车，令人君坐帷幕之中，知绝遐异域之语。”① 目的是为了了解古语和方言。至于研究古音的目的，如顾炎武所说：“读九经自考文始，考文自知音始，以至诸子百家之书亦莫不然。”② 可见，古音研究也是为了“通经致用”。

注重实用固然是个优点，而且实用本身就是科学发展的原动力之一。然而，一切都以实用为目的，必然会导致重经验实证而忽略理性演绎的偏颇，从而在很大程度上制约理论方面的建树。正是由于这种注重实用的观念和经验主义的研究态度，导致了我国传统语言学在理论框架和方法论体系方面始终没有突出的建树。从长远的观点看，理论以及方法论本身就蕴涵着更重要、更长久的实用价值。就此而言，忽视理论建设和方法论体系的探讨，就意味着忽视了学术研究更长久、更重要的实用价值。另外，一味地强调实用，必然会导致语文研究的工具性，从而很难彻底摆脱其他学科的束缚。

2. 注重材料和考据，缺乏系统的方法论意识

与注重实用密切相关的是注重材料和考据。梁启超在总结清代“正统派”学术特点时指出：“凡立一义，必凭证据。无证据而以臆度者，在所必摈。”③ 以考据见长、开清代皖派经学研究风气的经学家、音韵学家江永指出：“余谓凡著述有三难：淹博难，识断难，精审难。”皖派大师戴震也曾表述了同样的看法：“仆闻事于经学，盖有三难：淹博难，识断难，精审难。”④ 王力

① ［东汉］扬雄．答刘歆书［Z］.

② ［清］顾炎武．答李子德书［Z］．顾亭林诗文集·亭林文集（卷四）［C］．北京：中华书局，1959.

③ 梁启超．清代学术概论［A］．梁启超论清学史二种［C］．上海：复旦大学出版社，1985.

④ 吴文祺，张世禄，主编．中国历代语言学论文选注［Z］．上海：上海教育出版社，1986：130．江永语见《古韵标准·例言》；戴震语见《与是仲明论学书》。

认为，“淹博”就是要充分占有材料，“识断”指具有正确的观点，“精审”就是掌握科学的方法。[①] 古代小学家在研究语言文字的时候，首先要搜集和整理大量的材料，然后在丰富可靠的材料基础上进行分析、比较和归纳，从而得出结论。比如扬雄为编写《方言》，不辞劳苦，核对前人留下的材料，并亲自搜集大量材料加以排比分析，用了整整二十七年的时间，临终尚未全部完成。顾炎武为了研究古音，搜集了大量语言材料，为了证明“行”（hang）字在上古时只有一种读音即“杭”音，搜集的证明材料竟达 372 条之多；[②] 为了证明“下”（xià）古读若“户”（hù），列举了 219 条材料；为了证明“家”（jiā）古读若“姑”（gū），列举了 57 条材料。如果不是平时日积月累，怎么能够举出如此丰富的例证。[③] 正如胡适所说：“归纳的研究是清儒治经的根本方法。凡是较同类的事实，推求它们的共同涵义来，都可说是归纳。……顾炎武等人研究古韵，戴震以下的学者研究古义，都是用这种方法。”[④]

乾嘉学者在治学态度和方法方面继承并发展了清初顾炎武倡导的学风，强调认真读书，重视实证，力戒空谈，主张无一事无出处，无一事无来历，肯花气力，肯下工夫，穷年累月地搜集材料，排比归纳，核其始末，究其异同，得出的结论必有论据，而且论据都有很高的可信度，反对盲目地因袭前人的旧说或成说。上述种种，都使得他们的研究结论具有较高的学术价值。

重材料、重考据，对于形成求真务实的朴学精神和治学风格

---

① 王力．中国语言学的继承与发展［J］．中国语文，1962（10）．

② 见《唐韵正》卷五。一说列举了 264 条证明材料，一说为 327 条．

③ 王俊义．顾炎武与清代考据学［A］．清代学术探研录（王俊义著）［C］．北京：中国社会科学出版社，2002：108—109．

④ 胡适．戴东原的哲学［J］．北京大学．国学季刊，1925（12 月，2 卷 1 期）．见姜义华，主编．胡适学术文集［C］．北京：中华书局，1991：1001—1003．

具有重要的意义，强调具有正确的观点、掌握科学的方法，更是学术研究必备的品格。这些都是中国传统语言学取得辉煌成就的基本保证。问题是，材料本身存在甄别问题，考据过程存在方法问题，材料和考据又都存在一个去伪存真的问题。所有这些都需要正确的观念和理论的指导，都需要科学方法的论证。中国传统小学家的一个治学特点是，理论和方法常常蕴涵在材料的考证和分析过程中，不能说他们的研究成果缺乏理论的指导和科学方法的论证。问题是，理论与方法本身是多元的、分层次的。具体的观点和研究方法对于具体问题的研究固然是必须的，但是，如果没有系统的、发展的和共性的眼光，缺乏正确观念指导下的理论认识和系统科学方法论的探索，研究成果的普适性和指导意义的局限性也是显而易见的。因此，我们应当清醒地认识到，一门科学的建立和发展，总是以它完整的理论框架为根基，以严密的方法论为依据，绝不仅仅是材料的搜集和考据，也不仅仅靠浩繁的材料以及材料分析过程中那些隐而不露的理论观点和具体分析方法所能最终解决问题的。

其实，早在乾嘉时期，当时的学者就已经意识到了学术界严重存在的重材料、重考据，忽视理论探讨的弊端。“近世言汉学者，喜搜古义，一字聚讼，动辄数千言，几如秦近君之说《尚书》。当天下无事时，文章尔雅，以为润色太平可矣。及其有事，欲以口耳之学，当天下之变，宜其束手无策。无他，识其小，不识其大也。”[①] 由于乾嘉学者强调旁征博引，发展到后来，致使一些鼎鼎大名的学者走上了为考证而考证、“繁称千言，始晓一形一声之故”的繁琐治学道路。只要对历代的小学著作略做统计，就可以清楚地看出这一点。正是由于乾嘉学者“识其小，不识其大”的研究方法，虽然可以提供富有学术价值的具体成果，

① 张瑛．读毛诗传［A］．知退斋稿（卷一）［C］.

却难以提供系统的理论体系。即使鼎鼎大名的汉学大师段玉裁在其晚年也不得不承认："喜言训诂考核，寻其枝叶，略其根本，老大无成，追悔已晚。"①

3. 善于吸收外来的研究成果，缺乏比较研究的意识

中国文化历来有吸收融会外来文化的特点，并且其本身也在吸收融会外来文化的过程中不断得到丰富和发展。汉语文的研究也不例外。吸收外来的经验和研究成果，必须建立在对汉语文自身特点的深刻认识上，否则，外来的经验和研究成果就难以发挥其应有的作用。在古代和近代汉语文研究的历史上，有两次大规模的外来影响，这两次影响都在很大程度上促进了汉语文研究的长足进步。

第一次是随着佛教的传入，受到印度语言学的影响，这次影响主要表现在音韵学方面。方块汉字可以析形会意，却难以析音，因此，文字学和训诂学率先得以发展，而音韵学则止步不前。"梵人别音，在音不在字；华人别字，在字不在音。"② 正因为如此，随着佛教的传入，中国古代学者在梵文拼音原理的启发下，运用梵文的拼写法分析汉字的音节结构，从而创造了反切法。反切的使用，使汉语文的研究有了记音的工具和分析语音的手段。四声的发现和四声理论的发展，与南北朝时期文学研究、音韵学研究的相互促进分不开，而当时的音韵学研究是在参照梵文拼音原理、比较梵汉差异、解析汉语语音以适应佛经转读的基础上发展起来的。因此可以说，守温三十字母和后来的三十六字母、宋代以后的等韵学（包括韵图的创制）等，都与佛教文化的影响有着程度不同的关联。③

① ［清］段玉裁．朱子小学恭跋［Z］．经韵楼集［C］.

② ［宋］郑樵．通志·七音略［M］.

③ 张建木．佛教对中国音韵学的影响［J］．中国语文，1956（11）.

汉语文研究的第二次影响来自欧洲。自明末以来，西方传教士开始用罗马字母分析汉字的读音，其中利玛窦（Matteo Ricci，公元 1552—1610 年）的《西字奇迹》、金尼阁（Nicolas Trigault，公元 1577—1628 年）的《西儒耳目资》有较大影响。方以智的《通雅·切韵声原》、杨选杞的《声韵同然集》、刘献廷的《新韵谱》等，都程度不同地受到上述学者及其著作的影响。清末马建忠的《马氏文通》则是受到拉丁语语法影响而写成的第一部汉语语法著作。至于“五四”以后，汉语研究所受西方语言学的影响则是众所周知的事实。

中国传统的汉语言文字学虽然具有善于吸收外来研究成果的兼容并包的学术风尚，却缺乏语言比较研究的观念。胡适在分析清儒音韵学研究方法的局限性时指出：“他们全没有可给中国语言用的拼音字母的帮助。他们不懂得比较不同方言，尤其是比较中国南部、东南部、西南部的古方言。他们又不懂高丽、越南、日本这些邻国的语言。这些中国学者努力要了解中国语言的音韵变迁，而没有这种有用的工具，所以实在是要去做一件几乎一定做不成的工作，因此，要评判他们的成功失败，都得先知道他们这许多重大的不利条件。”① 吕叔湘在对比中西语言学传统时指出：“第一，中国传统语言学以古汉语为研究对象，主要是研究秦汉以前的古书。有时也对‘俗语’做些考证工作，多少有点业余性质，……第二个特点是以文字为中心，把语言的研究包括在‘文字学’之内。……西方的语言学传统，起初也是以古典语言为对象，后来转移到当代语言，近二百年又扩展到多种语言的比较。他们也有古文字学，只是辨认文字形体，是史学和考古学的辅助学科。西方的语言学传统可以说是以广义的语法学为中心，

① 胡适．中国哲学里的科学精神和方法［A］．姜义华，主编．胡适学术文集［C］．北京：中华书局，1991：567—568.

十九世纪产生了历史比较语言学，二十世纪产生了一般性的语言学理论即所谓普通语言学，又有比较语音学。这些都是跟多种语言的研究分不开的。中国由于历史和地理的原因，研究的对象基本上局限于汉语。”① 没有建立比较的观念，自然也就难以建立起涉及多种语言、方言的系统的比较研究方法。这可能是中国传统语言文字学后来落后于西方的一个不容忽略的因素。

第七节 古代少数民族语言研究的特点

中国自古就是一个多民族、多语言的国家。早在周代，“輶轩使者”就做过大量的语言调查工作，其中包括对当时周朝境内少数民族语言的调查。可以说，中国少数民族语言的调查记录，早在公元前后就已经与汉语方言的调查记录同步开展。扬雄《方言》记录的少数民族语言的词语数量尽管有限，却弥足珍贵。唐、宋时期，是我国少数民族语文研究成果比较突出的一个时期，特别是藏、突厥、党项等民族语文研究，取得了比较丰硕的成果。藏文和西夏文的创制、藏文文法的开篇之作《授记根本三十颂》(简称《三十颂》)、《字性缀联法》(又译《字性组织法》、《音势论》，简称《性人法》)、突厥民族百科全书式的鸿篇巨制《突厥语词典》、西夏语文著作以及一批工具书等，都产生于这一时期。元、明、清时期特别是元、清两代，北方少数民族在中国历史舞台上扮演了重要角色，蒙古、满等民族语文以及有传统文字的藏、突厥、傣等民族语文研究，都取得了较大的发展。语言

① 吕叔湘．把我国的语言科学推向前进［A］．中国语言学会，编．把我国语言科学推向前进——中国语言学会成立大会学术报告集［C］．武汉：湖北人民出版社，1981.

文字学家不仅编写出一批传统文法著作，而且编纂了大批工具书。蒙古文和满文的创制、《蒙文启蒙》、《蒙文启蒙诠释》、《清文虚字讲约》、《清文启蒙》、《五体清文鉴》、《华夷译语》等，都是宝贵的语言文字学财富。

综观我国古近代的少数民族语文研究，从总体上看，主要有三大特点。

一、重实用、重解释

注重实用不仅是中国古近代汉语文而且也是少数民族语文研究的一个重要特色。有些民族把创制文字看做"立国强本"、发展本民族文化的重要手段；有些民族为了创制、推行、规范文字的需要，或者为了翻译宗教典籍、整理解释古代文献的需要，或者为了不同民族之间互学语文的需要等，语文研究开始得比较早，成果比较突出。与此相关，由于种种实际的需要，一些有传统文字的民族语文研究大多围绕着"通经致用"的目的而展开，从而形成了"注释式"和"考古式"的研究范式。

"注释式"、"考古式"的研究范式突出地体现在重书面文献语言、轻方言土语的研究倾向上。历史上，虽然有以实地调查为主要依据编写而成的《突厥语词典》那种超越自己时代的语言研究论著，但从这部著作产生的原因看，除了与当时突厥文化的发展和编纂者个人丰富的经历、学识有关之外，还受制于一些特殊的条件：在伊斯兰文化名城巴格达编成，并作为礼物敬献给阿拔斯朝的哈里发；作者的目的虽然是针对当时阿拉伯、波斯等地使臣、学者、商人、传教士学习和了解喀喇汗王朝语言的需要，但从客观上看，书稿编成后，除了保留在哈里发宫廷并为后来极少数阿拉伯、突厥学者知晓外，影响并不广泛。公元 18 世纪，藏族语言学家嘎玛司都为了撰写《司都文法详解》，曾深入藏区调查藏语各地方言和嘉戎语，但口语材料并非他的主要研究对象，而是为了注释和说明传统藏文文法《三十颂》和《性入法》的。

与此相联系，少数民族古代的语文研究大多文史不分，语文研究为经学服务；缺乏语言发展的观念，重视书面文献语言的考释，忽略口语的研究；缺乏系统的观念，许多研究成果没有能够深入到语言系统内部，研究成果也多失之于零散。

二、密切联系少数民族语文实际

汉字是表意为主的文字，文字学、训诂学率先得到发展。我国有传统文字的少数民族则多采用表音文字，因此，正字法和语音研究开始得比较早。比如一千多年前，藏文的创制者图弥三菩札在印度梵文影响下设计的藏文字母表，主要有两个突出的特点：一是把辅音字母与元音符号分开，一是把本族语音同外来语音分开。这表明，藏文字母表的设计，实际上体现了古代藏族学者对藏语语音系统的认识。另外，古代藏文文法学家主要通过字母联系语音，通过对字母、字性的分类认识语音的特性、功能和语音组合关系，这些成果对后世研究产生了深刻的影响。公元13—14世纪的蒙古语言学著作《蒙文启蒙》，对蒙古语中存在的元音和谐现象、元音特性、音节结构特点等的分析表明，蒙古语言学家对蒙古语音结构的特点已经有了相当的认识。

古代北方少数民族语言大多属于形态变化比较丰富的语言，语法特别是动词和虚词研究很早就成为语文研究的核心问题之一，并且取得了丰厚的成果。词汇和语义问题的研究大多通过语言对照的方式进行，其成果多是为了语言运用和翻译的需要。

三、善于吸收外民族语文研究成果

总体看来，我国少数民族语文研究大都是在其他民族或国家语文研究的影响下发展起来的。比如藏文文法的研究由于受到印度文法研究的影响，开端早，成果突出，对后世影响比较大；公元 11 世纪的突厥语文研究受到阿拉伯语言学的影响；西夏语文研究吸取了汉语文研究的一些成果，并在一定程度上受到藏语文研究的影响；蒙古语文研究受到梵、藏语文研究的影响；前期满语文研究主要受蒙古语文研究的影响，后期则主要受汉语文研究的影响；傣语文研究受到印度巴利语文研究的影响，等等。这些对于促进相关少数民族语文研究的发展，起到了重要的作用。

在吸收外民族语文研究成果的同时，少数民族语言学家能够从本民族语言文字的实际和材料出发，认真总结本民族语言文字的特点和规律，探索适合本族语文特点的研究方法，从而大大促进了少数民族语文研究的发展。①

第八节　经学和传统语言学的学术流派

一、经学和传统语言学的关系

在两千多年的中国封建社会中，孔子及其创立的儒家学说，始终居于意识形态的主流地位，儒家思想及其载体儒家经书始终是中国传统文化的核心。

最初被儒家奉为经书的有六种，即六经，又称六艺，包括《诗》、《书》、《易》、《礼》、《乐》、《春秋》。由于《乐》早在汉代已经不存，因此又有五经之称。在汉代，除了立于学官的五经之外，《论语》、《孝经》的地位不断提高，成为人人必读的经书，遂成为七经。唐代推出《五经正义》，同时还在五经基础上形成九经的说法，即《诗》、《书》、《易》、《仪礼》、《周礼》、《礼记》、《春秋左氏传》、《春秋公羊传》、《春秋谷梁传》。这是把《礼》一

① 王远新．中国民族语言学论纲［M］．北京：中央民族大学出版社，1994：14—37.

扩为三，《春秋》三传分别独立的结果。汉代《孟子》虽然被立为传记博士，但没有被尊为经。宋代，《孟子》的地位提高，朱熹取《礼记》中的《中庸》、《大学》两篇，配以《论语》、《孟子》合称“四书”，并加注解。从此，《孟子》被列入经的行列，于是有了“十三经”。

研究儒家经典的学问，包括对经典的整理、考订、阐释、发挥和研究，就是我们一般所说的经学，也就是儒家学派的经典诠释学。儒家经典产生后，整理、注疏和解释经典的各类著作相继问世，它们或者偏重于文字训诂，或者侧重于义理疏解，力求从不同角度、不同方面诠释经典的思想内涵和重要意义，从而形成了经学以及与经学密切相关的考据学和统称为小学的音韵学、文字学、训诂学，等等。

两汉时期既是经学也是传统语言学（小学）的奠基时期。传统语言学之所以在两汉时期建立和发展，与儒家经学的独尊和繁荣密不可分，特别是与古典文献相继被发现、古文经学的兴起有直接的关系。

相对于根据口授并用通行文字隶书写成的今文经典，古文经典虽有传本，但或藏于秘府，或流传于民间，处于“在野”地位，未设博士，不列学官，还没有形成严格意义上的学派。不过，古文经典的相继被发现，引起了好学深思之士的极大兴趣。为了研习、传播这些经典，他们致力于探究其中古字的原义，从而有力地促进了语言学的发展。

作为一种经典诠释学，古文经学的优势突出地表现在对经典字义的关注和精通等方面。因此，从一定意义上讲，对古文经学的研习和传播，实际上就是对语言文字学的重视。刘歆移书太常博士，不仅正式拉开了古文经学与今文经学之争的序幕，而且也成为传统语言学获得发展的一个重要契机。刘向、刘歆在《七略》中首次把周秦以来的字书以及“六书”之学称做“小学”。

这不仅有利于语言文字学队伍的扩大，而且有利于促进语言学各门分支学科的独立发展。不过，刘氏父子把小学置于六艺之末表明，语言学是为六艺之学即经学服务的。

汉代小学研究的内容虽然十分丰富，但经书的训诂始终占据重要地位，而具有兼容各科知识特点的儒家经典及其经学，自然需要包含语言文字学的内容，并且始终把语言文字研究当做研治经学的工具。正如王国维所说："观两汉小学家皆出古学家中，盖可识矣。原古学家之所以兼小学家者，当缘所传经本多用古文，其解经须得小学之助，其异字亦足供小学之资，故小学家多出其中，比而录之，亦学术沟通之林也。"①

总之，两汉时期经学的独尊和繁荣，特别是古文经学的发展，激发了士人学子为理解、阐释经典原义而探究文字形、音、义的热情，这在客观上促进了语言学的发展。一些古文学家兼小学家本着信而有征、实事求是的治学精神，编著出中国语言学史中具有重要价值的奠基著作。与之相应，汉代语言文字学的发展，不仅有利于经学文本的解释和阅读，而且大大促进了儒家经典和经学思想的宣扬和传播。应当说，经学的研究以及考据方法的运用，一直与传统小学研究相伴随，或者说传统小学就是在经学和考据学发展过程中不断发展起来的。因此，讲传统语言学的学术源流，不能脱离经学流派。

二、经学和传统语言学的学术流派

以儒家经学为核心的中国传统学术，在其发展演变过程中，历经两汉、魏晋、隋唐、宋元明以及清朝等历史阶段，各自呈现出不同的特色，并且形成了不同的学术流派。大而言之，有以训

① ［清］王国维．两汉古文学家多小学家说［A］．观堂集林（卷七）［C］．北京：中华书局，1959.

诂注疏为特征的古文经学和以阐发“微言大义”为特征的今文经学；有与今文经学和古文经学特点各有近似的宋明理学和乾嘉汉学，而汉学、理学又都有各自的发展阶段和分支学派。

在中外学术发展史上，凡是流传时间较长、影响较大的学派，在其发展过程中往往会分化出不同的流派或者分支。它们同属于一个大的学术思潮或流派，既有共同的学术宗旨和特色，又有不同的个性特点，成为同中有异、异中有同、既有联系、又有区别的学派。[①] 在中国学术发展史上，今文经学、古文经学与汉宋之学的争论，曾经呈现出你消我长、此起彼伏、不绝如缕的态势。

汉武帝“罢黜百家、独尊儒术”、“表章六经”之后，儒家经典成为儒家学派建构和展开理论体系的重要依据，成为社会政治统治合法性和权威性的重要来源。与之相适应，经学成为统治思想和官方学术，成为封建思想文化的核心和意识形态的基础。与此同时，随着儒家经典的相继复出，传经者日渐增多，而各地经师所依据经典的文本或有不同，对经书的解释不尽一致，所用方言也有差别，这样，就形成了一些带有区域性特征的经学流派，其中影响最大的是鲁学和齐学。两派在学术理念、治学风格、思想方法等方面都存在一定差别。大致说来，齐学崇尚权变，近于趋时，多信谶纬，具有一定的神秘性；鲁学较多迂谨，颇为好古，大多不信谶纬。秦始皇焚书之后，汉代主要通过两种途径搜求儒家经典：一是凭记忆，靠背诵，根据先师口授，用当时通行文字即隶书记录成书，作为传本，称做今文经。另一种途径则是从地下发掘或秦始皇焚书时由儒生藏于屋壁中在西汉时期被发现的古本，因其文字与当时通行的隶书不同（用先秦六国文字写

---

① 王俊义．清代学术探研录［C］．北京：中国社会科学出版社，2002：201.

成）而被称为古文经。①

今文经和古文经最初由于经书文字和训读的不同，发展到篇章、字句的差异，乃至对经书的解释，以及对孔子的评价都有所不同，从而形成了两个不同的学派。此前，经学内部已经存在鲁学和齐学之分，尽管两家所传的都是今文经，但就它们各自的治学特点和风格而言，鲁学容易演变成古文学派，齐学则容易演变成今文学派。因此，从一定意义上讲，今文经学和古文经学之争，实际上来源于鲁学与齐学之争。与鲁学和齐学相比，今文经学派和古文经学派之间的壁垒更加森严，争论也更为激烈。他们各立师法，标榜门户，在依据的材料和对史实的解释上，在研究原则和方法上，都存在明显的分歧。大体说来，古文经学注重研究经书中的名物训诂、篇章字句，其主要特色为考证；今文经学强调探索经书的"微言大义"，并且多援经议政，其主要特色在于经世致用。

与古文经学相比，由于今文经学的"微言大义"更能适应汉代统治者的政治需要，因此，今文经学最先兴盛，并被立于学官。东汉时期，古文经学虽然一直未立学官，但其影响已经远远超过今文经学。东汉末年，马融、郑玄等经学大师综合"今"、"古"，混乱"家法"，今文经学逐渐衰微，最终走上与古文经学合流的道路。由于今文经学自东汉以后长期湮没无闻，许多经籍的注释失传，只有何休的《春秋公羊传解诂》得以完整保存，在历代学术变迁中，默默无闻地为今文经学延续一线薪火，因而不仅被今文经学家奉为经典，这一学派也由此被称为公羊学派。

从学术角度看，今文经学和古文经学各有长短优劣。前者偏重于义理的阐发，对许多传统观念的形成、发展起到一定作用；不足之处在于空疏浮泛，特别是与谶纬之学的关联，制约了学术

---

① 张涛．经学与汉代社会［M］．石家庄：河北人民出版社，2001：66—67.

的发展。后者偏重于文字训诂，注重名物诠释，学风严谨朴实；不足之处在于支离烦琐。也就是说，所谓汉学实际上包含了今文经学和古文经学两个既相互对立又相互补充、相得益彰的学派。①

汉儒治经，偏重注解、名物训诂；唐儒治经，上承汉儒，以汉注作疏。《五经正义》以“疏不破注”为原则，末流所及，不仅以“疑经”为背道，而且以“破注”为非法，严重束缚着思想界和学术界。宋代以后，宋儒大破汉唐“传注”，打破疑经、破注的禁锢，不仅“舍传求经”，而且“疑经改经”，实现了由训诂之学向义理之学的转变。随着儒释道合流，宋代理学产生并逐渐兴盛，而且发展成为宋明时期官方的正统思想和学术界的主流。

作为中国古代传统学术的重要环节，宋明理学在产生、发展乃至兴盛过程中，经历了程朱理学、陆王心学两大阶段。宋代的理学思潮可以追溯到唐朝中期的“以已意说经”，历经北宋初期开创的“以义理说经”之风，到周敦颐首倡“性道微言”于孔孟“绝学”，成为宋代理学的发端；又经程颢、程颐、张载分别开创的濂学、洛学、关学，奠定了宋代理学的基础。南宋朱熹的闽学集濂、洛、关学之大成，致使宋代理学达到鼎盛。

朱熹不仅建构了规模庞大的理学体系，而且影响到元、明、清三代。以程颢、程颐、朱熹为代表的程朱理学，把儒家的伦理观念本体化、神圣化，提高到“天理”的地位，并用理论规范的形式将其固定下来，从而确立了“存天理，灭人欲”的社会准则。而直接继承陆九渊一派的王阳明心学即心性之学，则以其“致良知”学说，强调“顿悟”和“渐悟”两种功夫，把“吾心之良知”和“天理”合而为一，进一步完成了封建伦理“天然合

① 黄爱平．朴学与清代社会［M］．石家庄：河北人民出版社，2003：107—108，1—2.

理”、“永恒至上”的理论论证。及至明末，理学、心学末流各走极端，以至“今之言心学者，则无事乎读书穷理；言理学者，其所读之书不过经生之章句，其所穷之理不过字义之从违”，其流弊所至，或为“游学无根”，或为“封己守残”，“天崩地解，落然无与吾事”。[①] 他们只知道在“书本”里、“注疏”中讨分晓，或“束书不观，游谈无根”，严重脱离实际，到明末已经流为空谈，陷于偏枯，处于颓势。一旦国家有难，空谈理学或心学之士便只能是面面相觑，束手无策。

需要特别说明两点：一是宋明理学说到底是一种追根究底的理性主义哲学，求理精神是其最基本的学术精神，其学术目标是“格物穷理”或“即物穷理”。这个“理”是形而上的存在，是天地万物普遍存在的根据，也是最深层的价值源泉。因此，在程朱看来，“理”是事物之“所以然”和行为之“所当然”的合体，是先验的价值原则和经验的条理秩序的统摄融贯。对于此“理”的“格致”和穷究，最终目的是为了在理性原则指导下，从事德行实践，通过对道德主体的自觉操持，实现万物存在的价值及人生的意义。程朱理学既重视“知”的先行性，主张“先知后行”，又强调“行”的重要性，坚持“行重知轻”，只要沿着“格物穷理”的“格致”路线走下去，就必定能够达到“知性一如”的德行境地。然而，随着程朱理学的官方化，理学末流把理学看做猎取功名利禄的工具，自然也就失去了“格物穷理”的力行精神；至于理学末流的教条化空谈，实际上已经违背了理学求实的内在精神。[②]

二是重义理还是重考据，是宋学与汉学的基本区别特征。二程提出“由经穷理”、“经所以载道”的思想，强调道存于儒家经

---

① ［清］黄宗羲．杂文类·留别海昌同学序［Z］．黄宗羲全集（第十册）［C］．

② 张立文．宋明理学研究［M］．北京：人民出版社，2002：84，88.

典之中，而不存于注疏之中。治经的目的是为了明理，由此特别重视经书义理的阐发。朱熹继承二程思想，强调通经的目的是为了求理，尽管他对二程轻视训诂的义理经学有所扬弃，但以阐发义理为治经最高目标却与二程一脉相承。朱熹不仅是宋代理学的集大成者，而且是著名的经学家。他致毕生精力撰著《四书章句集注》，以“四书”及“四书”义理之学取代“六经”及“六经”考据之学作为经学主体，以义理解释儒家经典。他除了继承二程重视经书义理阐发的治学路径之外，吸取了汉学训诂考据之长，把义理的阐发建立在经文本义的基础之上，对中国经学的发展产生了重大的影响。当然，朱熹重训诂考据，并不是为考据而考据，而是以义理为标准从事经书的辨伪，目的是通经求理。正是由于朱熹以阐发义理为治学最高目标，这就与以考据为治学原则和路径的汉学划清了界限。他对训诂辨伪的重视，不仅为后世考据辨伪之学奠定了基础，而且对于克服宋学内部重义理轻经文本义的流弊，具有积极的意义。①

清代的学术一反宋明理学末流“空言性理”、“六经注我”的学风，崇尚汉儒以考据方法治经的学术理念，发展到乾隆嘉庆时期②，达到鼎盛阶段。因此，学术界一般把这种学术思潮统称为乾嘉汉学。从不同角度出发，这种学术思潮有着各种名异实同的学派称谓。由于它的治学风格和治学方法朴实无华，以考据见长，因此，常被称做朴学或考据学；由于这个学派在乾嘉时期发展成为压倒优势的独立学派，因此，也被称做乾嘉学派；又由于乾嘉汉学足以反映清代学术思想的特色，并且在清代各个学术思潮和流派中占据支配地位，因此，也有人将其笼统地称做清代汉

① 蔡方鹿．二程、朱熹对中国儒学的发展［A］．杨晓塘，主编．程朱思想新论［C］．北京：人民出版社，1999：119.

② 乾隆元年到嘉庆二十五年，即1736—1820年。

学或清学。

“乾嘉汉学”或“乾嘉学派”这一名称，虽然鲜明地表明了它的时代特征，但并非起讫时间仅界定或局限于乾隆和嘉庆两朝。事实上，乾嘉汉学从产生形成，经历发展鼎盛，再走向衰落，与有清一代相始终。正如范文澜所说：“自明清之际起，考据学是一种很发达的学问，自顾炎武启其先行，戴震为其中坚，王国维集其大成，其间卓然名家者无虑数十人，统称为乾嘉考据学派。”[①] 可见，乾嘉学派并不仅仅指乾嘉时期的汉学家，在其发展演变过程中，实际上包括了从清初到清末具有汉学特色的思想家和学者。当然，这只是就有清一代学术发展脉络而言的。如果立足于整个经学内在逻辑的发展，清代学术发展到实学、考据学，自然是在承袭前世传统基础上的学术嬗变。正如钱穆所说：“治近代学术者当何自始？曰必始于宋。何以当始于宋？曰近世揭橥汉学之名，以与宋学敌，不知宋学，则无以平汉宋之是非。且言汉学渊源者，必溯诸晚明诸遗老。……而汉学诸家之高下浅深，亦往往视其所得于宋学之高下浅深以为判。……故不识宋学，即无以视近代也。”“窃谓近代学者每分汉宋疆域，不知宋学，则亦不能知汉学，更无以平汉宋之是非。”[②]

三、乾嘉汉学的嬗变及其特色

整个清代历史[③]，大致可以分为三个阶段：顺治、康熙、雍正三朝为第一阶段，或称清朝前期；乾隆、嘉庆、道光前二十年为第二阶段，或称清朝中期；道光后期至宣统各朝为第三阶段，

---

① 范文澜．中国经学史的演变［A］．范文澜历史论文选集［C］．北京：中国社会学科出版社，1979.

② 钱穆．中国近三百年学术史［M］．北京：中华书局（影印本），1986.

③ 顺治元年即1644年至宣统三年即1911年。

或称清朝后期。王国维在全面分析清代初、中、后三个时期学术特点的基础上，提出了“三变”之说，并把清代学术发展归纳为“大”、“精”、“新”三个字：“国初一变也，乾嘉一变也，道咸以降一变也”；“国初之学大，乾嘉之学精，道咸之学新”。①

明朝灭亡后，一些关心国家大事的学者和思想家，如顾炎武、黄宗羲、王夫之等，在总结明朝灭亡的历史教训时，深刻体会到了自明中叶以来理学末流特别是王阳明心学泛滥所导致的弊端，即“清谈误国”，“天下生员，不能通知古今，不明六经之旨，不通当代之务”，经学日渐荒废。有鉴于此，顾炎武等人倡导“经世致用”。他不仅指责心学“以明心见性之空言，代修己治人之实学”，② 而且一针见血地指出：“理学之名，自宋人始有之。古之所谓理学，经学也，非数十年不能通也。……今之所谓理学，禅学也，不取之五经而但资之语录，校诸帖括之文而尤易也。”③

在顾炎武看来，古代理学实际上就是朴实的经学，但后世却逐渐禅学化，失去了本来面目。因此，顾炎武特别强调“务本原之学”，主张“鄙俗学而求六经，舍春华而食秋实”，④ 以经学济理学之穷，用经学取代理学。黄宗羲也认为，“明人讲学，袭语录之糟粕，不以六经为根柢，束书而从事于游谈”，⑤ 这种清谈空疏的学术风气，造成了晚明儒学的变异和堕落。

当学术界对宋明理学特别是王阳明心学末流的治学原则、方

① ［清］王国维．沈乙庵先生七十寿序［Z］．观堂集林（卷二十三）［C］．

② ［清］顾炎武．夫子之言性与天道［A］．日知录（卷七）［C］．

③ ［清］顾炎武．与施愚山书［Z］．顾亭林诗文集·亭林文集（卷三）［C］．北京：中华书局，1959．

④ ［清］顾炎武．与周籀书书［Z］．顾亭林诗文集·亭林文集（卷四）［C］．北京：中华书局，1959．

⑤ ［清］全祖望．梨洲先生神道碑文［Z］．鲒埼亭集（卷十一）［C］．

法做出普遍的反思和批判之后，清初的学术向何处去？面临着建构一种怎样的学术形态、一代学术怎样发展的重大问题，许多思想家和学者不约而同地选择了回归古学、复兴经学的道路。他们强调崇实黜虚，主张经世致用，尝试开辟新的学术道路和治学方法。

为了恢复经学传统，了解汉代以来经学本身的发展变化，顾炎武提倡明辨经学源流："经学自有源流，自汉而六朝，而唐，而宋，必一一考究，而后及于近儒之所著，然后可以知其异同离合之指。如论字者必本于《说文》，未有据隶、楷而论古文者也。"[①] 顾炎武不仅提出了复兴经学、明辨经学源流的主张，而且在治学方法上做了新的探索，从而为一代学术的发展开辟了新的途径。鉴于宋、明以来学术空疏，他明确提出"读九经自考文始，考文自知音始"，[②] 即从考辨文字音韵入手以通经学的治学方法。

《亭林学案·序》全面概括了顾炎武的学术成就和地位："亭林之学，实事求是，不分汉宋门户，经世致用，规模闳竣，为有清一代学术渊源所自出。后之承学者，因其端以引申之，各成专家，而竞以世道人心为本，论学治经，莫能外焉。此其学之所以大也。"[③] "实事求是"指顾炎武的治学理念；"不分汉宋门户"指治学态度；"经世致用"指治学宗旨；"规模闳竣"指治学范围和精深程度。可见，"亭林之学"是一个内涵博大精深的学术体系，清代学术的发展可以从中见其端倪，因此"为有清一代学术

① ［清］顾炎武．与人书四［Z］．顾亭林诗文集·亭林文集（卷四）［C］．北京：中华书局，1959.

② ［清］顾炎武．答李子德书［Z］．顾亭林诗文集·亭林文集（卷四）［C］．北京：中华书局，1959.

③ ［清］徐世昌．亭林学案·序［Z］．清儒学案（卷八十六）［C］．

渊源所自出”。[①]

梁启超认为，“凡启蒙时代之大学者，其造诣不必极精深，但常规定研究之范围，创草研究之方法，而以新锐之精神贯注之。顾炎武在清学派，即其人也。”[②] 余英时则借用托马斯·库恩（Thomas Kuhn）科学革命的“范式”（或译“典范”，paradigm）学说，[③] 指出：“在任何一门学术中建立新‘典范’的人都具有两个特征：一是在具体研究方面他的空前的成就对以后的学者起示范的作用；一是他在该学术的领域之内留下无数的工作让后人接着做下去，这样便逐渐形成了一个新的研究传统。顾亭林和后来清代考据学的关系便恰是如此。当然，亭林的考证并不是前无所承，但经学考证发展到他那样的规模和结构才发生革命性的转变，那也是不可否认的。”[④]

顾炎武等人极力倡导的崇实黜虚、强调读经的主张，不仅为清算明末理学特别是心学“清谈误国”、解决“当世之务”提供了理论依据，而且为清代复兴汉代经学开辟了道路。他们关于经学和与之相关的小学研究著作，则促成了清代经学求真务实的朴学精神和考据学风的形成。于是，整个学术界呈现出了生动活跃、繁荣兴旺的景象，掀起了别开生面、波澜壮阔的实学思潮。倡导回归古学、复兴经学以及与之相关的实学思潮的兴起，被后人看做中国的“文艺复兴”。梁启超、[⑤] 蒋方震、胡适等人都持有这种看法，其中胡适的看法更具代表性：“十七八世纪是个反

① 卢钟锋．中国传统学术史［M］．郑州：河南人民出版社，1998：519.

② 梁启超．清代学术概论［M］．北京：中华书局，1954.

③ ［美］托马斯·库恩．科学革命的结构［M］．金吾伦，胡新和，译．北京：北京大学出版社，2003：9.

④ ［美］余英时．论戴震与章学诚：清代中期学术思想史研究［M］．北京：生活·读书·新知三联书店，2000：345—346.

⑤ 梁启超．清代学术概论［M］．北京：中华书局，1954.

理学的时期，第一流的思想家大抵都鄙弃那谈心说性的理学。风气所趋，遂成了一个‘朴学’时代，大家都不讲哲学了。‘朴学’的风气最盛于十八世纪，延长到十九世纪的中叶。‘朴学’是做‘实事求是’的工夫，用证据作基础，考订一切古文化。其实这是一个史学的运动，是中国古文化的新研究，可算是中国的‘文艺复兴’时代。”①

清代中期，历经康熙、雍正两朝励精图治，继往开来，出现了“康乾盛世”。从此，清朝出现了政治空前稳定、经济长足发展的局面，为文化的繁荣创造了条件。乾隆既重视武功，也强调文治，下令在全国搜书、征书，编纂《四库全书》，在很大程度上推动了学术和文化的发展。同时，统治者为了加强思想控制，屡兴文字狱，迫使更多的学者埋头于经书的训诂和注疏。学者们继承了清初顾炎武等人开创的强调读经、重视实证、由文字、音韵、训诂以通经的实学精神和治学方法，更加崇尚汉代的古文经学，并最终形成了乾嘉汉学。这时，清代学术完成了从实学向朴学的转变。

由于治学特点的不同，清朝中期的乾嘉汉学内部又形成了不同的派别，主要有以惠栋为代表的吴派和以戴震为代表的皖派。两派周围都汇集了一大批学者，并且大都有重要的经学和小学著作传世。一时间，出现了“家家许郑，人人贾马，东汉学灿烂如日中天”的盛况。

惠栋公开打出“汉学”旗帜与宋学对垒，被推为汉学正统。他继承顾炎武的治学方法，治经立足于研究古文字，重视声音训诂，提倡由小学上溯义理。不过，从传统语言学角度看，皖派代表人物戴震的治学思想、方法和研究成果具有更大的影响。他接

① 胡适．几个反理学的思想家［A］．姜义华，主编．胡适学术文集［C］．北京：中华书局，1991：1153．

过顾炎武“经学即理学”的大旗，倡导“实事求是，不主一家”的治学原则，强调“字义疏证”的工夫，不仅在考据领域别开生面，倡导“古训明，六经乃可明”[①] 的汉学路径，而且在经学义理方面也颇有创建。在戴震看来，汉儒注重考据，失其义理；宋儒注重义理，失其考据。他极力主张把义理和考据结合起来，以考据为手段，钻研古代经书，寻求义理，奠定了清代考据学的基础。他遵循的由小学入经学、由经学入理学、注重以文字和音韵为出发点、从训诂名物入手阐明经文大义的治学理念，成为清代许多学者普遍尊奉的治学路径，从而使小学“大学”化，经学哲学化。他所倡导的以“字义疏证”为基本内容和主要途径的经典诠释学，成为批驳空疏学风、考古述今的普遍文化批判方法，成为清代哲学的重要形态之一。总体而言，汉学盛行、宋学沉寂，是清朝中期经学的突出特点。

需要特别说明两点：一是吴派和皖派的划分虽以学派地域特征命名，但并不只是根据学者是否吴人、皖人划分他们的学派归属，更重要的是看与两派的代表人物是否有师承关系、相互之间的治学宗旨和特色是否相同或相近。因此，并不是吴籍、皖籍的学者就一定属于吴派或皖派；也不是非吴籍、皖籍的学者就不可能归入吴派或皖派。虽然段玉裁是江苏金坛人，孔广森是山东曲阜人，王念孙、王引之是江苏高邮人，但由于他们都是戴震的弟子或再传弟子，都继承和发扬了戴震的学术成就，并且在治学宗旨、特色和方法上也跟戴震有很大的一致性。因此，他们都属于戴震为代表的皖派。[②]

---

① ［清］戴震．六书音韵表序［Z］．戴震全书（卷六）［C］．合肥：黄山书社，1995.

② 王俊义．清代学术探研录［C］．北京：中国社会科学出版社，2002：44—47，204—205.

二是在乾嘉汉学中再分出吴派和皖派，并不是说二者存在根本的对立。首先，二者都是乾嘉学派，都宗奉汉学，都从文字、音韵、训诂入手治经，这是它们的基本共同点。其次，两派学者不仅互为师友，而且其学术思想也相互影响。所不同者，如果说吴派学者对乾嘉汉学的形成有开创之功，那么，皖派学者则多发展之力。如果说从反宋走向复汉，极力恢复汉人经说，是汉学形成时期吴派学者治学路径的顶点，那么，试图通过批判理学、弘扬汉学，寻求圣人之道，则是皖派学者努力的目标。在学术方面，皖派学者普遍倡导的实事求是的学风，有力地纠正了吴派学者佞汉、泥古的弊端，直接促进了一代学术的发展。强调证据、严密断制、注重归纳条例的治学方法，也使得皖派学者在各自领域的研究中取得了超越前人的成就。① 正是戴震及其皖派学者的崛起，使得一代学术发展到高峰。

在乾嘉汉学发展到高峰、继而走向衰落的过程中，从汉学潮流中分化出了一个新的学派——扬州学派。扬州学派的主要代表人物是阮元、汪中、焦循等。18 世纪末 19 世纪初的扬州学派学者生活在乾嘉汉学垄断学界的时代，其治学道路不可避免地受到汉学的支配和影响，戴震的学术思想和治学方法更是这个学派的直接先导。

扬州学派的基本特点是在继承吴派和皖派的基础上，遵循汉学家的学术宗旨和治学途径，努力由文字、音韵、训诂等基本功入手，探究经义原解，试图“以六经孔孟之旨，还之六经孔孟”。② 扬州学派不仅发扬光大了皖派学术实事求是的学风，既不佞汉泥古，也不盲从，而且努力求通求是，务得真解。与此同时，在继承吴派、皖派学术传统的同时，扬州学派的学者开始洞

① 黄爱平．朴学与清代社会［M］．石家庄：河北人民出版社，2003：72—73.
② ［清］戴震．段玉裁年谱［Z］．戴震文集［C］．

观学术源流，评价前人是非，试图总结一代学术，寻找一条超越汉宋、会通古今的治学途径。为此，他们不仅努力开拓研究领域，而且大大推进了汉学家强调证据、注重归纳的治学方法，凡求一义，论一事，必核其始末，究其异同，做到论必有据，据必可信。当然，扬州学派作为汉学高峰的延续，实际上也标志了清代汉学的终结。①

鸦片战争之后的清朝晚期经学，较之前期和中期有很大的不同。鸦片战争的爆发和中国的惨败，导致内忧外患，社会危机日益加深。社会历史的发展处在一个新的转折时期。历史的进程要求思想家们把视线从对古代典籍的训释转移到现实中来，并提出挽救社会危机的对策和方案。面对这种现实，长期致力于儒家经典梳理考据的乾嘉汉学学者，捉襟见肘，无能为力，致使乾嘉汉学逐渐走向衰落。

总的看来，清代早中期的汉学尊崇的是东汉的古文经学，清代晚期的汉学则倡导西汉的今文经学。与古文经学强调词语的考证相比较，今文经学则摒弃烦琐考据，不拘于文字章句，更注重发挥经书的“微言大义”，阐发经世变革思想。18 世纪中叶以后，当处于鼎盛时期的清朝统治开始出现衰落征兆、社会已经或将要发生变动的前夜，讲求经世，善于应变的今文经学在沉寂千年之后一朝复兴，成为当时崛起的经世致用学术思潮的重要组成部分。

四、乾嘉汉学的成就与不足

从乾嘉汉学的治学内容和治学方法上看，其学术成就主要体现在三个方面：

1. 建立了系统的考据方法

---

① 黄爱平．朴学与清代社会［M］．石家庄：河北人民出版社，2003：87—88.

考据作为一种治学的基本方法，为历代整理经典文献所普遍使用，并非清代所独有。应当说，自从有了文献资料，有了学术活动，就存在着一定形态的考据。东汉时期，古文经学盛行，对经书训诂注疏的兴盛，开始比较系统地运用考据方法，从而开创了汉学之先河，以致乾嘉学派以汉学为标榜。唐宋时期在注释经典、校勘古籍等方面都做出了可观的成绩。明代则直接开启了清初的实证学风。清初顾炎武等人，继承明代考据学成果，更加重视博征和实证，并以这种方法研究经学、文学、音韵学和历史地理学，成为乾嘉汉学的创始人。

乾嘉汉学正是在继承和发展历代特别是明末清初考据成果和考据方法的基础上，建立了系统的考据学方法，并成为清代学术占据支配地位的研究方法。乾嘉汉学的出现，使得考据的内容更加广泛，考据的方法更加严密，考据的成果更为丰富和充实，乃至不少学者直接把乾嘉汉学称之为考据学。乾嘉汉学集历代考据之大成，把中国考据推向高峰，引向极至，不仅直接促进了古籍的研究与整理，而且极大地推动了经学和传统语言学的发展。

2. 小学研究和文献典籍的整理研究都达到了历史最高峰

清代学者对我国两千多年以来的文献典籍进行了大规模的总结整理，使丰富的文化遗产得以保存，并为后人阅读使用提供了方便。与整理经书相联系，乾嘉学者循着顾炎武“读九经自考文始，考文自知音始”的治学路径，为了弄清经书中的文字、读音以及训释，在文字学、音韵学、训诂学等方面做了大量工作。古代流传下来的小学著作如《尔雅》、《方言》、《广雅》、《说文解字》、《广韵》等得以全面系统的整理、注释和研究，还出现了一批著名的学者和学术价值很高的著作，其成就超出了以往任何一个历史时期。

3. 形成了严格的治学风范，建立了严谨的治学方法

乾嘉汉学的许多学者治学踏实，方法严谨，更有一些学者直

接开启了近代实证学风的先河。乾嘉学者在治学态度和方法方面，继承和发扬了清初顾炎武等人倡导的学风，即强调认真读书，重视实证，力戒空谈，主张无一事无出处，无一事无来历，肯花工夫，肯下气力，穷年累月搜集材料，排比归纳，核其始末，究其异同，每得出一个结论，必有论据，而且力求做到据必可信，反对盲目蹈袭前人旧说。与此同时，在具体研究方法方面，也取得了较之以往更大的成就，比如训诂学中的以形索义法、因声求义法、比较互证法，等等。这就使得他们的研究成果具有很高的学术价值。

当然，在肯定乾嘉汉学学术成就的同时，也应当清醒地看到它的历史局限性和不足。这突出地表现在三个方面：

1. 强于考据穷于思辨，强于实证穷于发挥

中国的传统语言学形成了精善的考据方法，但是，缺乏考据基础上的思辨和系统的理论探索，强于实证穷于发挥，影响了中国传统语言学乃至整个经学的全面发展。

关于考据方法，梁启超认为，“考据学之研究方法虽甚精善，其研究范围却甚拘迂。”① 钱穆则进一步指出：“近人言治学方法者，率盛推清代汉学，以为条理证据，有合于今世科学之精神，其说是矣。然汉学家方法，亦惟用之训诂考释则当耳。学问之事，不尽于训诂考释，则所谓汉学方法者，亦惟治学之一端，不足以竟学问之全体也。”② 其实，在中国传统学术中，考据方法的使用范围并不狭窄，从小学、经学、史学，到天文、地理等，清代学者都不乏观察的本领、实证的精神和考据的方法，其根本问题在于缺乏考据基础上的思辨和系统的理论探索。就小学研究

① 梁启超．清代学术概论［M］．北京：中华书局，1954：51.

② 钱穆．中国近三百年学术史［M］．北京：中华书局（影印本），1986：402.

而言，善于分析具体问题，不乏语言文字某一方面的精深探究，却缺少综合的、更高层次的思考和系统的理论探讨。

针对乾嘉汉学考据之风弥漫的流弊，章学诚（公元1738—1801年）曾尖锐地指出："今日学者风气，徵实太多，发挥太少，有如桑蚕食叶而不能抽丝。"① 在他看来，与义理之学的"明道"而言，汉学家的考据只是等而下之的"形下之器"："古人本学问而发为文章，其志将以明道。安有所谓考据与古文之分哉？学问文章皆是形下之器。其所以为之者，道也。彼不知道，而以文为道，以考为器，乃是夏畦一流。"②

在这种认识的基础上，章学诚把学术分为"学问"和"功力"两个层次。章学诚曾明确指出："功力之于学问，实相似而不同。记诵名数，搜剔遗逸，排纂门类，考订异同，途辙多端，实皆学者求知所用之功力尔。即于数者中，能得其所以然，因而上阐古人精微，下启后人津逮，其中隐微可独喻，而难为他人言者，乃学问也。"③ 在章学诚看来，搜集、考订、排纂等只是"功力"，属于"考索之功"；而从材料中推阐出"所以然"，"上阐古人精微，下启后人津逮"，才是"学问"，属于"独断之学"。"高明者多独断之学，沉潜者尚考索之功。天下之学术不能不具此二途，譬犹日昼而月夜，暑夏而寒冬。以之推代而成岁功，则有相需之益；以之自封而立畛域，则有两伤之弊。"④ "考索之功"和"独断之学"虽然是天下学术必备的两种途径，但在章学诚心目中，"独断之学"显然高于"考索之功"。⑤

生活在训诂考据风靡学界的章学诚虽然与乾嘉汉学大异其

---

① ［清］章学诚．与汪龙庄书［Z］．章学诚遗书（卷九）［C］．

② ［清］章学诚．与吴胥石简［Z］．章学诚遗书（卷九）［C］．

③ ［清］章学诚．又与正甫论文［Z］．章学诚遗书（卷二九）［C］．

④ ［清］章学诚．答客问中［Z］．章学诚遗书（卷四）［C］．

⑤ 丁鼎．论章学诚的学术思想倾向［J］．史学史研究，2004（1）．

趣，具有明显的宋学倾向，但他对乾嘉汉学的批评却是中肯的。

2. 复古、烦琐、形而上学倾向明显

在治学的内容上，乾嘉汉学不仅以儒家经典为核心，脱离实际，脱离现实生活，缺乏新鲜的、现实生活中的实际内容，而且认为儒家的经典越古越好，甚至认为对儒家经典的注疏也是越古越好，唐必胜于宋，汉必胜于唐。这种思想方法使得他们观察问题的角度是向后看，特别是吴派学者本着“凡古必真，凡汉皆好”的态度，更具有明显的复古、泥古特点。《四库提要》批评惠栋“其长在博，其短亦在嗜博；其长在古，其短亦在于泥古”。王引之甚至批评他“见异于今者则从之，大都不论是非”。

另外，由于强调博征，发展到后来，甚至走向为考证而考证的死胡同，致使研究成果烦琐不堪，常常“繁称千言始晓一形一声之故”。[①] 正如方东树所批评的那样：“汉学诸人，言言有据，字字有考，只向纸上与古人争训诂形声，传注驳杂，援据群籍，证佐数百千条，反之身心已行，推之民人家国，了无益处，徒使人狂惑失守，不得所用。”[②]

3. 缺乏整体和系统的观念

不少学者虽然能够通过考证对个别问题得出正确的结论，但缺乏更高层次的理论建树。一字一义的训释考证，零零碎碎的思想主张，难以重新组合或建立起一个系统完备的理论体系。因为在研究方法上“识其小，不识其大”，过分强调“言言有据，字字有考”，在研究对象上，只局限于古代文献典籍的研究，“向纸上与古人争训诂形声”的学派，是难以在理论体系的建树上有所作为的。乾嘉汉学在整体价值的取向上难以建立系统的理论体系，也较少接触和回答社会现实问题，在治学方法上往往强调博

---

① ［清］龚自珍．陈硕甫所著书序［Z］．龚自珍全集［C］．

② ［清］方东树．汉学商兑（卷中之上）［M］．

证而流于烦琐，与其学术本身的特点及其与生俱来的局限性有直接的关系。①

需要特别说明的是，上面谈论的乾嘉汉学的成就与不足，只是就整体倾向而言，而这种整体倾向又是与宋明理学相比较而言的。对此，海外中国古代思想史学家余英时有十分精辟的论述，兹转录于此，作为本节的结束语："在方法论的层次上，儒学自始即悬学思兼致为标的。但是这种平衡并不易长期维持，后世各阶段的儒学发展终不免各有偏至。大体而言，宋、明理学偏于思，清代考证则偏于学。唯宋、明理学家并未尽废学，且可谓之凝学成思，其精思实从积学中透出。此在大儒如朱熹尤见其然。另一方面，我们也同样不能以'学而不思'四字概括清儒的治学精神。清儒所向往的境界可以说是寓思于学，要以博实的经典考证来阐释原始儒家义理的确切涵义。"② 乾嘉汉学的重要学者顾炎武、戴震可看做这方面的突出代表。

习题

1. 简述传统汉语文研究各个历史时期的主要特点。

2. 先秦思想家是怎样认识"名"与"道"之间关系的？

3. 先秦思想家在讨论"名"与"实"关系时提出了哪些重要思想？

4. 荀子《正名篇》提出的有关语言性质和语言功能的看法主要体现在哪些方面？

5. 什么是音韵学？音韵学主要包括哪些方面？

6. 什么是反切法？简述反切法的作用和意义。

---

① 黄爱平．朴学与清代社会［M］．石家庄：河北人民出版社，2003：87—88.

② ［美］余英时．论戴震与章学诚：清代中期学术思想史研究［M］．北京：生活·读书·新知三联书店，2000：3.

7. 谈谈你对反切法产生原因的看法。
8. 什么是韵书？韵书主要分几种类型？
9. 简述《切韵》一系韵书的体例、性质及其学术地位。
10. 简述学术界对《切韵》一系韵书性质的看法。
11. 简述《中原音韵》的体例、性质及其学术地位。
12. 列出中古汉语三十六个声母的代表字及其音值构拟。
13. 什么是韵图？简述韵图的作用。
14. 什么是阴阳对转？
15. 音韵学家在上古声母研究方面取得了哪些突破？
16. 传统音韵学有哪些实用价值？
17. 简述传统音韵学的理论贡献。
18. 传统音韵学的方法论成就体现在哪些方面？
19. 传统音韵学的局限性表现在哪些方面？
20. 简述《尔雅》的学术价值。
21. 简述《通雅》的学术价值。
22. 简述《方言》在训诂学方面的主要贡献。
23. 简述《释名》的学术价值。
24. 《说文解字》解释词义的方法及其依据是什么？
25. 传统语言学中语法学的特点和研究重点是什么？
26. 谈谈你对训诂学中以形索义法的认识。
27. 为什么说“望形生训”是错误的训诂学方法？
28. 谈谈你对训诂学中因声求义法的认识。
29. 训诂学中的义训法主要包括哪些内容？
30. 什么是训诂学的比较互证法？
31. 传统训诂学研究的局限性主要表现在哪些方面？
32. 《说文解字》在文字学中的贡献主要体现在哪五个方面？
33. 简述“右文说”的价值和局限性。
34. 简述《六书故》的贡献及其局限性。

35. 简述段玉裁《说文解字注》的价值。

36. 断识甲骨文的主要原则是什么？

37. 清代《说文》研究的成果集中体现在哪些方面？

38. 文字学研究的局限性主要表现在哪些方面？

39. 传统汉语文研究语言观的基本特色是什么？

40. 导致传统汉语文研究厚古薄今范式的主要原因是什么？

41. 传统汉语文研究方法论的基本特色是什么？

42. 传统少数民族语文研究的主要特点是什么？

43. 简述传统语言学与经学的关系。

44. 什么是古文经学派？什么是今文经学派？二者各有什么特点？

45. 简述乾嘉学派的主要学术成就。

46. 简述乾嘉学派的历史局限性和不足。

第二章　西方古代语言学

第一节　古希腊语言学

一、概述

古希腊是欧洲语言研究的发源地。古希腊人的语言研究常常与哲学研究难解难分，语法被当做哲学的组成部分。他们在研究语言或语言哲学问题时，常常立足于希腊语本身，把希腊语的结构形式看做人类思维的普遍形式。美国语言学家布龙菲尔德（Leonard Bloomfield，公元 1887—1949 年）在谈到古希腊人的语言学成就时曾经说过："古希腊人有一种善于对旁人认为当然的事，加以怀疑的才能。他们大胆地不断地推测语言的起源，语言的历史和语言的结构。我们关于语言的传说，多半是他们流传下来的。""古希腊人除了自己的语言以外，并不研究其他语言；他们认为，希腊语的结构当然体现了人类思维的普遍形式或者还许体现了整个宇宙的秩序呢。因此，他们作出了语法研究，但是这些研究，只限于一种语言，并且是用哲学的形式来阐述的。"①

从现有的关于苏格拉底（Socrates，公元前 469/470—前 399 年）以前的哲学家、公元前 5 世纪的修辞学家，以及有关苏格拉底的记载中，在柏拉图（Plato，公元前 427/428—前 348 年）和他的学生亚里士多德（Aristotle，公元前 384—前 322 年）的作

① ［美］布龙菲尔德. 语言论［M］. 袁家骅，赵世开，甘世福，译. 北京：商务印书馆，1980：2—3.

品中，都可以看到有关语言的论述。

公元前5世纪之前，古希腊哲学从神话传说中产生出来以后，集中讨论了宇宙本原问题，并且形成了所谓“自然哲学”的不同学派。自然哲学家重视对自然科学的研究，同时，在思想上也难免打上宗教神话的烙印。在他们看来，人和自然、思维和存在是浑然一体的东西，万物和人一样，都是活的，有生命的，因此被称做“物活论”。自然哲学时期的多数学者一般都不相信有真正的存在和客观真理。

公元前5世纪，古希腊哲学家的兴趣转移到了人身上，苏格拉底是这一时期最著名的代表。同其他哲学家一样，苏格拉底的哲学研究对象主要是人，主张事物是可以被认识的，因此存在着客观真理。

公元前4世纪，古希腊哲学进入系统化时期，代表人物是柏拉图和亚里士多德。他们总结了以前各派的哲学思想，创立了自己的哲学体系。

柏拉图的“理念论”（又称形式理论，Theory of forms），是典型的客观唯心主义。他相信存在着两个世界：一个是可以“看见的世界”，即感觉的世界，“见解”的世界；一个是“智慧的世界”，即感觉之外的世界，“真知”的世界。柏拉图认为，理念存在于感官事物之外，普遍存在于个别之外，这就在本体论上割裂了思维与存在、普遍与个别的关系。这种理论不仅渗透到了西方哲学和基督教之中，对整个西方文化的历史产生了重要影响，而且由于特别重视形式问题，对后来的形式主义学派也产生了深远的影响。

亚里士多德的思想主要来源于柏拉图的客观唯心主义。他在注重理论的基础上，同样重视经验事实，并且把两个方面有效地结合起来，创立了庞大的哲学体系。他不赞成柏拉图把理念（形式）看做与个别事物分离的、独立存在的实体的观点，而是认为理念（形式）不能脱离感官事物而存在，普遍不能脱离个别而存在。在他看来，知识是感觉的结果，如果不能感觉任何事情，人们就不能学会或弄懂任何事情；无论何时何地思考什么事情，人们的头脑必然是在同一时间使用着有关那件事情的概念。自然世界是一个真实的世界，感觉和感官经验是科学知识的基础。

亚里士多德试图在理念和感观事物、普遍和个别之间建立联系，认为这种联系的关键是“有目的”的发展，而发展是由潜能向现实的转化。亚里士多德的这个思想，使辩证法特别是“一与多”的辩证关系，在西方哲学史上第一次得到了系统化。然而，他关于“纯形式”、“纯质料”的学说，却使他陷入了形而上学。

如果说柏拉图认为理想的世界存在于被智慧捕捉到的理念之中，从而奠定了西方唯理主义和形式主义研究范式的基础，那么，亚里士多德关于理想的世界存在于物质之中、世界是由物质材料构成的观念，则奠定了西方经验主义的研究范式。此后，西方哲学界以及相关领域内的唯理主义和经验主义之争大多与此有关。

总体而言，柏拉图的学说主要以智慧开路，亚里士多德的理论则主要立足于对自然界的观察。柏拉图的领悟是数学式的，摆脱了与自然界中实物的关系，用概念处理问题；亚里士多德的领悟则是科学的，建立在知觉、观测和调查的基础之上。客观地说，他们发展出来的不同求知途径，至今都没有过时，而且同样重要。①

从公元前 322 年亚里士多德去世后的大约八百年间，希腊文化和罗马文化逐渐结合，纯粹的希腊哲学和学术成为过去。

在这八百年的前期，西方哲学的主要流派是伊壁鸠鲁

① ［英］威廉·瑞珀尔，琳达·史密斯．智慧之门：宗教与哲学的过去和现在［M］．张念群，译．北京：中国社会科学出版社，2000：20—21，24.

（Epicurus，公元前 341—前 270 年）学派和斯多葛（Stoic）学派。继亚里士多德之后，在雅典发展起来的几个哲学流派中，如果主要立足于语言研究，那么，最重要的应当是由芝诺（Zeno，约公元前 315 年；一说约公元前 490—前 430 年）创立的斯多葛学派。语音学、词源学、特别是语法学，受到该学派的高度重视，研究成果丰厚。在斯多葛学派看来，（1）人们首先产生印象，然后，人们的思想通过言语，以词语的形式表达由印象产生的经验；（2）一切事物都是通过辩证的研究区分的；（3）应当立足于言语及相关问题研究辩证法。正因为在哲学研究中强调语言的性质和地位，在斯多葛学派那里，语言学特别是语法学首次在哲学领域内获得了重要的地位。他们的哲学思想和语言学思想贯穿于整个古代，并对其他地区的思想流派产生了很大影响。

然而，从思想史和哲学史角度看，斯多葛学派并不是西方传统思想的主流，加上早期作品的流失，后人对其具体研究状况的了解远不如亚历山大里亚（Alexander，公元前 300—前 146 年）学派。从古代希腊—罗马时期一直到中世纪，亚历山大里亚学派不仅在哲学方面，而且在语言教学特别是语法教学方面，都具有深远的影响。[①]

二、语言观：对语言性质的讨论

古希腊时期，最早讨论语言问题的是哲学家，他们把语言问题作为哲学的一部分，站在哲学的立场上分析语言现象。古希腊哲学家虽然对希腊语进行了多方面的探讨，但这些探讨基本都没有脱离两个核心：一是本质论（physis）与约定论（nomos，又称规定论，thesis）的对立，一是规则论（analogia，又称规律

① ［英］罗宾斯 R. H. 简明语言学史［M］. 许德宝，冯建明，胡明亮，译. 北京：中国社会科学出版社，1997：20—21.

论、类比论）与不规则论（anomalia，又称变则论）的对立。

1. 本质论与约定论

苏格拉底以前的哲学家以及柏拉图的对话录，主要讨论这样一些问题：人们普遍接受的标准、制度以及判断正误、对错等的标准，在多大程度上基于事物的本质，又在多大程度上基于人们默认的约定，或者是明确的规定。据说，赫拉克里特（Heraklitos）和德谟克里特（Demokritos）曾就此问题展开过讨论。前者主张本质论，后者主张约定论。柏拉图的著名对话录《克拉底洛篇》（Cratylus）当是讨论这类问题最早、最详细的著作。

《克拉底洛篇》是柏拉图围绕克拉底洛、赫尔摩根（Hermogenes）、苏格拉底三人之间的争论撰写的对话录，全名《克拉底洛——论词的正确性问题》。除了序言交代争论的目的以及结语之外，对话录的正文由四部分组成：(1)语言产生于约定，(2)按本质命名，(3)原始名称和派生名称，(4)对问题的重新考察。第二部分的论述最为详细，约占总篇幅的一半。对话录的主题是关于语言的起源、词与词义关系的争论。对于后一个方面而言，争论的焦点是，词与词义的关系是基于词形和词义之间在本质上的密切联系，还是人们约定和协议的结果？换一种说法，词与物之间的关系究竟是天然的或者必然的，还是人为规定的。

克拉底洛持前一种观点，即认为词与物之间存在着天然的或必然的关系，这种观点被后人称做“本质论”。克拉底洛指出：“一切存在的东西只有一个正确的、根据本质产生的名称，所谓名称不是有些人约定怎样称谓就怎样称谓的，人们这时只不过说出了自己的言语的一小部分而已；名称乃是既为希腊人也为野蛮人产生的、对一切人都一样的。”[1] 也就是说，在他看来，每个名称（无论是希腊语或“蛮族语”）都含有而且应当含有跟事物本身一致的、本质上的“正确性”。他不承认这样一种看法，即仅仅由某些人约定俗成的东西是名称或词。

本质论者主张语言是出于天然的，因而是有规则的、合乎逻辑的。一个事物的名称是由事物的性质而产生的，所以，语言自然而然地具有意义。在本质论者看来，所有的词在本质上都与它们所代表的事物有必然的联系，尽管一般人不能完全看出这种联系，但哲学家却可以辨认出隐藏在事物背后的本质。由于相信任何词都可以依据其形式求出它的来源和真正的意义，因此，他们非常重视词源研究。本质论者认为，词源学（etymology）研究的目的就是要揭示词的起源，以及它们“真实的”、“本质的”含义。他们主要以词汇中的拟声现象、某些词语音结构中的声音象征作为论据。当然，本质论者也承认，随着时间的推移，一些词的“最初”形式会发生变化。正因为如此，他们不遗余力地寻找希腊语的词源，希望通过词源的研究，追溯所谓“本质”的来源。不过，由于时代和学术认识上的局限性，本质论者不懂得从词的演变规律角度寻找词源，只是根据词的表面相似推断，因此，那时的词源研究常常缺乏科学的依据，实际上是一种“字谜游戏”。

赫尔摩根则持相反的观点。在他看来，除了习惯之外，在名称或任何词中并没有其他“正确性”可言。他指出：“我不能相信名称的正确性在于别的什么东西而不在于约定俗成。因为我认为，如果有谁确定一个名称，那个名称也就是正确的名称；若是他在后来改用别的名称而不再使用原先的名称来称呼，那么后来

① ［丹麦］威廉·汤姆逊．十九世纪末以前的语言学史［M］．黄振华，译．北京：科学出版社，1960（第1版），1963（第2次印刷）：9.

这个名称的正确性丝毫也不次于前者，这正如我们改变奴隶的名字一样，因为任何人的某个名字都不是按本质产生的，它乃是在法律和习惯的基础上属于确立这种习惯、并且这样称谓它的人们的。”① 简言之，在他看来，词与物之间的关系是人为规定的，因而被后人称做“约定论”。

约定论者认为，语言是人类社会成员约定而成的，即它是由人类的习惯发展而来的，因此，它的结构中就不可避免地存在许多不规则现象。名称之所以能够指称事物，是由惯例即语言使用者达成的协议造成的。协议和约定是可以改变的，即语言中的词汇可以任意改变。只要人们能够接受，用什么词都可以，语言也就同样有效。

在双方的争论中，苏格拉底的态度有些摇摆不定，即有时支持本质论，有时又支持约定论，但从总体倾向上看，他属于本质论派。对此，他提出了两方面的根据：（1）我们不能把人叫做“马”，也不能把马叫做“人”；（2）命题是由语词构成的，命题有对有错，所以语词也有对有错。苏格拉底进一步用工具来说明语词，工欲善其事，必须使用适当的工具；人要说话，就要使用适当的语词。正如我们必须沿着自然的纹理来切割某种物质一样，我们也必须用自然的方式来说话。这些工具的制造者是一些专家；他们制造的工具优劣与否，则由使用这些工具的工匠判定。并非人人都能制造语词，“立法者”创制语词，而评判创制的依据或者标准则是语词是否合用。不同语言用不同的音节来制造同一个语词，就像不同的工匠用不同的铁块来制造梭子，“质料可以不同，形式却是一样的”。②

---

① ［丹麦］威廉·汤姆逊．十九世纪末以前的语言学史［M］．黄振华，译．北京：科学出版社，1960（第1版），1963（第2次印刷）：9.

② 陈嘉映．语言哲学［M］．北京：北京大学出版社，2003：6.

柏拉图撰写这篇对话录，实际上想借助于苏格拉底之口表达自己的意见。也就是说，柏拉图在总体上也是倾向本质论的。在柏拉图看来，语言问题的探讨始终与一般哲学问题交织在一起。对话讨论的核心问题是，人们是否可以只是凭借语词的研究洞悉事物的本质，人们是否可以不借助语词来认识事物，不变的本质和变化的现实之间存在怎样的关系。这场争论在后来的哲学家中引起了不同的反响。

亚里士多德虽然是柏拉图的学生，但在本质论和约定论上，却支持后者，不赞成前者。他认为："语言是约定俗成的，因为任何名称都不是根据本质产生的。"语言中拟声现象的存在，并不能否定这个事实，因为拟声的形式因语言而异，而且拟声的作用也不超出特定语言语音系统的范围。在《解释篇》（On Interpretation)的开头部分，亚里士多德概括了自己对语言文字的看法："口语是心灵的经验的符号，书面语是口语的符号。正如任何人没有相同的书法形式一样，任何人也没有相同的说话声音。但它们所直接代表的心灵的经验，对于所有人来说却是相同的，正如我们的经验所反映的那些事物都是相同的一样。"① 简言之，言语是思想、经验的表达，文字是言语的表达；人类的思想反映是相同的，语言的词汇只是这些思想的标记。

伊壁鸠鲁学派的立场比较持中，他们认为词的形式既产生于本质，又因约定而发生变化。从根本上看，这派学者赞成本质论，认为各民族固有的、部分取决于环境的那些特点，都会在各自语言中留下印记；后来根据需要才使得概念和表示方法在各民族那里获得了更加明确的形式，正如根据习惯一样。可见，这个

① ［希腊］亚里士多德．工具论［M］．广州：广东人民出版社，1984：55.

学派试图根据自己独特的原则来调和上述两种对立的观点。①

以克利西普斯（Chrisippos）为代表的斯多葛学派也更倾向于本质论，并且主要以拟声词和声音象征为根据。他们认为，名称是按照本质形成的，最初的语音是对事物的模拟。这种看法符合他们一再强调的“自然是人类正常生活的指导”这样一种观点。他们在研究词源时，强调词的“原始形式”，认为最初的词形原来都是拟声的，只是后来发生了各种变化。词与物之间的关系是不对应的，因此，语言并不受规则的制约。

斯多葛学派的“本质论”实际上是指语言是“按本质”在人的心灵中产生的，词是根据对象的本质而表示对象的，因此，在听话人那里，才能造成一种跟对象本质相符的印象。他们认为，所有的词都含有与其本质相符的“真实性”。词从产生的那天起，就是“真实”的，词源学是关于词的真实意义的科学。这就向语言哲学提出了一项新任务，即找出各个词中的“真实性”，而这个任务需要通过词源学完成。这样，斯多葛学派自然特别热衷于词源的研究。不过，他们重视词源问题的探讨并不是为了研究语言史，而是为了寻找所有可能性，并以此来证明词的“真实性”问题。由于时代的局限性，斯多葛学派既不可能像现在的语言学家那样，以相关语言的比较和语音的变化规律为准则，也没有能够达到古代印度语言学家所取得的成就。②

对于这场争论，英国语言学史家罗宾斯（R. H. Robins）这样写道：“这场论争的历史意义在于它在语言学理论早期发展中占有重要地位，在于它促使人们更详细地研究希腊语。论争双方

① ［丹麦］威廉·汤姆逊. 十九世纪末以前的语言学史［M］. 黄振华，译. 北京：科学出版社，1960（第1版），1963（第2次印刷）：13.

② ［丹麦］威廉·汤姆逊. 十九世纪末以前的语言学史［M］. 黄振华，译. 北京：科学出版社，1960（第1版），1963（第2次印刷）：14—15.

为了支持自己的观点，批驳对方的观点，就必须更仔细地研究词的结构和意义以及词所表现的外形模式。在这样的研究中，就产生了精确的语言学分析。”[①] 不过，总体看来，古希腊人的语言研究主要以逻辑为依据，以哲学为目的，语言的经验研究和独立的语文研究还没有真正开始。

2. 规则论与不规则论

公元前4世纪，希腊的统治中心由雅典转移到马其顿。马其顿国王亚历山大凭借强大的军事力量，建立了一个横跨欧、亚、非三大洲的庞大帝国。亚历山大里亚就是由亚历山大国王统治非洲的将军托雷密在埃及建立的位于地中海沿岸的城市。这个城市逐渐成为地中海沿岸的商业和文化中心。城内建有巨大的图书馆和博物馆，据说图书馆收藏有五十万卷手稿，并且从希腊本土吸引了大批学者。学者们聚集在这里研究希腊古代文献，注释和考证《荷马史诗》等典籍，很快就形成了一些学派。亚历山大里亚语言学派是当时影响比较大的一个学派，并且构成了欧洲语言学史的一个重要阶段。

在西方历史上，一般把希腊文化通过亚历山大里亚的扩散时期（公元前4世纪至公元1世纪）称为“希腊化”时期。

在“希腊化”时期，与语言研究有关的是“规则论”（规律论、类比论）与“不规则论”（变则论）的争论。以克拉底斯（Krates）为代表的一批属于斯多葛学派的学者提出变则论，认为词与物之间不存在一一对应的关系，因此，语言是无系统的，不受规则制约的。这种观点得到柏加摩斯（Peegamos）学者们的支持。亚历山大里亚学派的语言学家则持规则论，他们提出了“类比论”，代表人物是著名的语法学家亚里斯塔尔库斯

① ［英］罗宾斯 R. H. 简明语言学史［M］. 许德宝，冯建明，胡明亮，译. 北京：中国社会科学出版社，1997：24.

(Aristarchos，约公元前200—前150年)。规则论者认为，语言以相似的形式表明了相似的范畴，并受到一定规律的制约。

规则论和不规则论争论的焦点是，在希腊语以及其他语言中，条理性特别是对称的规则性在多大程度上起决定作用，不规则性又在多大程度上成为语言的特性。规则论者主要采用类比的方法，注重阐述语言中的相似现象；不规则论者则主要采用反证法，重点讨论语言中的混杂现象，即不规则现象。

规则论者所寻找的规律性，一是词形变化系列的规律性，即语法特性相同的词具有相同的形态结构和重音结构；二是形式和意义联系的规律性，即形态上类似的词会有类似的“可以类比”的意义，反之亦然。这两种类比的核心是语言的形态。离开了这两种类比，就不能发现各类词及其小类的词形变化系列（比如希腊语和拉丁语中的各种变格和变位），而这些词形变化系列概括了重复出现的模式。此外，这些类比还是规则论者探讨单数、复数、名词各个格等语法范畴的语义功能的依据。正如后来的语法学家狄奥尼修斯（Dionysius Thrax，约公元前1世纪）指出的那样，语法形态的变化主要是“进行类比”的结果。

规则论者有时采用类比的方法选择或确定更加符合“正确希腊语”的词形，有时采用这种方法判断和确定《荷马史诗》中的一些诗句是否原文。有些规则论者走得更远，他们为了维护类比的规律性，试图人为地改革希腊语中不规则的词形变化系列。

不规则论者虽然承认通过系统的类比形式对希腊语进行描写的必要性，他们本身也这样描写语言，但又常常举出相反的例证，支持自己的不规则论观点。比如在大多数名词和动词的词形变化系列中，都有一些不规则的成分，语法学家并不能通过人为的方式从语言中清除它们。不规则的形式还破坏了词的形式范畴以及词的普通意义之间对称的语义关系。比如表示非动物和抽象观念的名词，也会有阳性或者阴性形式；阳性或者阴性（有时是中性）名词,可以既指阳性也指阴性的动物。某些名词的性还存在方言差别。对于希腊语而言,屈折变化系列具有比较明显的规律性,而派生形式则不那么具有规律性。希腊语中几乎所有的名词都有五个格及其单数和复数形式,但派生后缀则只限于特定的名词词干。在语义分析方面,斯多葛学派指出,在希腊语中,或者推而广之在所有语言中,一词一义只是虚妄之谈。由于历史的发展变化,有时一个词形可以同时有几个差别很大的意义,因此,语言是人的天赋能力,人们必须接受语言中的所有不规则现象。

实际上，规则论和不规则论之争是早先雅典展开的本质论和约定论的继续。争论双方起初各执一端，不规则论者强调例外的、不规则的语言现象，并用于支撑他们的理论；规则论者强调一致的、合乎规则的语言现象，力图把语言中的一切都纳入规则的范畴。最后，由于双方都不得不承认“习惯用法”在语言中的重要作用，因此，争论以相互调和自己的观点而告终。

争论双方为了证明自己观点的正确性，为了说服对方，需要拿出充分的证据。于是，无论是例外现象的搜集，还是规则现象的论证，都从客观上促进了双方更加系统、深入地观察和分析语法现象，从而促进了语言研究的发展。另外，与雅典时代不同，不论是规则论还是不规则论的支持者，主要是语言学家，而不是哲学家。语言学家主要从事古代文献的校订、注释等工作，这就需要面临大量语文问题，并促使他们从语言学的角度进行深入的研究。正是由于实践的需要，由于规则论和不规则论之争的促进，大大推动了语言研究，促使了西方传统语言学的产生。[①]

三、研究的重点及其贡献

古希腊时期的学者特别注重词源学、语音学（发音研究）和

① 徐志民．欧美语言学简史［M］．上海：学林出版社，1990：22.

语法学三个方面的研究。

1. 词源学研究

在古希腊时期的早期，即雅典时期，词源研究不但引起了许多学者的兴趣，同时也受到了有关语言起源和语言发展的“本质论”和“约定论”之争的影响。这一时期，人们感兴趣的主要问题之一是：由神传授的、语音上适合的原始词汇如此有限，它们是怎样繁衍出如此浩繁的词汇，以应付文化和文学需要的？希腊语中的 etymologia 被定义为“解释词语，从而揭示词语的意义”。这就表明，当时的词源研究主要是解释性的，而不是严格意义的历史研究。[①] 这种研究传统一直延续到中世纪以后。

2. 语音学研究

在语音研究方面，由于古希腊文完整的拼音文字字母表是在简化并完善了腓尼基人的字母之后制定的，因此，字母及字母表的制定和分析，对于古希腊人产生音素分析的意识，具有重要的促进作用。事实上，古希腊学者起初就是把字母看做语音的基本单位，把音节看做语音描写的结构单位，并且有过几种关于发音分类的尝试。学者们主要以希腊字母表为框架，描写希腊语的语音，其描述的方式主要是说明希腊字母表中每个字母的发音特点。柏拉图、亚里士多德都曾描写过古希腊语语音的发音部位和发音方法。他们不仅区分出元音和辅音，并且进一步区分了元音和半元音、长音和短音、高音和低音、辅音的送气和不送气音、持续音和闭塞音等概念。斯多葛学派进而认识到，语音是语言研究的独立部分。他们在研究希腊语的音节结构时，把音的序列区分为三类：第一类是作为话语中有意义的部分而实际出现的序列；第二类是根据音节构成规则可以出现而实际上并没有出现的

---

① ［英］罗宾斯 R. H. 简明语言学史［M］. 许德宝，冯建明，胡明亮，译. 北京：中国社会科学出版社，1997：29.

序列；第三类是从语音系统角度考虑不可能出现而被排除的序列。

从世界语言学史的角度看，古希腊学者对语音的分类和描写，使用的术语并不十分确切；对音素的分析和描写，也不像古代印度学者那样以发音机制为依据。也就是说，古希腊时期的语音研究水平不及古印度的语音学研究。后来，在印度语音学的描写方法以及16世纪以来欧洲经验主义观察方法的启示和影响下，一直到19世纪，欧洲的语音研究才真正成为语言学中的一个重要分支学科，并得到了迅速发展。

3. 语法学研究

在语法方面，斯多葛学派最早推进了有关语法范畴的研究。他们在研究古典书面语基础上所提出的一些语法范畴和术语，即使在现当代，仍然没有失去科学价值，并被语言学家普遍采用，尽管这些术语的内涵甚至所指已经有了很大的变化。

雅典时期的语言研究特别是语法研究主要依赖于哲学和逻辑学，经验语法的研究还没有真正开始。作为经验语法的语言研究，开始于公元前3世纪“文明衰落时期”即“希腊化时期”，其中亚历山大里亚学派做出了重要贡献。

总体而言，古代希腊学者主要以词和词形变化表这种模式作为语法描写的基本框架，而以词为基础的语法研究主要包括三个步骤：先划分出词，再确定词类，然后制定语法范畴，从而描写和分析词的形态变化，以及词与词在句子结构中的句法关系。

词类是古希腊以及后来的古罗马学者研究的核心问题。关于词类理论，最早由柏拉图在对话录《克拉底洛篇》中提出。他以逻辑为基础，把构成句子的成分区分为两大类：述语性成分，即表示行为动作的动词（rhema）；名词性成分（onoma），即表示行为动作的发出者。名词性成分包括专有名词和普通名词；述语性成分后来被称做“谓词”（predicate）。

后来，亚里士多德在《诗学》（Poetics）中进一步认为，最基本的词类是动词和名词，动词和名词部分无法包括的句子成分是组联成分（syndesmoi），即系词。也就是说，组联成分是指除了名词性和述语性成分之外的句法成分。亚里士多德不仅认为名词性成分和述语性成分是句子中的主要成分，而且在《解释篇》中做出了明确的界定：约定俗成的、不具有时间关系的、不独立的意义部分是名词性成分；有特定意义的、有时间关系的、没有独立意义的、谈论某物某事的成分是述语性成分。

在亚里士多德看来，名词和动词都可以有"格"的变化，[①] 即与基本形式不同的各种形态变化。他还进一步区分了动词的"性"——阳性、阴性和介于二者之间的中性。

斯多葛学派的代表人物之一克利西普斯进一步划分出五种词类：专有名词（onoma）、普通名词（prosegoria）、动词、无格变化的词（syndesmos）、有格变化的词（arthra）。专有名词和普通名词是亚里士多德所说的名词的次类；无格变化的词和有格变化的词则是亚氏所说的第三类成分即组联成分（系词）的次类，其中无格变化的词是组联成分中没有屈折变化的词，有格变化的词是组联成分中有屈折变化的词。在此基础上，斯多葛学派后来的学者又把副词从名词中独立出来，当时称做"中间词"（mesotes）。

斯多葛学派的一个重要贡献是把"格"的范畴限制在名词以及与名词具有相同变化的词上，即把格的变化看做名词性成分与述语性成分相区别的标志。他们还概括出了述语性成分的时态形式及其固有的时（temporal meaning）和体（aspectual meaning）的意义。

---

① 当时的"格"，与后来的"格"在内涵上不完全一致，它实际指名词和动词的形态变化。

亚历山大里亚学派进一步发展了斯多葛学派的词类理论。这个学派的代表人物亚里斯塔尔库斯初步确立了八大词类体系——名词、动词、分词、冠词、代词、前置词、副词、连接词。他的学生狄奥尼修斯·特拉克斯（Dionysius Thrax，公元前 170—前 90 年）是这一时期最杰出的语法学家。他的《读写技巧》（又译《语法学》，Techne Grammatike）系统地总结和完善了亚历山大里亚学派特别是亚里斯塔尔库斯的语法研究成果。在词类研究方面，他把斯多葛学派所说的普通名词和专有名词合并为名词；把“无格变化的词”分为连词和介词，把“有格变化的词”分为代词和冠词；从动词中分出分词，从而得到八个词类。他的八大词类学说继承了亚里斯塔尔库斯的研究成果，同时明确了各个词类的定义，形成了比较完整的词类理论。此外，他还对名词的性、数、格做出了具体说明，描写了动词的时、数、态和人称范畴，把动词的态分为主动态和被动态，把动词的时分为现在时、过去时和将来时。狄奥尼修斯不仅在前人的基础上发现了一些新的语法范畴，而且建立了一个比较完整的语法体系。八大词类的语法模式不仅奠定了欧洲语法学的基础，而且对欧洲语法学的影响长达十多个世纪。

狄奥尼修斯的词类理论主要有三方面的贡献：(1) 发展了词的形态变化理论，并且从词形变化范畴和派生范畴出发，对词类做出了较之以前更为准确的界定和描述；(2) 从句法角度解释词类的做法，标志着语法研究的巨大进步；(3) 全面总结了前人的词类理论，建立了比较完整的词类体系框架，后代学者有关词类的分析大多是对这一体系的补充和修订。

狄奥尼修斯的《读写技巧》共二十五节十五页，论述简洁明确，条理清晰。作者简要描述了希腊语的词法结构，虽然没有分析句法问题，但从句法角度建立的词类体系和形态分析理论，为以后的句法描写奠定了基础。由于这部著作的权威性，早在纪元初，就被翻译成亚美尼亚语、古叙利亚语，并且时常被拜占庭的评论家和注释家所提及。《读写技巧》被语法学界奉为标准语法著作长达十三个世纪之久。有人甚至宣称，几乎从每一部英语语法教科书中都能看到狄奥尼修斯的影子。

关于语法的概念和研究内容，狄奥尼修斯指出，语法是诗人和散文家通常使用的实用知识。它包括六个部分：（1）准确朗读，注重韵律；（2）解释作品中的文学语词；（3）讲解熟语以及作品内容；（4）探讨词源；（5）总结类比规则；（6）评价文学作品，这是语法研究中最重要的部分。① 这个内容宽泛的语法定义，实际上表明了作者对语法乃至整个语言研究是一门怎样的学问、为什么要进行语法研究的看法。从语言学史的角度看，在欧洲，这种跟哲学领域中的语言研究相对立的、立足于文学和语言使用的语言研究模式，直到经院哲学的思辨语法出现之前，都占据着主导地位。

狄奥尼修斯观察材料的态度是经验主义的，即以公认作家作品中的语言材料作为语法描述的对象，作为建立语法规则的依据。他所研究的语法，严格说来只是为了正确鉴赏古典希腊文学作品而归纳的规则。上面列举的关于语法所包括的六个部分，实际上也是《读写技巧》六章所分别论述的内容，其中第五章是核心部分，主要阐述语言的类比规则。从这个意义上讲，在许多世纪里被人们奉为语法著作典范的《读写技巧》，实际上是类比论和不规则论长期争论的产物。

狄奥尼修斯之所以能够写出影响巨大的语法著作，一是得益于亚历山大里亚学派的研究，二是得益于他本人的经历。

在古希腊各个哲学派别中，斯多葛学派（不规则论者）最为关注语言问题。他们区分了词的形式（声音）和意义，把形式称

---

① 徐志民．欧美语言学简史［M］．上海：学林出版社，1990：51.

做“能指”，把意义称做“所指”，把词类分为普通名词、专有名词、动词、连词、冠词五类，并对词形变化进行了分类。他们把“格”范畴分为直接格（主格）和间接格两大类，间接格又分为生格、与格、宾格、呼格等。斯多葛学派还区分了动词的完成和未完成、主动和被动、及物和不及物形式。

亚历山大里亚学派的学者（规则论者）与斯多葛学派有所不同。他们搜集了许多古老的特别是《荷马史诗》的手稿，经过仔细的分析和比较，确定最古老的版本，并校正其中的一些错讹，注释一些难懂的词语和语法现象。这些都在很大程度上促进了语言研究的发展。他们认为，以《荷马史诗》为代表的古代文学语言比当时的希腊口语更加“纯洁”，更为“正确”，因此，极力维护古代希腊文学语言的规范性。亚历山大里亚学派在语言研究方面同样取得了很大成就，希腊的传统语法模式就是由他们最终确立的。该派成员亚里斯塔尔库斯在斯多葛学派五大词类的基础上奠定了八大词类学说。正是在这种基础之上，狄奥尼修斯才得以写出第一部希腊语语法著作。也就是说，狄奥尼修斯所取得的成就，在很大程度上得益于亚历山大里亚学派。

狄奥尼修斯之所以能够取得巨大成就，与他本人的经历也有很大关系。他在亚里斯塔尔库斯门下学成后，去罗马教授希腊语，这就跟教希腊人学希腊语有很大的不同。罗马人不懂希腊语，教授希腊语就必须对希腊语的名词和动词变化，以及变化的规则有充分的认识。这就要求他的著作必须适应罗马的读者。也就是说，把希腊语作为第二语言教学，是狄奥尼修斯语法研究取得超越前人成就的重要因素。

总之，亚历山大里亚语言学派对语言研究起到了重要的推动作用。这主要体现在以下两个方面：

（1）明确了语言研究的对象。亚历山大里亚学派的语言学家所研究的语法问题包括了阅读、理解、注释等方面，主要目的是考证和解释古希腊的典籍，特别是荷马的著作。他们认识到，要继承古代文化遗产，必须钻研古代文献资料的语言文字。他们的语法著作正是为了这一目的而编写的。

(2) 转变了语言研究的角度。以往的语言研究主要是由哲学家从哲学和逻辑学角度进行的，主要目的是分析思维的形式；而亚历山大里亚学派的研究则转向了语言文字本身，目的是寻求对语言文字本身的理解。狄奥尼修斯的经验语法著作《读写技巧》集中体现了该派学者的语言观、语言研究方法的特点。

第二节 古罗马语言学

一、历史文化概述

古希腊和古罗马被认为是世界语言学的三大发源地之一。人们之所以常常把希腊和罗马并举，是因为从公元前 3 世纪末的罗马帝国一直到公元 4 世纪东、西罗马帝国这段漫长的时间里，希腊和罗马是一个连续的和大体统一的政治、文化帝国。古代希腊—罗马时代，是地中海周围地区形成统一文明的时代，虽然希腊和罗马在这个统一的文明中所起的作用不尽相同，却相互补充。因此，离开任何一方去谈论古代欧洲文明，都是失之偏颇的。从语言学史角度看，这一时期的大多数希腊语言学家都居住在罗马帝国的疆域内，加之希腊语和拉丁语结构类型的相似，使得罗马和希腊学者具有共同的学术传承关系。罗马学者使用的大多数语言学概念、范畴和描写方法等，都是从古希腊继承过来的。

古罗马与古希腊的交往由来已久。在公元前 3 世纪到公元前 2 世纪这段时间里，希腊地区逐步落入罗马帝国的控制之中。大致到了公元初期，罗马帝国的扩张已接近完成，其版图也基本固定下来。政治的统一和交往的自由，为基督教的发生和传播提供了合适的土壤。公元 4 世纪，基督教成为罗马帝国的国教。

公元前 3 世纪，罗马征服希腊城邦之后，希腊虽然是战败者，但它的科学文化却对罗马科学文化的发展产生了巨大的影响。当时，在罗马帝国的西部地区，拉丁语是官方语言；而在东部地区，由于自“希腊化”时期以来就主要处在希腊人的统治之下，因此，希腊语维持了它原有的地位，即希腊语是东部地区的官方语言。在东部罗马地区，罗马的贵族、官吏通常都要学习希腊语，在执行公务时也常常使用希腊语。

在这几个世纪里，欧洲发生了两件大事。一是基督教传播到整个罗马帝国，并在公元 4 世纪初期被君士坦丁大帝正式立为国教，从而确立了基督教在以后一千年间对欧洲思想和各门学科的统治地位。二是罗马帝国分裂为东、西两个部分。经过一个世纪的内部动乱和外族侵扰，到了戴克里先（Diocletian，公元 284—305 年）统治时期，罗马已经不再是帝国的行政首都，其继承者君士坦丁把首都迁到君士坦丁堡（公元 330 年）。4 世纪末，罗马分裂为东、西两个帝国，并由各自的皇帝统治。大体而言，东部是被罗马征服后仍然保留希腊文化和语言的“希腊化”地区，西部则是受罗马人统治并受拉丁字母影响的“罗马化”地区。

从文化的角度看，公元 1 世纪晚期以后，除了正在兴起的基督教会之外，学术界的一个总体倾向是复古，即崇尚过去，治学方式也常常采用过去公认的准则。像东部希腊语地区一样，西部拉丁语地区的学术研究主要是对前人著作的摘录或评论，同时开展辞书编纂工作。跟亚历山大里亚学派的希腊学者相似，拉丁语法学家也把注意力集中在古典文学语言上，而语法只是文学研究的入门和基础。他们对当时的口头拉丁语和非标准书面拉丁语的变化没有兴趣。他们在著作中引用的大量例证，也都取自古典拉丁语时期的作品。

在罗马统治时期，不同地区、不同阶层使用拉丁语的人常常与使用其他语言的人接触，这就产生了两方面的需求。一方面，不同的语言文化之间需要沟通和翻译，从而导致翻译作品大量涌现。《旧约全书》的第一个希腊语译本就是在“希腊化”时期由一些犹太学者共同翻译的。从公元前3世纪起，希腊的文学作品被系统地翻译成拉丁语。另一方面，西部罗马地区的拉丁语教学和东部罗马地区的希腊语教学，得到了学校和家庭的高度重视，语言的学习和教授是人们迫切关心的问题。由于希腊语和拉丁语的结构十分接近，因此，可以用希腊语语法的理论和范畴来描写和分析拉丁语。

二、三大语法著作

古罗马时期的三大语法著作是瓦罗（Marcus Varro，公元前116—前27年）的《论拉丁语》（De Lingua Latina）、多纳图斯（Donatus，公元4世纪）的《语法术》（Ars Grammatica）和普里西安（Priscian，公元6世纪）的《语法原理》（Institutiones Grammaticae，又译《语法惯例》）。

在罗马帝国早期，最著名的语法学家是马尔库斯·瓦罗。瓦罗学识渊博，兴趣广泛，有许多著作。这些著作内容涉及语法学、农艺学、元老院议事程序、罗马古文物等。他的语法巨著《论拉丁语》共二十五卷，保留下来的只有第五至第十卷和其他几卷的残篇。

瓦罗不仅深受斯多葛学派的影响，了解亚历山大里亚学派的理论，而且对早期拉丁语有一定的研究。他的《论拉丁语》虽然文体枯燥，编排方式几乎跟希腊语法著作相同，却不乏独到的见解。他较全面地分析了拉丁语的语法构造，建立了拉丁语的词类体系，为同代和后代学者广泛引用。瓦罗的语法研究主要涉及三个方面的内容，即词源学、形态学和句法学。

在词源学方面，瓦罗认为，语言从最初数量有限的原始词发展而来，人们用这些词来指称事物。后来，随着人类文明的进步和社会生活的丰富，这些词又通过字母或语音形式的变化，进一步产生大量新词，同时，语义也发生了变化。因此，“为了了解原始词的来源，我们有必要了解历史，因为只有借助于历史的事实，我们才能弄清这种来源。”① 由于瓦罗还不能正确理解拉丁语和希腊语的频繁接触所导致的语言借用现象，更不了解希腊语和拉丁语的一些共有词出自印欧语的早期词形，因此，他常常把历时和共时词源学混为一谈，对词源的解释有许多杜撰附会的地方。

在形态学和句法学方面，瓦罗发展了早期希腊学者的语法传统，以格和时态变化为标准，从构词法角度划分词类并进行词类分析。他对词类的划分主要依据了两套体系：一套是格和时态变化体系；一套是层次体系。

从格和时态变化角度，瓦罗规定了四种不同的类别，并且指出了它们各自的特点：（1）名词（包括形容词）有格的变化，（2）动词有时态的变化，（3）分词既有格又有时态的变化，（4）副词既没有格也没有时态的变化。这四类词各有自己的用途：名词（包括形容词）用于指称事物，动词用来陈述事物，分词用来连接，副词用于补充说明。

关于时态的观点，瓦罗虽然受到斯多葛学派的影响，但有自己独特的创建。他区分了时态和体态，分析了主动式和被动式两种语态，以及过去时、现在时、将来时三种时态，完成体和未完成体两种体态。这样，他把时态、体态、语态结合起来，形成了一组完整的语法术语和体系：过去进行体、过去完成体、一般现在时、现在完成时、一般将来时、现在将来时、过去被动式、过去被动完成体、现在被动式、现在被动完成体、将来被动式、将

① 徐志民．欧美语言学简史［M］．上海：学林出版社，1990：26．

来被动完成体。

瓦罗还注意到，希腊语有五个格，而拉丁语有六个格，比希腊语多一个“夺格”。拉丁语的夺格与希腊语的生格（所有格）、与格有相似之处。与希腊学者一样，他也把主格看做基本格，其他间接格都是由主格派生而来的。他还规定了每一种格的语法意义和句法关系。

从层次角度看，瓦罗的词类体系包括四个层次：第一个层次是可修饰类（modifiable type）和不可修饰类（unmodifiable type）。前者有格和时态的变化，是能产的词，可以通过屈折变化或其他变化派生新词；后者没有格和时态变化，是不能产的词，无法派生新词。第二个层次是可修饰词类的进一步分类：称名类、叙述类、补充说明类、连接类。第三个层次是称名类的进一步分类：名词和冠词。第四个层次是对第三个层次的进一步分类：名词分为普通名词和专有名词；冠词分为普通名词前冠词和专有名词前冠词。

瓦罗在语法领域的突出贡献是发现了派生结构和屈折结构的不同，而此前的学者一般并不区分这两种结构。屈折变化的一个显著特征是具有很强的普遍性，在变化系列中很少有例外。对于使用同一种方言或同一种公认标准语的人而言，这些变化系列大致相同。只要知道一个词及其屈折变化的类型，就可以推断出它的所有形式，瓦罗把这种词形变化称为词形的自然变化（declinatio naturalis）。相比之下，在派生用法和可接受方面，词形变化可能因使用者的不同以及词根的不同而有所不同。瓦罗把这种较任意、较少条理同时又赋予语言很大灵活性的词形变化，称为词形的任意变化（declinatio voluntaria）。[①]

---

① ［英］罗宾斯 R. H. 简明语言学史［M］. 许德宝，冯建明，胡明亮，译. 北京：中国社会科学出版社，1997：61.

从罗马帝国分裂到中世纪这段时间里，欧洲出现了两位著名的拉丁语法学家：多纳图斯和普里西安。

多纳图斯的代表作是《语法术》。该书分简编和详编两大部分。前者只是列举若干问题以及八大词类；后者包括音论、字母、拼音、诗律、重音、正误、诗歌语言、比喻等内容。这部著作特别注重实用，并一直被用做学习拉丁语的课本。

普里西安是此期最值得提及的语法学家。公元6世纪初，普里西安在君士坦丁堡讲授拉丁语法，其代表作是约公元5世纪前后的《语法原理》。

《语法原理》共十八卷，系统描写了古典拉丁文学语言。作者通过描写字母的方式处理语音和音节问题，认为字母是话语中的最小部分，具有三方面的特性：（1）字母名称，（2）书写形式，（3）语音价值。

与前人一样，普里西安认为，分析比词更小的单位是毫无意义的，因此，他建立的语法模式也是规定并罗列出词类以及词形变化表。在词类方面，希腊语有冠词，而古拉丁语则没有这个词类。普里西安在拉丁语副词中分出感叹词，使其独立成类。于是，拉丁语的词类也是八个大类。《语法原理》的前十六卷都是讲词类的，每讲一个词类，都引用大量的古典拉丁语例句。最后两卷讲句法问题。《语法原理》的最后部分即从第十八卷第二十章开始，对拉丁语和希腊语的不同结构进行了比较，这说明这部著作主要是为通晓希腊语的读者编写的。

总的看来，普里西安对形态学问题描述得十分详尽，而句法学部分则比较简略。按照希腊语法学家制订的模式，他把拉丁语的动词分为主动（及物）动词、被动动词和中性（不及物）动词三类，其中及物动词必须支配带间接格的名词，不及物动词则不需要支配带间接格的名词。此外，他还注意到了“异相动词”——词形被动而词义主动的动词。普里西安虽然没有提到主语和宾语的概念，但注意到一个命题总有逻辑主语。在拉丁语句法结构系统方面，他擅长于详细举例说明，而不善于建立句法理论。

英国语言学史家罗宾斯这样评论道：“普利西安对古典作家使用的拉丁语作了广泛、详尽、全面的描写，并且在这方面取得了伟大成就。他的语法描写在以后的八百年里，一直是语法理论的基础，直到今天仍然是拉丁语教学的依据。后人需要作的补充和修正，特别是句法方面的补充和修正，都可以放进普利西安采用并且阐述过的语法框架之中。”“普利西安的研究工作不仅标志着一个时代的结束，而且也是连结古代语言学和中世纪语言学的桥梁。他的《语法原理》是流传最广的语法书，抄本多达数百种，成为中世纪拉丁语语法以及中世纪语言哲学的基础。”①

综上所述，古希腊人和罗马人的语法研究取得了巨大成就，积累了大量语言材料，确定了词和句子的界限，建立了词类体系和语法描写框架，奠定了语音学、词法学（形态学）、句法学、词源学的基础。然而，其不足也是显而易见的。在研究对象上，他们常常把语言研究作为哲学的一个组成部分，而且只注重研究两种古代书面语——希腊语和拉丁语。在研究方法上，常常用逻辑范畴取代语言范畴。在具体论述中，缺乏严格的科学态度，整理出的语法规则往往是规定性的，而不是描写性的，致使研究成果内容庞杂，方法单一。另外，由于忽略或者曲解了语言发展变化的性质，在研究中或者缺乏历史的观点，或者采取非历史主义的态度，甚至歪曲历史，从而导致词源研究的许多结论牵强附会。

---

① ［英］罗宾斯 R. H. 简明语言学史［M］. 许德宝，冯建明，胡明亮，译. 北京：中国社会科学出版社，1997：74—75.

第三节　中世纪语言学

一、历史文化概述

从公元5世纪（476年西罗马帝国灭亡）到15世纪（欧洲文艺复兴之前）差不多一千年的历史时期，被称为欧洲的中世纪。这个时期大致可以划分为中世纪前期、中期和后期三个阶段。

在中世纪前期的五六百年里，即公元5—11世纪初，日耳曼民族消灭了西罗马帝国，并且先后在西欧建立了许多封建国家。这些封建国家之间长期混战，导致文化荒废，科学发展缓慢，因此，这段时间被称为“黑暗时期”。在西部，由于大量古典文献的丧失，在长达几个世纪的时间里，人们对希腊语的研究，甚至有关希腊语的知识都远不如以前。人们能够看到的古希腊作家的著作，大都是拉丁语译本的选本。

东罗马的状况相对好一些。虽然其领土受到来自不同方面的攻击，面积不断缩小，但伴随着官方基督教的传播，希腊的思想和学术传统得以继续。东罗马的生活和文明秩序也不像西罗马那样遭到严重破坏。在学术方面，古希腊的哲学和文学著作被保留下来，人们一直在评论和注释古希腊作家的著作，并继续研究涉及某些语法范畴的理论。

由于拉丁语是早期教会文献语言以及西部罗马天主教教会的仪式用语和行政语言，因此，拉丁语的权威不仅得到了进一步加强，而且保持了它的学术语言地位。中世纪早期的语言研究主要是关于拉丁语语法的研究。

中世纪中期（公元11世纪初到14世纪初），基督教势力强大，经院哲学（scholasticism）达到全盛。经院哲学以基督教思想为主导，同时，亚里士多德的哲学思想和论著，经阿拉伯哲学家的介绍，在西欧得到广泛传播。于是，经院哲学不仅有了柏拉图哲学和新柏拉图主义的成分，而且增加了亚里士多德的哲学思想，其中后者的影响逐渐扩大。

经院哲学的特征是，奉基督教教义为无上权威，并且试图用理性加以解释，解释的方法极为烦琐，最终发展成为一种纯粹抽象的逻辑推理。经院哲学实质上是运用理性形式、通过抽象和烦琐的辩证法论证基督教信仰、为宗教神学服务的一种思辨哲学。

中世纪中期也是欧洲大学诞生的时代，学术中心逐渐从修道院转向大学。巴黎大学脱胎于巴黎圣母大教堂，由教皇于1215年批准建立。意大利的博洛尼亚大学、法国的奥尔良大学、英国的牛津大学、剑桥大学等，都是12—13世纪期间建立的。这个时期的哲学之所以被称做经院哲学，很大程度上是因为各种学术主要是通过中世纪大学里的学究们传授的。

14—15世纪是中世纪哲学的晚期。由于罗马教会的衰微以及自然科学的发展，亚里士多德哲学中重视经验事实的本来面目被人们逐渐认识，教会对亚里士多德学说的曲解遭到人们的唾弃。于是，正统的经院哲学日趋没落，哲学开始脱离神学的束缚。

在整个中世纪的中后期，即11—15世纪，欧洲的科学文化较之以前有了很大的发展，语言研究也较之以前有了更大的发展。在学习和研究拉丁语的同时，其他语言的语法论著也相继问世，比如威尔士语语法、爱尔兰语语法、古英语语法、冰岛语语法等。需要特别提及的是12世纪冰岛的一位佚名学者的论文——《第一篇语法论文》(First Grammatical Treatise)。从论文的内容看，作者十分熟悉拉丁语法学家特别是多纳图斯的著作。不过，他的主要兴趣是拼写法改革，即改进从拉丁语字母演化而来的字母，以适合当时冰岛语的拼写。关于正字法问题的讨论，说明他对音位的概念及其运用已经有了初步的认识。这在当时的语言研究中是罕见的。另外，作者对冰岛语发音的研究，为人们提供了这一时期冰岛语的宝贵材料，同时说明他具有很高的语音学造诣。然而，这篇杰出论文的命运却十分不幸。12 世纪之后，由于气候变化和疫病流行等原因，冰岛跟欧洲大陆的社会生活和学术活动失去了联系。这篇论文一直到 1818 年才得以出版，即使出版之后，除了斯堪的纳维亚之外，其他地方几乎无人知晓。从这件事情可以看出，一个人及其思想要想在历史上获得一定的地位，不仅需要提出有价值的理论，还必须具有适宜的文化环境，使自己的理论得到人们广泛的了解和欣赏。①

总体而言，中世纪学术的突出特点是，教会势力增长，并且左右着文化教育和学术研究。基督教已经发展成为世界性的宗教，传播基督教义成为一项重要的活动。拉丁语是基督教的宗教语言，也是教会学校的教学语言。当时，基督教不仅控制着欧洲各国的政权，而且还在各个方面垄断了文化和教育。拉丁语成为欧洲各国知识阶层的交际工具和不同国家的共同交际语，谁要想在教会阶层、思想界、文化界、学术界拥有一席地位，一个先决条件就是必须懂拉丁语。传教的需要涉及到许多语言问题，从而在很大程度上带动了语法研究。可以毫不夸张地说，在当时，基督教传播到哪里，那里就学习拉丁语，就出现拉丁语语法。

中世纪的教育以“七艺”（Seven Liberal Arts）为基础。所谓“七艺”主要包括“三才”（trivium）和“四技”（quadrivium）。三才是指语法、雄辩术（逻辑）和修辞学，四技是指音乐、算术、几何、天文。语法不仅是学术的基础，位于“七艺”之首，而且也是正确读写拉丁文的必要知识。语法研究的目

① ［英］罗宾斯 R. H. 简明语言学史［M］. 许德宝，冯建明，胡明亮，译. 北京：中国社会科学出版社，1997：84—86.

的是为了实用，为了语言的规范化，普里西安和多纳图斯的语法是当时最重要的两部教学语法著作，而比较深入的研究著作则是对普里西安语法的大量评论和注释。在其他领域，语言学家更多的是从事词源学研究和词典编纂。[①]

二、经院哲学的唯名论和实在论

从公元 11 世纪末到 12 世纪中叶，共相（普遍，一般，universal）问题成为中世纪早期经院哲学争论的中心。经院哲学家们围绕着共相和个别、信仰和理性的关系展开了长期的论争，并且形成了“唯名论”（nominalism）和“实在论”（realism）两大派别。后来，虽然以哲学和神学、理性和信仰关系为重点，但共相问题特别是涉及其形而上学本体论方面的争论，一直没有中断。到 14 世纪末为止，争论一共持续了三百多年。

唯名论否认共相（一般概念）具有客观实在性，认为共相只是个别事物的名称，既不先于事物而存在，也不存在于事物之中，而是在事物之后产生的，只有个别的感性事物才是真实的存在。

实在论断言共相本身具有客观实在性，共相是先于事物而独立存在的精神实体，或者是存在于事物之中的东西，即共相是个别事物的本质。

中世纪经院哲学中唯名论和实在论关于共相与个别的争论，在认识论方面，是关于普遍概念的形成、性质和意义问题的争论。在本体论方面，是关于理念、精神实体和个别事物的独立存在问题的争论。就其思想渊源而言，可以上溯到古希腊哲学家赫拉克里特、德谟克里特、柏拉图和亚里士多德。这场争论本质上

① ［英］罗宾斯 R. H. 简明语言学史［M］. 许德宝，冯建明，胡明亮，译. 北京：中国社会科学出版社，1997：79.

是哲学基本问题即思维与存在关系的争论。

这种哲学争论在语言研究中的反映是：唯名论者认为词本身并不是事物，它只是事物的名称、符号，是通过协商而确定的；实在论者则认为，词是思想的体现，词和思想之间存在内在关系。从哲学立场上看，经院语法学家显然是站在实在论一边的。他们脱离个别语言去研究语言的一般特点，把语言看做思辨的对象，而不是具体观察的对象。他们不是描写或研究具体语言，也不大涉及语音问题，而是主要从哲学角度解释多纳图斯、普里西安等人的语法著作和语法体系。

三、思辨语法

中世纪中后期欧洲语言学最值得关注的是，在经院哲学（思辨哲学）影响下出现的“思辨语法”（speculative grammar，也称哲学语法）。思辨语法是西方语言理论发展的一个特殊阶段。经院哲学和思辨语法的兴盛，大约在公元1200—1350年期间。

1. 经院哲学和思辨语法产生和发展的原因

（1）外部原因。大约从12世纪起，西欧开始摆脱中世纪前期即所谓“黑暗时期”的阴影，人们比较容易获得有关希腊语法、希腊作家以及有关亚里士多德哲学的知识。十字军东征虽然没有给西欧参战者带来什么光荣，却促成了罗马天主教与东部帝国之间更加直接的接触。公元1204年，君士坦丁堡被攻陷，激发了西方对亚里士多德哲学希腊文原始文献的兴趣，而过去他们是通过拉丁语译文了解亚里士多德哲学的。同时，大量希腊文手稿流入西欧。到14世纪时，欧洲许多大学已经把希腊语作为正式课程。数量可观的希腊哲学著作，通过阿拉伯人和犹太人的翻译和评介，经由西班牙被重新引入西欧的其他地区。在阿拉伯人占领西班牙期间，托莱多城一度成为翻译中心。在这里，大批阿拉伯文版的亚里士多德著作被译为拉丁文。一般来说，经院哲学家不是根据希腊文原著而是通过拉丁语译文，通过阿拉伯学者特别是著名的阿维洛斯（Averroes）和阿维森纳（Avicenna）所做的评论，了解和研究亚里士多德哲学的。也就是说，对希腊哲学特别是亚里士多德哲学的广泛了解，是导致思辨哲学产生的客观基础。

（2）内部原因。托马斯·阿奎那（Thomas Aquinas，约公元1225—1274年）等思想家把亚里士多德哲学融入天主教神学，是导致思辨哲学产生的重要内部原因。这一思想体系试图把人类知识的所有分支和学科统一起来，使理性的主张与宗教的信仰在这一体系中保持和谐一致。思辨哲学本身是亚里士多德哲学和天主教神学相结合的产物。它试图解决信仰与理智、唯名论与唯实论之间的矛盾。

与这种哲学思潮相适应，思辨语法则是把普里西安和多纳图斯对拉丁语语法的描写融入思辨哲学体系的产物。思辨语法学家认为，普里西安和多纳图斯的语法虽然对教学很有用，但他们只是对拉丁语进行描述，不论其价值有多大，都是不完善的。他们对理论的理解还不够深入，没有科学地揭示出语言的内在原因。与过去单纯教授学生不同，在思辨语法学家看来，语法的理论基础应当属于哲学家的研究范围。于是，哲学在语法研究中的地位得以确立，并导致了普遍语法观念的产生。从12世纪开始，思辨语法学家不再满足于对语言现象的描写和说明，而是要探索语言的内在原因和深层的语言理论问题。正如康切斯的威廉（William of Conches，12世纪）指出的那样，普里西安没有研究产生各种词类及其词形变化的原因。12世纪中叶，赫里亚斯（Petrus Helias）写了一篇关于普里西安语法的评论，试图对普里西安制订的语法规则做出哲学解释。此后的理论语言学家，对普遍语法问题进行了持续不断的探讨。

早期的语法学家没有提出过普遍语法的主张，主要是因为他们的研究基本上局限于希腊语。后来虽然扩大到拉丁语，但由于两种语言的结构十分相近，可以采用一套词类体系和范畴来描写。到了中世纪，虽然只有拉丁语是当时唯一的学术语言，但人们除了继续研究希腊语和拉丁语之外，还对阿拉伯语、希伯来语进行了不同程度的研究。对不同结构、不同类型语言的研究，不仅扩大了人们的视野，而且促进了人们对语言普遍现象的思考。罗杰·培根（Roger Bacon，公元1214—1294年）曾写过一部希腊语语法，并撰写了最早的一部思辨语法。他强调研究阿拉伯语和希伯来语的重要性，并且宣称，所有语言的语法在实质上都是一样的，各语言之间的表面区别只是偶然的差异。语法的一致性在不同语言中体现为表面的差别，就好像几何学的一致性在任何实际图形上也有形状和大小的差别一样。

思辨语法学者认为，语法理论是反映现实的可能方式的总汇和分类。比如法语中的“痛苦”这个意思，既可以用动词souffrer表达，也可以用形容词souffrand、名词douleur等形式表达。这里的区别不在于表达对象的不同（它们标指的是同一现象），而在于表达方式的不同。[①]

正是在这种思想的影响下，思辨语法学家虽然用拉丁语写作，甚至举例也使用拉丁语，但是，他们却试图对拉丁语语法所体现出的规则赋予一种普遍的有效性。如果说自亚历山大里亚学派以来，语法总是被看做一种正确读写知识的话，那么，思辨语法则认为，“语法是语言的科学，其研究对象是句子及其变化，目的是用形式正确的句子把精神的观念表达出来。”[②] 如果说以普里西安为代表的古典语法学家及其拥护者面向语言材料，其材料主要来自于文学文献和古典用法，那么，思辨语法学派则主要

① 徐志民．欧美语言学简史［M］．上海：学林出版社，1990：34.

② 徐志民．欧美语言学简史［M］．上海：学林出版社，1990：33.

面向语言理论。二者在材料选择和使用上的不同，主要表现在例证的选择上。古代学者和后期拉丁语法学家选用的例句都摘自古典文献，而思辨语法学家却几乎是以程式化的形式，自己编造例句，不大考虑言语的实际状况，也不管这些例句是否适用特定的语境。由于他们只是关注用例子来说明某一特定的结构，所以，编写的例句常常脱离甚至违背真实的语境。①

中世纪思辨语法学家取得的最大成果和最有意义的进展主要表现在句法方面。13 世纪的一位学者曾经指出，过去那种主要以词法（形态学）为主的语法研究存在明显的弊端。语法中最重要的部分应当是句法。可以说，自斯多葛学派以来，只是到了思辨语法时期，欧洲学者才第一次建立了明确清晰的句子结构理论。此外，思辨语法学家第一次在句法层面上明确提出了主语（suppositum）和谓语（appositum）这类句子成分的概念，而古典语法学家则是通过词的格形式即词法层面来研究句法的。思辨语法学家建立的一套明确而连贯的句子结构和句子分析理论，大大超出了普里西安拉丁语法所描述的与词的曲折变化有关的形态范畴，从而达到了更高的层次。

总体而言，思辨语法的主要贡献有两点：一是理论意识加强，不再单纯局限于语言的描写，而是试图对语法规则做出哲学解释；二是建立了明确而连贯的句子结构和句子分析理论，扩大了语法研究的领域，从而使得语法研究更加深入。思辨语法的主要缺陷是语法的逻辑化，以逻辑代替语法。思辨语法学家在注意到逻辑与语法共同点的同时，却忽略了逻辑与语法的区别。另外，由于他们主要从语义角度研究表义的方式，因而确定语法范畴的标准基本上局限于语义，这就难以全面准确地反映语言的真

---

① ［英］罗宾斯 R. H. 简明语言学史［M］. 许德宝，冯建明，胡明亮，译. 北京：中国社会科学出版社，1997：89，104.

实面貌，难以建立起真正的科学语法。[1]

第四节　近代语言学

西欧封建社会后期，一系列科学技术的创造和发明，地理“大发现”和海外的扩张，促进了资本主义生产方式的形成和发展，激发了社会内部的各种矛盾，加快了新旧思想交替的进程。同时，也由于中世纪哲学内部经院哲学严重脱离实际的烦琐推理方法、理性和信仰的分离等，导致经院哲学日趋崩溃，西方的科学和哲学开始由中世纪进入近代。

一、文艺复兴时期的语言学

文艺复兴运动开始于15世纪（有人认为是14世纪）的意大利，逐渐波及整个西欧，16世纪达到高潮，16世纪末接近尾声。

1453年，东罗马帝国首都君士坦丁堡陷入土耳其人手中，宣告了古罗马帝国最后一个帝王统治的终结。于是，大批希腊学者被迫西迁意大利。古典时期的手稿，有的被移民从君士坦丁堡带到了意大利，有的是通过赴君士坦丁堡和其他城市访问的意大利学者或其他人的积极寻找带回到了意大利。这些都对古典学术的复苏以及文艺复兴运动的兴起提供了客观条件。

文艺复兴是新兴资产阶级反对封建神学的伟大文化运动，是一个自我觉醒的时代。极力宣扬人文主义，提倡以人为本，反对宗教桎梏，要求解放个性，提倡研究古典希腊和罗马的哲学、文学和艺术，追求科学知识，主张客观的科学调查研究，是当时的总体精神面貌和基本科学特点。

---

① 徐志民．欧美语言学简史［M］．上海：学林出版社，1990，33.

在哲学思想界，自然和人成为人们关注的中心课题，并且形成了人文主义和自然哲学两种既相互联系又有一定区别的思潮。

人文主义强调研究古代文化和各种哲学流派，主张以人为中心，一切以人的利益为基础，从而形成了以资产阶级人道主义为核心的反对封建主义和神学的一个新文化运动。

在15世纪下半叶兴起的近代自然科学基础上，自然哲学家站在唯物主义的立场上，反对经院哲学的逻辑唯心主义，用经验观察的科学方法，反对经院哲学的逻辑推演方法，用辩证法思想反对经院哲学的形而上学，从而形成了一种自然哲学思潮。

在文艺复兴运动中，随着思想启蒙和宗教改革运动的发展，人们的观念发生了很大的变化。希腊、罗马的古典文学和古代历史成为欧洲的中学和大学教育的重要内容，语言研究也有了很大发展。欧洲向海外的扩张，增加了人们对非欧洲语言的认识，而这些语言的类型和结构是欧洲人过去所不了解的。与此同时，随着欧洲境内民族语言地位的提高，这些语言得到了重视和研究。

1. 文艺复兴时期的学术特点

(1) 思想启蒙。思想启蒙运动的突出标志是古典学术的复苏，从意大利开始的对古典拉丁语和古典希腊语的研究得到恢复。这一时期的古典语言研究，既不是像中世纪的拉丁语研究那样为了国际交往和学术交流，也不是为了研究哲学，而是为了研究灿烂的古典文学，研究一个独立于教会并先于教会而存在的伟大文明。文艺复兴早期的众多作家大量引用古典文献，并以此来证明和阐述他们的观点。人们直接求教于古代，他们眼里的古代不再有任何异教的色彩，而是体现了崇高的人文主义色彩。人们在强调人类自身价值和尊严的同时，深深感觉到自己同古典时期有一种理智和道德上的一脉相承关系。他们认为自己是在继承古代文明的事业。人们阅读希腊文和拉丁文的古典文献，是由于文献本身的精华。人们开始阅读原著，而不再是翻译文本，也不再依赖经院神学家所做的“权威”解释。人们对希腊语和拉丁语看法的变化，自然影响到对这两种语言特别是拉丁语的研究。学者们把研究重点放在了古代拉丁语上，而不是作为教育和学术交流共通语的中世纪拉丁语。对希腊、罗马古典辉煌成就的重新认识，实际上表明人们在重新创造这个伟大的文明。这也正是“文艺复兴”这个名称的由来。“文艺复兴”和“学术复苏”这些名称本身，就是思想启蒙的见证。

（2）宗教改革。思想启蒙和宗教改革运动，以其不同的方式促进了人们对理性的人文主义的尊重，强调人类和人的本质是科学和艺术的中心内容。如果说思想启蒙的方式是强调古典文学，那么，宗教改革运动的方式则是极力主张《圣经》的通俗化，其重要成果之一就是把《圣经》翻译成欧洲的民族语言。这对于提高民族语言的地位，对于在世俗和人文方面增加民族语言研究的需要，起到了重要的推动作用。

（3）确立民族语言的地位。民族国家的诞生，以及随之而来的商业中产阶级的崛起，爱国主义感情的高涨，中央政权的加强等，促使人们更加迫切地要求把一种民族的语言或方言确立为民族国家的标准语，要求拼写法的规范化。世俗中产阶级的崛起，使识字教育在更为广泛的社会阶层中展开，经济的交流刺激了人们学习其他国家语言的热情。这些都促使某一个民族的语言或某一个地域的方言被确定为官方语言。从 15 世纪末开始，卡斯提利亚西班牙语被确定为官方语言，查理五世打破了以往使用拉丁语的传统，改用西班牙语跟教皇谈话。印刷术的发明以及印刷业的发展，加快了知识传播的速度和范围。由于课本、语法书、词典等出版物的迅速增多，不仅为学习古典语言提供了便利，而且更加刺激了人们学习外国语的兴趣。

在文艺复兴运动之前，语言研究的对象主要局限于古希腊和古拉丁书面语。从 14—15 世纪开始，人们开始探讨欧洲当地的民族语言，并出现了新的语言学思想。佛罗伦萨诗人但丁(Dante，公元1265—1321年）被人们看做这方面的先驱人物。他在14世纪初撰写了尽人皆知的名篇《论俗语》（De Vulgari Eloquentia)。该文不仅区分了“俗语”（意大利语）和古典拉丁语，而且高度赞扬了民族语言的优点，提倡发展口头意大利语。在他看来，“俗语”是自然发展的民族语言，而古典拉丁语则是矫揉造作的人为语言。他还带头用意大利语撰写作品，使意大利语逐渐发展成为整个意大利半岛的文学语言和官方语言。

2. 文艺复兴时期的语言研究

文艺复兴时期，欧洲许多语言的第一部语法著作相继问世，语言研究别开生面。15世纪出版了意大利语、西班牙语和德语语法著作；16世纪初期出版了法语、匈牙利语、波兰语语法和古代教会斯拉夫语语法著作。1586年出版了最早印刷的英语语法著作。单语解释词典、双语解释词典和各类教学语法也应运而生。

在文艺复兴时期的语法学家中，最著名的是法国的彼得罗·拉穆斯（Petrus Ramus，公元1515—1572年)。早在硕士学位论文答辩中，拉穆斯就对亚里士多德的理论提出过质疑。他极力提倡用人文主义的方法教授古典语言，主张通过文学作品而不是经院哲学的亚里士多德学说进行教学。他写过希腊语、拉丁语和法语语法著作，并在他的《语法流派》中阐述了自己的语法理论。他强调指出，对古代语言必须遵循古典作家所遵守的习惯用法，而对现代语言必须遵循本族语使用者所遵守的习惯用法。他的语法描写和分类不是依靠语义，也不是按照逻辑范畴，而是依靠实际词语之间的关系。从这个意义上看，他的描写和分类是以形式为依据的。因此，他被一些学者看做现代结构主义语言学的先驱。

早在公元7—8世纪，阿拉伯势力以及伊斯兰教在近东大部分地区、北非海岸和伊比利亚半岛迅速发展，从而引起了地中海沿岸民族对阿拉伯语的关注。中世纪以后，语言研究的视野变得更加开阔，欧洲以外的语言研究开始影响欧洲的语言研究传统。中世纪后期，欧洲曾出现过阿拉伯语和希伯来语的研究著作，这些语言也在 14 世纪成为巴黎大学的正式教授课程。1505 年，比德·德·阿尔卡拉出版了第一部阿拉伯语语法。希伯来语则因其在《圣经》中所占据的地位而受到重视。文艺复兴时期，随着教会束缚的逐步松弛，对希伯来语的研究更加广泛、深入。欧洲学者曾写过几部希伯来语语法，其中最值得提及的是罗伊希林（Reuchlin）撰写的《基础希伯来语》（De Rudimentis Hebraicis）。

罗伊希林是德国文艺复兴运动的领导人之一，也是一位精通古典文化的伟大学者。他发现，希伯来语的词类体系与拉丁语有很大不同。他把希伯来语的词分为名词、动词、小品词三个大类，其中前两类有词形变化，小品词则没有词形变化。在此基础上，他进一步把名词分为名词、代词、分词三类，把小品词分为副词、连词、介词和叹词四类。1529 年，克莱纳（Clenard）的希伯来语语法成为西欧的权威语法著作。[①]

对阿拉伯语和希伯来语的研究，打破了过去只是研究希腊语和拉丁语的局限性。随着西方学术界对阿拉伯语和希伯来语认识的不断加深，以及对阿拉伯语和希伯来语本族语言学家研究成果的了解，人们在学术上系统地接触到非印欧语系的语言，以及非希腊—罗马传统的语法分析方法。这对促进语言研究的进步具有不可低估的作用。

---

① ［英］罗宾斯 R. H. 简明语言学史［M］. 许德宝，冯建明，胡明亮，译. 北京：中国社会科学出版社，1997：110.

二、近代学术中的经验主义和理性主义

1. 哲学领域的经验主义和理性主义

到了文艺复兴后期，欧洲的自然科学特别是力学、天文学和数学的发展，以及这些学科的研究方法，对哲学产生了巨大的影响。

文艺复兴和宗教改革以后，近代自然科学日益脱离神学而繁荣昌盛。在17世纪前后的一百年期间，出现了哥白尼（Nicolas Copernicus，公元1473—1543年）、开普勒（Johannes Kepler，公元1571—1630年）、伽利略（Galileo Galilei，公元1564—1642年）等科学伟人，从而使得17世纪成为近代自然科学取得辉煌成就的世纪。这时，科学的标准不再是古代的柏拉图、亚里士多德学说或基督教教义，而是自然本身；科学的方法也不再掺杂许多神秘的成分，而是以观察和实验为基础的归纳法和逻辑推理为基础的数学演绎法。

从一定意义上说，经验主义（又称经验论，empiricism）和理性主义（又称唯理主义、唯理论，rationalism）这两种不同类型的思想，在以往甚至现在的中外思想家、科学家、语言学的学术体系中，都有不同程度、不同形式的表现。但是，它们作为比较典型的认识论中的两种学说，并且形成了既相互对立又相互影响的哲学学派，则是在西欧早期资产阶级反对封建的革命时期前后，即公元16世纪末至18世纪中期。

从16世纪的宗教改革到17世纪的哲学繁荣，欧洲人的世界观经历了一场深刻的变革，即把人和自然界从上帝和天堂的关系中解放出来，人们不再使用神学的语言，而是使用科学的语言，重新对自然界和人做出解释，从而导致了这一时期自然科学的突飞猛进。

这一时期最重要的科学家和哲学家莫过于伽利略。伽利略不

仅开启了近代科学的方法，同时也为近代哲学提供了研究方法。他的自由落体定律和惯性定律，把运动从神的手中解放出来，还给了物质本身，从而产生了代表当时自然科学最高成就的机械论。伽利略把观察、实验、归纳、演绎和假设综合为一种行之有效的科学方法，产生了机械论的思维方式，并且历经两百年而不衰。可以毫不夸张地说，从这一时期几乎所有著名哲学家的自然观中，都可以看到伽利略的影子。

自然科学在每个阶段上的重要突破和进展，都会对哲学思想产生重大的影响。从某种程度上说，欧洲近代哲学中的经验主义和理性主义的最初分野，是人们对机械本身的两个主要因素——力学原理和数学原理的不同偏重所导致的。前者强调观察、实验，后者强调逻辑推理和证明，这种差异始终贯穿于两派哲学之中。也就是说，在经验主义和理性主义纷繁复杂的世界观或本体论的表现形态背后，实际上有一个共同的思想根源，即都是在当时自然科学所建立的数学—力学的世界图景影响下，把自然和人、物质和精神截然对立起来，无法辩证地把握其对立统一关系的结果。两派学者在认识论上各执一端，形成错综复杂的两大阵营，更是跟当时自然科学的状况有密切的关联。简单说来，正是由于他们形而上学的思想方法，导致了有些人片面强调自然科学所使用的观察和实验方法，强调其中的物理学因素，从而形成了经验主义的哲学思想；有些人则片面强调自然科学所使用的逻辑推理和数学计算方法，强调其中的数学因素，从而形成了理性主义的哲学思想。①

经验主义的代表人物是培根（Francis Bacon，公元 1561—1626 年）、T. 霍布斯（Thomas Hobbes，公元 1588—1679 年）、

① 陈修斋，主编．欧洲哲学史上的经验主义和理性主义［M］．北京：人民出版社，1986（第 1 版），1997（第 2 次印刷）：21—22.

J. 洛克（John Locke，公元 1632—1704 年）、G. 贝克莱（又译巴克莱，George Berkeley，公元 1685—1753 年）、D. 休谟（A. Hume，公元 1711—1776 年）；理性主义的代表人物是 R. 笛卡儿（R. Descartes，公元 1596—1650 年）、B. 斯宾诺莎（Benedict Spinoza，公元 1632—1677 年）、G. W. 莱布尼茨（Gottfried Wilhelm von Leibniz，公元 1646—1716 年）等。

在经验主义阵营里，培根、洛克是唯物主义经验论；贝克莱、休谟是唯心主义经验论。在理性主义阵营中，笛卡儿是近代唯理论的第一个代表，主张"天赋观念"的学说；斯宾诺莎是唯物主义的唯理论者；莱布尼茨是唯心主义的唯理论者，他不赞成洛克的唯物主义经验论。由于经验主义的主要代表都是英国哲学家，因此，又被称做英国经验主义。理性主义则以法国的笛卡儿、荷兰的斯宾诺莎、德国的莱布尼茨为主要代表，他们分别是西欧大陆不同国家的哲学家，因此，又被称做大陆理性主义。

经验主义哲学家强调感觉经验，认为人类的一切知识都来自外部的、感官的印象，以及大脑对这些印象所进行的抽象和概括等活动。在他们看来，只有感性认识才是可靠的，理性认识则是靠不住的。经验主义的出现，是对中世纪经院哲学传统观念的一种挑战。用事实质疑权威，结合新发现的材料修改理论，这样一种现代科学观体现在伽利略、哥白尼和开普勒的著作中。

作为一种哲学观念的经验主义，唯物主义经验论者培根强调一切知识都来源于观察，认为归纳法比演绎法更为重要。他虽然认为哲学的本质是一种理性操作，主要研究由感觉印象形成的抽象观念，但他更强调感觉经验在认识中的作用。在他看来，人的理性对感觉经验的整理，只是人人具有的一种从感觉经验而来的知解能力。

洛克则针对"天赋观念"提出了"白板说"。他在《人类理解论》中指出，假如心灵原来是一张白纸，没有什么特征，没有任何观念写在上面，它怎么能变成一幅构图完整的画面？对此，我的回答只有一个词：经验。洛克的“凡是在理智中的，无一不在经验中”这句名言，几乎成为经验主义的口号或旗帜。在他看来，我们所有的知识莫不奠基于此，并且经验无限地孳生着自己。简言之，人的大脑最初好比一块白板，观念是从后天的经验中获得的。他进一步主张，我们对事物性质的感觉应该是综合在一起的，而且这种感觉应该综合在物质材料上，因为只有物质是存在的。在考察人类理解能力发展过程时，洛克指出：“当儿童通过反复不断的感觉把概念固定于记忆之中，他们便逐渐地学会使用符号。而当他们一旦学会运用发音器官发出清晰语音的技巧时，他们便开始运用语词向别人表达自己的观念。”① 他还进一步认为，“在各种语言中，许多名称所表示的事物虽然不是被感官所知觉的，可是我们如果追溯它们底来源，就会看到，它们亦是由明显而可感的观念出发的。”②

唯心主义经验论者贝克莱认为，存在即是被感知。除了经验之外，他拒绝承认其他一切物质的存在。在他看来，所谓“事物”都是哲学家的臆造，所有人看到的东西，都是“意象”（ideas，或译“观念”）。因此，可以说只有“意象”（观念）是存在的。与之相应，名称并不直接指称任何与实体对应的观念，而是指称与现象对应的特殊观念。通过类似的论证，贝克莱否定了“物质实体”的概念。

休莫则进一步深化了哲学中的经验主义。他不仅采用科学方法研究物理世界，也研究精神世界。在他看来，词所指示的不是

---

① ［英］洛克．人类理解论［M］．第二卷第六章第八节，关文运，译．北京：商务印书馆，1981.

② ［英］洛克．人类理解论［M］．第三卷第一章第五节，关文运，译．北京：商务印书馆，1981.

事物，而是观念，而且是简单观念。理解了人的本质，就能理解知识的本质，理性不过是某种习惯或风俗而已。[①]

哲学上的唯理主义者认为，对真实知识的追求，不是建立在感觉印象基础之上的，因为感觉印象常常容易出错。人类具有理性，这是无可辩驳的事实。因此，他们特别强调理性思维。在他们看来，人类的一切知识都来自于理性，只有理性才靠得住，感觉印象则不足为凭。

唯理主义学派的创始人笛卡儿认为，认识并不起源于感觉经验，而是来自于理性本身。认识的正确与否，只在于观念和思想是否清楚明白，只需要用理性来判断。感觉印象是靠不住的，人们要想获得真实的知识，就必须使理性摆脱感官的干扰。

莱布尼兹反对洛克关于抽象名词起源于明显可感的观念，认为词语常常受到自然方面的、精神方面的、偶然作用方面的因素制约或决定。在他看来，“语言是人类心灵最好的镜子，而对于词语意义的一种精确分析，将会比任何其它事情都更好地使人认识理智的活动。”[②] 他倾向于把词语看做语言共同体共享的符号，并试图创建一种人工语言。莱布尼兹从一个更广泛的意义上理解语言，把语言看做各种可能符号的一种。在他看来，自然语言依赖于知觉，而知觉具有模糊、歧义等种种缺陷，因此，它并不是描述客观事物的最佳工具。人们发明语词，一方面受到客观事物的引导，另一方面却融入了自己的主观偏好。在这种情况下，为了探究真理，必须建立一个由普遍符号组成的更为清楚的符号体系。为此，他本人曾做过长期的努力。莱布尼兹有关这方面的尝

---

① ［英］威廉·瑞珀尔，琳达·史密斯．智慧之门——宗教与哲学的过去和现在［M］．张念群，译．北京：中国社会科学出版社，2000：121—128.

② ［德］莱布尼兹．人类理智新论［M］．第三卷第七章第六节，陈修斋，译．北京：商务印书馆，1982.

试，在数学领域取得了卓越的成效，今天人们使用的微积分符号就是从他的符号系统中发展出来的。他甚至设想，有一天人们不必再使用模糊歧义的自然语言进行无谓的争论，而是使用一种清晰的逻辑语言，所有争论都可以像解数学题一样，在黑板上得到解决。①

经验主义和唯理主义争论的一个重要内容是“天赋观念”问题。经验主义者否认人类大脑中存在任何先于经验的观念。唯理主义者则把一定的天赋观念看做人类知识中所有真实性的基础。在他们看来，天赋观念包括数和形的观念，以及逻辑和数学概念。双方争论的焦点是，人的大脑究竟在多大程度上是被动地通过外界接受所观察到的信息，又在多大程度上是由天赋观念（先天机制）决定的，并在一定认识范围内主动地整理来自外界的信息；人类在知觉过程和获得知识的过程中，思维究竟起多大的作用。

2. 语言研究中的经验主义和理性主义

就语言研究而言，公元16—17世纪，英国语言学家在经验主义哲学观的影响下，对英语语音做出了系统描写，对英语语法做出了形式分析。在语音研究方面，经验主义语言学家主要研究正字法和正音法范围内的语音问题。这方面的研究与英国哲学从培根到休莫的经验主义观念的结合，逐渐形成了“英国语音学派”。

经验主义哲学和英国语音学派的出现，与英国的整体学术氛围有直接关系。文艺复兴后的英国，从早期皇家学会的会员和他们所从事的专业中可以明显看出，自然科学与语言研究有着密切的关系。此外，英国皇家学会还负责编辑出版了若干语言学论著。沃利斯（Wallis）、威尔金斯（John Wilkins）、霍尔德

① 陈嘉映．语言哲学［M］．北京，北京大学出版社，2003：12.

(Holder)等人既是皇家学会的科学家，也是引人注目的语言学家。牛津大学几何学教授沃利斯是一位自然科学家，同时，对英语也有深入和独到的研究。他的英语描写语法有很大的影响，其本人也被称做传统语法最激进的改革者之一。皇家学会会员霍尔德的《言语要素》一书于 1669 年由皇家学会出版。霍尔德是一位注重观察的语音学家，对发音的描写简洁准确，特别是对浊辅音和清辅音的描写在当时的欧洲处于领先地位。他对发音生理特点的描述与今天的认识相差无几。此外，化学家普利斯特利(J. Priestley)编写了英语语法（1761 年），物理学家多尔顿(Dalton)出版了理科学生使用的英语语法（1801 年）。

文艺复兴后的学术氛围，人们对本民族语言的热爱，以及英语研究中的经验主义观念，都促使语法学家用观察到的事实重新检验语法理论的各种范畴，特别是传统的词类理论。语法学家按照实际观察到的英语形式和结构，对以往的以拉丁语为基础的语法框架进行了不断的检验和修正。这些都在很大程度上促进了语法研究的深入。

经验主义观念还激发了人们调查、了解欧洲之外语言的热情。1492 年，哥伦布“发现”美洲新大陆，导致了欧洲向全世界的扩张。新航线的开通，向“新世界”的殖民，以各种目的为理由的环球旅行和探索，贸易点和流放地的建立，各地贸易往来的增加，传教士的传教活动等，使得人们开始接触到以往无法想象的丰富多彩的不同类型的语言。学者和传教士们采用经验主义的方法，调查分析了大量欧洲境外的语言，从而使人们认识到了世界语言的多样性和复杂性。

公元 16—17 世纪，墨西哥西南部土著语言那华特语(Nahuatl)语法出版（1574 年）。随后，秘鲁和厄瓜多尔的印第安土著语言克丘亚语（Quechua）、玻利维亚和巴拉圭的印第安土著语言瓜拉尼语（Guarani）分别在 1560 年和 1639 年有了自己的描写语法，并在欧洲出版。在欧洲本土，法国和西班牙之间的比斯开海湾沿岸居住的古老氏族所使用的巴斯克语（Basque）于1587年也有了语法著作。在亚洲，虽然意大利旅行家马可·波罗早在14世纪就游历到亚洲以及中国，并曾学习过亚洲的一些语言，但是，欧洲学者和中国人之间长期的直接接触则是在商人和传教士到达远东以后才真正开始的。西班牙耶稣教会传教士方济阁·沙钵略（Francis Xavier）在1552年去世时，欧洲传教士已经在中国和日本建立了耶稣教会的一些传教机构。这些传教机构中的一些成员不仅掌握了汉语的不同方言，而且把汉语的研究成果以及他们自己的研究成果传到了欧洲，其中最著名的是利玛窦和金尼阁。17世纪，欧洲出版了日语语法和波斯语语法。此外，一些传教士还为印度、缅甸的一些语言设计了拼音文字，并且做出了相关的语音描写。1651年，罗德斯（Rhodes）为越南语所制订的拼音文字，虽然后来稍有改动，至今仍然是越南的法定文字。

与经验主义哲学相反，在唯理主义哲学影响下，一些语言学家认为，人类或者至少是达到文明程度的人类，具有一种普遍的思维结构。这种普遍的思维结构基本上可以独立于任何具体语言，因此，可以用一种普遍的语法来表达。

文艺复兴之后，拉丁语不再是学术界和官方唯一的通用语，欧洲各国民族语言得到了充分的认可和研究，对大量非欧洲语言的了解和描写等，进一步促使一些学者意识到，人们有能力改造自然语言，甚至可以创造新的语言，以适应时代的需要。

培根对于那些因现存语言的某些缺陷引起的不必要的哲学争论深感遗憾。他设想可以把一些现存语言的精华和特点集中起来，创造一种方便人们交流知识的理想语言，即建立一种能够直接、普遍地表达知识、思想和观念的语言体系，并为其中的符号指定读音。莱布尼茨设想，要解决人们之间的争论，只需请争论各方坐下来，用新设计的世界通用的思想符号体系演算一番即可。这种体系避免了自然语言的含糊和不确定性。在他看来，要想使一种符号体系不至于太笨拙，就必须将人类的知识分门别类，简化成为排列有序的一张表。

在法国，受到笛卡儿哲学思想的影响，梅尔塞纳（Mersenne）提议创造一种比所有语言都更好、更通用的语言，它可以用一套词汇简单明了地表达人类的全部思想。在英国，达尔加诺（Dalgarno，1661 年）和威尔金斯（1668 年）等人也曾提出过类似的设想。

威尔金斯长达 454 页的《论一种真正的文字和一种哲学语言》的著作，曾获得皇家学会的赞助，并且是同类著作中最有影响的。他指出了现存自然语言的缺陷，提出了所谓的“人类知识的全面图式”，包括抽象关系、行动、过程和逻辑概念、生物和非生物的自然物种，以及家庭和社会中人与人之间的自然关系和社会关系。所有这些类别，以及跟这些类别有关的语义关系和修饰关系，都可以用简洁的书写形式表示。这些书写形式由语义上独立、明白易懂的各种“真正的文字”构成，每一个形式代表一个可以与自然语言中的词相互翻译的、理想的词。他还提出了编制“世界通用语法”的设想。在他看来，这种“语法”应当包括能够满足所有交际需要的各种词类以及简洁的句法规则。词的类别和语法关系通过在字符上或者置于字符间的专门符号，在书写上表现出来，而在语音上则通过词汇语音的增加或者改变来表示。他的目的是想建立一种所谓的“哲学语言”，这种语言结构严密，而且具有一套普遍适用的原则。这种语言既可以写，也可以说，全世界各民族的人都能够用它交流思想。

威尔金斯等人的设想虽然脱离现实，事实上，他们也很难创建出所谓真正的“哲学语言”。不过，他们的努力说明，当时的语言理论探讨有了新的发展，他们实际上是在探讨语言到底是怎样构成的这样一个理论问题。他们相信，不论讲哪种语言，人类都具有一种相同的思维结构，所以，人的思想才能够用一种普遍语法来表达。

语言学家一旦认识到并接受语言多样性的事实，认识到地方语言跟古典语言一样具有提倡和研究的价值，就必须正视语言普遍性的问题。古代欧洲的语言学界只对希腊语和拉丁语感兴趣，几乎不涉及语言普遍性问题。经院学派假设普里西安所描写和分析的拉丁语实际上代表了所有语言的普遍性基础，并且试图对这一基础加以解释和证明。文艺复兴之后，经验主义重视各种语言之间的差异，认为应该根据对实际材料的观察来修正已有的范畴和分类，而唯理主义却在寻找存在于各种语言表面差异背后的语言共性。法国的保尔—罗瓦雅尔学派就是后者的典型代表。

三、普遍唯理语法

《普遍唯理语法》(Grammaire générale et raisonnée) 出版于 1660 年，① 作者阿尔诺（Antoine Arnaud，公元 1612—1694 年）是巴黎大学著名的神学家和哲学家，兰斯洛（Claude Lancelot，公元 1615—1695 年）是法国新教教派让森派（Jansenisme）的普通教士。两人曾在巴黎郊区的保尔—罗瓦雅尔修道院②附近生活，并以隐士身份自居，因此，该书又被称做《保尔—罗瓦雅尔语法》。由于这部著作的广泛影响，这一派的学者被称为保尔—罗瓦雅尔学派。

保尔—罗瓦雅尔学派以笛卡儿哲学为基础，在继承中世纪经

---

① 分别于 1664、1676、1679、1709 年再版；1754 年由杜克洛（Duclos）加注后重版，1753 年出版英文版。

② 法国的保尔—罗瓦雅尔（Port—Royal）修道院是宗教兼教育机构，创办于 1637 年。由于政治和宗教的冲突，1661 年被解散，但其教育思想对法国乃至欧洲其他国家的影响却持续了很久。

院哲学语法的同时，重点研究普遍语法问题。与中世纪经院哲学语法不同的是，他们宣称人类的理智高于权力，并且不像经院哲学语法那样以亚里士多德哲学为教学基础，而是以笛卡儿哲学为教学基础。他们试图揭示不同语言各自的语法在交流思想（包括概念、判断、推理）过程中所隐含的语法同一性。与设计通用语言的唯理主义者不同，他们并不试图去创造一种新的交际系统。在他们看来，普遍语法隐含在所有语言的实际结构之中，因此，他们试图用拉丁语、希腊语、希伯来语和当时欧洲各种语言的例证，说明这些语言中隐含的普遍语言特征，进而探讨和阐述人类的理性和语法理论。正如兰斯洛在《普遍唯理语法》的序中所说："尊重理性的创作的人在这部著作中或许会发现某些使他们满意的内容，而不会瞧不起这种教材，因为说话是人类巨大的优势之一，在具有和人类相称的一切完美之处的同时掌握这一优势不应该认为是可耻的，这就是不仅要使用语言，而且要深入理性，使用语言时要知其所以然，而别人只是知其然而已。"①

保尔—罗瓦雅尔学派认为，人类的思维和理智是相同的，表达思想的语言也应该有相同之处。他们试图通过对语法普遍原则的阐释，揭示存在于所有语言中的语法在思想表达上的一致性。该学派的代表作《普遍唯理语法》以笛卡儿唯理主义哲学为理论依据，以逻辑为方法论基础，认为人类语言和理性之间存在着一种内在的联系，各种语言只不过是人类普遍存在着的逻辑和各种理性系统的变体。研究语言是语法学的任务，研究理性是逻辑学的任务。语言和理性之间既然存在如此密切的内在联系，那么，语法与逻辑之间也就自然存在一种密切的内在联系。由于理性是普遍的，不可变易的，因此，语法也应该是普遍的，不可变易

---

① 胡明扬，主编．西方语言学名著选读［C］．北京：中国人民大学出版社，1988：5.

的。作者认为，他们虽然主要讨论法语和拉丁语，偶尔涉及希腊语、希伯来语、西班牙语、意大利语的个别例子，并没有涉及更多的语言，也谈不上概括了世界上多数语言的语法现象，但是，由于运用了唯理主义的哲学理论，得出的结论也就具有普遍的意义，它适用于任何一种人类的语言。他们认为，语言是表达思想的符号，因此，思维的内容和方式决定语言形式；逻辑和语法基本是一致的，逻辑规则可以用来解释语法现象。① 既然全人类在逻辑和理性上是相同的，那么，各种语言的语法结构也应该是共同的、普遍的。语法范畴只不过是逻辑范畴的具体体现，语言研究必须以逻辑为基础。

《普遍唯理语法》包括题解（序）和正文两大部分。作者在序中指出："语法是说话的艺术。""说话是用符号来表达自己的思想，这些符号是人们为此目的而发明的。"人们发现这些符号中最有用的是声音，但声音是瞬息即逝的，因此，要发明其他符号，使声音可以长期保存并成为可见的形象，这些符号便是文字。我们可以从两方面考察这些符号：首先是符号（即声音和文字）的实质；其次是符号的意义，即人们运用这些符号表达思想的方式。②

正文部分由两编组成。第一编主要论述文字和声音。作者根据字母而不是实际读音讨论了法语的语音，对比了拉丁语、希腊语、希伯来语、法语、意大利语、西班牙语的辅音，论述了音节、词、重音等问题。从语音和文字角度看，"凡是单独分开发音和书写的"单位就是词。作者还论述了文字的性质、形体以及

---

① 胡明扬，主编．西方语言学名著选读［C］．北京：中国人民大学出版社，1988：27.

② 胡明扬，主编．西方语言学名著选读［C］．北京：中国人民大学出版社，1988：5.

文字和实际读音的分歧。在作者看来，虽然最初绘制图形或文字只是用来直接表示声音的，但当人们想到文字时，常常会联想到这种声音所表示的事物本身。于是，可以从两个方面考察文字：或者只是表示声音，或者帮助我们去设想这种声音所表示的事物。

第二编主要论述词采取各种不同形式表达意义的理由和遵循的原则。作者指出，就声音而言，人和鹦鹉是共有的，而说话的精神成分却是人类超越所有其他动物的最大优越性，也是人类理性最伟大的证据之一。人类使用言语表达思想，而这种奇妙的发明，只用 25—30 个声音要素，就可以构成无限的词。这些词本身虽然和人脑中所想的东西毫无相似之处，但它能够向他人透露我们头脑中的全部秘密，即使他人无法深入我们头脑内部，也能够理解我们所想的全部内容，以及我们心灵中的各种活动。从这个意义上讲，词是人们用符号表达他们思想的、有区别的、成音节的声音。[①] 在作者看来，“人们既然需要用符号来表示我们头脑中发生的所有的思想，也就需要对词做出最概括的区分。”[②] 他们把词分为两大类：第一类表示思维的对象，包括名词、冠词、代名词、分词、前置词和副词；第二类表示思维的形式和方式，包括动词、连词和叹词。他们认为，“这样的分类是根据我们表达思想的自然方式引申出来的必然结果。”[③] 作者还详细阐述了各类词的特性以及数、性、格、人称、时态、语气等语法范畴。正文的最后部分主要讨论句法和修辞问题。

---

① 胡明扬，主编．西方语言学名著选读［C］．北京：中国人民大学出版社，1988：6.

② 胡明扬，主编．西方语言学名著选读［C］．北京：中国人民大学出版社，1988：8.

③ 胡明扬，主编．西方语言学名著选读［C］．北京：中国人民大学出版社，1988：8.

《普遍唯理语法》问世几个世纪以来，在语言学界一直有着重要的影响，这种影响在欧洲长达三百年之久。20 世纪中期，乔姆斯基（Avram Noam Chomsky）在《笛卡儿语言学》一书中宣称，生成语言学的基本思想来源于《普遍唯理语法》。随着乔姆斯基语言学说在语言学界影响的扩大，以及语言普遍现象研究的兴起，《普遍唯理语法》在学术界再次受到人们的关注。

综观欧洲语言学的历史可以看出，经验主义和唯理主义的对立，以不同的形式几乎贯穿于语言学发展的每一个阶段。两种不同的语言观在一定程度上反映了两种不同的研究方法：经验主义语言观主要通过观察到的语言事实和用法，不论是名家作品语言，还是社会认可的普通说话者的语言，都是用来验证语言范畴、分类和语言理论的有效材料。这一派学者主要是从外部入手研究语言。理性主义语言观则把语言看做人类天赋能力的一部分，看做人类理性的表现，因而主张从内部入手研究语言。

总体而言，如果说经验主义的基本特点是强调研究特定环境中真实的语言材料，即能够感觉到或观察到的语言材料，更多地注重观察基础上的归纳和分析，重视经验实证的话，那么，理性主义的基本特点则是强调心理因素和“天赋观念”的作用，重视语言材料的心理现实性，偏重于演绎和综合，重视理性的作用和普遍理论体系的建构。

习题

1. 本质论的基本主张和特点是什么?
2. 约定论的基本主张和特点是什么?
3. 规则论的基本主张和特点是什么?
4. 不规则论的基本主张和特点是什么?
5. 简述古希腊时期语音学的研究特点。
6. 八大词类学说是怎样形成的? 简述狄奥尼修斯词类理论

的贡献。

7. 狄奥尼修斯为什么能够写出《读写技巧》这部影响广泛的语法著作?

8. 为什么说亚历山大里亚语言学派对语言研究起到了重要推动作用?

9. 简述瓦罗《论拉丁语》的基本内容及其贡献。

10. 简述普里西安《语法原理》的基本内容及其贡献。

11. 简述经院哲学和思辨语法产生和发展的内外因素。

12. 简述思辨语法的贡献和缺陷。

13. 简述经验主义和理性主义的基本观点及其对语言研究的影响。

14. 简述保尔—罗瓦雅尔学派的语言观和方法论特色。

15. 简述《普遍唯理语法》的基本内容及其影响。

第三章　印度古代语言学

第一节　语言研究的发端

印度的语言研究历史比中国、西欧、阿拉伯世界、斯拉夫国家都要早。古代印度语言学不仅涉及到语法学、语音学、语言理论和语义学等领域，而且在其早期（古典时期）就取得了辉煌成就。此外，古代印度语言学还对古代中国、古代西欧、古代阿拉伯的语言研究产生过深刻的影响。

一、吠陀文献

在古代印度，用古代梵文写成的宗教历史典籍《吠陀》（Veda）是印度婆罗门教最古老的经典。梵语“吠陀”一词指“知识”，特别是指那种“精纯神圣”、“超越世俗”的学问。对于吠陀经产生的时间，学术界有着不同的看法。有人认为产生于公元前2000年以前，比较稳妥和普遍的看法是公元前1500年左右。吠陀经记载着关于神的颂歌和祷文、关于宗教祭祀礼仪的说明，以及在此基础上产生的哲学思想，意译为“明论”。

在世界所有古代语言中，梵文文献的数量仅次于汉语，远远超过希腊语和拉丁语，内容异常丰富。吠陀有狭义和广义之分。狭义吠陀指最古老的《吠陀本集》，它由《梨俱吠陀》、《娑摩吠陀》、《夜柔吠陀》、《阿闼吠陀》组成，统称“四吠陀”。前三种吠陀出现更早，公元前常称“三吠陀”或“三明”。后一种出现较晚，与前三种合称四吠陀。四吠陀中又以《梨俱吠陀》最古老、最原始，其他三种吠陀基本上是它的复述和发展。四吠陀的汉文译名分别是《歌咏明论》、《赞颂明论》、《祭祀明论》、《禳灾明论》。①

广义吠陀也称吠陀文献，除包括四吠陀之外，还有解释四吠陀的梵书、森林书、奥义书以及经书。此外，还包括吠陀支，也称“明论支节录”。它是指六种与学习吠陀有关的辅助学科，即“六艺”：（1）式叉论（语音学），（2）阐陀论（音韵学），（3）毗耶羯那论（语法学），（4）尼禄多论（语源学），（5）坚底沙论（天文学），（6）劫波论（仪轨学）。六艺之中有四艺都跟语言研究有直接的关系，这恐怕也是古代印度语言学比较发达的重要原因。上述六种学科散见于吠陀文献本身，也有专书论述。

梵书大约产生于公元前10世纪下半叶。它是古印度婆罗门教的典籍，附载于吠陀之后解释吠陀，又译“净行书”、“婆罗门书”。当时，古印度编纂、解释吠陀的派别很多，各派都有自己的梵书，现留存下来的只有十四五种。梵书主要包括三个方面的内容：（1）仪轨，解释吠陀的祭仪和行祭的细则；（2）释义，有关吠陀赞歌、祭词的诠释；（3）吠陀终极，即森林书和奥义书，阐述吠陀终极的目的。

森林书和奥义书附载于梵书之后，在一定程度上独立于梵书。森林书音译为“阿兰若迦”，成书于公元前10世纪下半叶，是古印度解释吠陀的一类书籍。据传由古代仙人哲学家隐居深山林泉之中探索和讲授吠陀玄义的内容结集而成，故得名。

奥义书音译“邬波尼煞陀”，是婆罗门教经典之一。主要指附在森林书之后解释吠陀奥义的一类书籍。最早的奥义书大约产生于公元前10世纪至公元前5世纪之间。奥义的梵语意思是

① 巫白慧．印度哲学——吠陀经探义和奥义书解析［M］．北京：东方出版社，2000：135.

"近坐"，即"坐近导师，当面聆听神秘玄奥的教义"。在吠陀、梵书、森林书、奥义书这四类吠陀文献中，奥义书是最后一部分，故又称"吠檀多"，意思是"吠陀之末"或"吠陀的终结"。①

为了便于在口头上传诵，吠陀经的语言具有丰富而严格的韵律。在古印度人的心目中，梵语是一种神的语言。它的每一个字母都神圣不可侵犯，任何人也无权随意改变。圣歌的宗教意义及其对诸神的召唤力量，正取决于它的文句和发音的所有细节是真实的、准确的。然而，随着时间的推移，这种在很大程度上处于停滞状态的古典书面语，和古印度人的口语之间逐渐脱节。古老的诗体语言与口语的脱节，意味着古老的圣歌中有越来越多的地方不能为后人所了解。要准确地传授圣歌，对于古代印度人来说，又是极为重要的。这种状况促进了古典梵语语言学的发展。

二、古典书面语

印度的古典书面语是梵语。广义的梵语包括三种：(1) 吠陀语——印度古代四吠陀的语言；(2) 史诗梵语——两大史诗《摩诃婆罗多》、《罗摩衍那》的语言；(3) 古典梵语——大量文学作品包括迦梨陀娑作品的语言，以及宗教、哲学、科学著作的语言。狭义的梵语只指古典梵语。古典梵语最初使用婆罗米字母文字，它包括早期的吠陀语和后来规范化了的梵语。

梵语作为一种"雅言"，与各地方言俗语即普拉克里特(Prakrit) 语相对应。有人认为，梵语曾经是活语言。比如在印度古代戏剧作品中，神、国王、国务大臣、婆罗门、宫廷贵族、舞蹈大师，以及在宗教上担任特殊职务的女性等所谓"上等人"，

---

① 于平．吠陀［A］．中国大百科全书·哲学卷［C］．北京：中国大百科全书出版社，1985（第1版），1988（第1次印刷）：210.

说的就是这种梵语；而商人、渔民、警察、小官吏和几乎所有女性等所谓“下等人”，则使用方言俗语，即普拉克里特语。也有人认为，从梵语的原名 saṃskṛtam（整理好的）看，它似乎是一种人造加工的规范语言。①

事实上，在公元前 5 世纪，梵语虽然不再作为人们日常生活的交际工具，但仍然是上层社会精神生活和宗教生活的工具。在传授经典的过程中，人们要极力维护它的准确性，尽量不受普拉克里特语的影响，从而保证作为文学语言的梵语的权威性和规范性。于是，对于梵语的精细研究和描写，就成为经典传授过程中必不可少的工作。古印度人有关语音学、语法学的意识和研究体系，就是在这种对正确表达和解释古代圣歌的追求中形成并建立起来的。

对于古代印度的诵经者，语法具有特殊的意义。在他们看来，语法是一切知识和学问的基础。印度人最早研究梵语的目的，是为了把梵语文化中已知的最古老阶段“吠陀时期”通过口头流传下来的一些礼仪和宗教文献保存下来，或者免受方言的“污染”。作为一种规范的特殊标准语，人们需要对梵语进行专门的研究，编写描写性的规范语法。这种语法不仅包括语音规则，而且包括规定怎样正确使用梵文的模式。于是，语法便率先从古代经典的综合性研究中独立出来。

古代印度人研究语文问题的具体时间已经无从考证。不过，吠陀文献——《吠陀本集》中就已经涉及到语文研究问题，其中第一集谈到了语音学和正字法，第二集论述了作诗法，第三集包含了语法材料和简要的语法分析，第四集讲述了词汇。也就是说，这部文献已经涉及到语音、语法和词汇等方面的研究。公元前 1000 年前，古印度学者编纂了第一批词典。词典中罗列了

---

① 季羡林．梵语［A］．中国大百科全书·语言文字卷［C］．北京：中国大百科全书出版社，1988（第 1 版），1988（第 2 次印刷）：75.

《吠陀经》中的一些难懂单词。公元前500年，印度语法学家亚斯卡编写了《吠陀经》的语言注释。在保存下来的古代印度语言学文献中，最为著名的是巴尼尼（Pāṇini）的梵语语法著作《巴尼尼经》。

三、巴尼尼和《巴尼尼经》

巴尼尼出生于今巴基斯坦的白沙瓦附近，大约生活在公元前4世纪。古代印度特别重视祭祀，祭神需要唱颂歌，而颂歌又多取自吠陀。古印度人为了努力保持吠陀圣典的完整性和准确性，发展了吠陀六分支，其中尼禄多是词源学，毗耶羯那是语法学。由于婆罗门世代相承，这两门学科得以薪火相传。也就是说，在巴尼尼之前，印度的语法学已经有了长期发展的历史，巴尼尼则是以往语法研究的集大成者。他流传下来的著作《巴尼尼经》，是保存至今最早的有关印欧语言的语法描写，也是最早用印欧语言撰写的科学论著，尤其在语音和语法现象的分析和描写方面，达到了相当完善的程度，被美国语言学家布龙菲尔德誉为“人类智慧的丰碑之一”。①丹麦历史比较语言学家、语言学史家威廉·汤姆逊（Vilhelm Thomsen，公元1842—1927年）指出：“印度人的语法像巴尼尼的著作那样，就其本源判断，是以纯经验主义为主的，这也不是意料之外的事。它分析和描写语言形式，但是不像希腊人那样，把语法同语言和词的起源、或者同一般语言原则混在一起研究。”②

---

① ［美］布龙菲尔德．语言论［M］．袁家骅，赵世开，甘世福，译．北京：商务印书馆，1980：10.

② ［丹麦］威廉·汤姆逊．十九世纪末以前的语言学史（Sprogvidenskabens historie）［M］．1920，哥本哈根．黄振华，译．北京：科学出版社，1960（第1版），1963（第2次印刷）：4.

《巴尼尼经》为口诀式经体。“经体”是古代印度的一种著述体裁，其主要特点是，讲述的内容尽量压缩成口诀形式。经体大致产生于公元前4世纪。当时没有书，为了便于师徒口耳传承和记忆，容易背诵的文体——经体便应运而生。

《巴尼尼经》共分八章，又称《八章书》（Astadhyayi），即唐玄奘在《大唐西域记》第二卷中提到的《声明论》。每章分四节。第一章主要说明术语及其运用，论词根和符号，论动词、名词的数和格；第二章论复合词，以及名词各格的用法等；第三章论词缀、词尾，以及动词各种式的用法等；第四章论阴性名词，以及间接后缀；第五章续论间接后缀；第六章论“音变”与“增音”，词的音调，复合词的音调，复合词成分的变化，以及词干的“音变”等；第七章续论词干的“音变”与“增音”，词干在前缀前的变化，续论词干的变化，词干在间接后缀前的变化；第八章论词的重音，论“低调”，论“连声”及音的变化。全书由3983个诀句组成。①

《巴尼尼经》近四千句的口诀，相当完整地阐述了古典梵语的语法体系。字母的排列相当科学，先元音，后辅音，按照发音部位和发音方法依次排列。这种排列顺序比希腊语、拉丁语、阿拉伯语和所有西方语言的那种脱离语言体系的字母表合理得多。关于语法分析，作者从语音分析入手，不分析句，只分析词；不管语义，完全以词形为分析对象。作者对古典梵语的词根、词干、词尾、前缀、后缀、派生词、复合词等，均有详细的分析，其中“界”（即词根）是最小的分析单位。“缘”（即直接后缀）

① 这是依据《中国大百科全书·语言文字》卷的说法。有人认为是3996条，见岑麒祥．语言学史概要［M］．北京：北京大学出版社，1988：12. 冯志伟，编著．现代语言学流派［M］．西安：陕西人民出版社，1987：1. 又见［苏］康德拉绍夫 H. A. 语言学说史［M］．杨余森，译．武汉：武汉大学出版社，1985：2.

加在“界”（词根）上，使“界”成词，或者使词根表现出名词、动词的特性。构词的基本公式是：“界”（词根）＋“缘”（直接后缀）＝词。通过这种方法分析到最后的词根全是动词，即只有动词的词根才是最终成分，名词都出自动词。按照巴尼尼的说法，梵语的词共有四类：名词（包括名词、代词、形容词）、动词、介词、不变词（即小品词，包括叹词等）。名词和动词是可变化的词类，即有屈折变化的词类；介词和不变词（小品词）则是没有屈折变化的词类。一个行为的过程用动词表达，一旦行为完成了，动词固定了，那就成为一件事，这件事便用名词来体现。这就是巴尼尼所说的名词出自动词的理由。① 这种分析和解释具有浓郁的哲学意味。

巴尼尼之后，出现了一些修订、补充和注释《巴尼尼经》的著作，其中主要有约公元前 3 世纪迦旃延那（一名婆罗流支）的《释补》，约公元前 2 世纪波颠阇利（Patanjali，约公元前 150 年）的《大疏》（Mahabhasya）。在古代印度梵语地区学术研究的影响下，非梵语地区也出现了早期的语法研究。比如《陀尔伽匹亚姆》（Tolkappiyam，即《古语文纂》，公元前 2 世纪）是泰米尔语最早的语法书之一。泰米尔语是印度中部和南部地区的一种达罗毗荼语。藏语语法的建立（大致在公元 7 世纪），也受到了梵语研究的直接影响。

第二节 古代语言学的贡献

古代印度的语言学涉及到许多方面，主要有语言理论和语义

① 季羡林．波你尼［A］．中国大百科全书·语言文字卷［C］．北京：中国大百科全书出版社，1988（第 1 版），1988（第 2 次印刷）：23—24.

学、语音学和音韵学、语法描写等。

一、语言理论的贡献

古代印度学者立足于不同的角度，重点讨论过词义的性质、词义和句义的关系、“恒体”理论等语言理论问题。

1. 词义性质的研究

在词义性质方面，古代印度学者着重探讨了词义在多大程度上可以看做词的自然属性、拟声在多大程度上可以作为描写词语和事物之间关系的模式等问题。这跟古代希腊学者探讨的“词”与“物”、古代中国学者探讨的“名”与“实”的问题极为相似。有关问题的讨论最终使古代印度学者认识到，自然属性的因素在语言中的作用极为有限，而形式和意义之间任意性的约定关系在语言中更为普遍。这种认识同样跟古希腊、古代中国学者主流学派的认识大致相同。

古代印度学者所讨论的与词义性质相关的另一个问题是，语言是怎样以有限的手段满足无限需要的词义变化和引申的。他们认识到，学习和了解词义，既要通过对词在句子中实际运用的语境来观察，又要通过长辈和教师对某些词及其用法的直接讲解来了解。词的实际用法虽然复杂多样，但经过词的搭配，往往可以把词在独立状态时具有的某些可接受的意义排除在外，从而限制词义的范围。在词的多义性问题上，古代印度学者特别注重研究词的本义跟各种引申义之间的关系。另外，他们还从逻辑学的角度讨论了这一问题。比如词究竟主要表示具体事物或一类事物，还是具有抽象的共性？词义在多大程度上是正面确认事物，又在多大程度上从反面把事物同现实中的其他事物区分开来？古印度人还注意到，一个词，比如“火”，既可以代表词本身，也可以代表它所指称的主要概念。①

2. 词义和句义关系的研究

古代印度学者主要是从“词和句子哪个是第一性的”角度探讨词义和句义关系的。一些学者认为，句子由词构成，全句的意义由句中每个词的意义组成。以《词通》（Vākyapadīya，约公元5至7世纪）的作者巴特利呵利（Bhartrhari）为代表的一些学者则持不同的观点。他们认为，应该把句子看做不可分割的一段话，“在一瞬间”表达其意义。正像一幅画，人们首先看到的是一个整体，尽管以后可以把它进一步分析为更小的组成部分。由于把词看做一个独立的单位，因此，可以把句子分为独词句和多词句。对于说话者和听话者来说，句子首先是单一的句子单位，而词和词义大多是语言研究者和留心的说话者把句子意义分为更小成分而人为创造出来的。

3. “恒体”理论

人们实际听到的口语或读到的书面语，跟语言本身存在怎样的关系？即人们在特定环境、特定场合所说或所写的语言，跟本族语使用者的语言能力之间，以及跟语言学家用单位、范畴和规则所描述的语言能力之间，存在怎样的关系？对于这样一个语言理论无法回避的问题，语言学史上曾有过不同的探讨。印度语言学家试图用“恒体”（sphota）理论来阐述这种关系。

对于“恒体”理论，不同学者的表述并不一样，并有过很多争论。总体而言，这种理论认为，任何语言成分都具有两面性：一是实际事物，即个别的体现（dhvani）；一是没有表达出来的由一个“体现”（dhvani）所体现的“恒体”（sphota）。恒体即内含永久实体，用现代语言学的术语表述，就是抽象的语言原

① ［英］罗宾斯 R. H. 简明语言学史［M］. 许宝得，冯建明，胡明亮，译. 北京：中国社会科学出版社，1997：168.

则；个别的体现即“外显即时表达”，用现代语言学术语表述，就是在具体场合说出的话。[①] 这种区分很像索绪尔（Ferdinand de Saussure，公元1857—1913年）所说的语言和言语、乔姆斯基所说的语言能力和语言运用、派克（K. L. Pike）所说的“唯位”和“唯素”之间的区别。[②] 古印度学者还区分出了句恒体、词恒体和语音单位恒体（varna）。

波颠阇利认为，句恒体是单一的、有意义的符号，由一系列语音来体现或实现。他对“语音单位恒体”的解释是，在更低一个层次，词本身作为有意义的语符，也可以看做是由语音序列实现的一个单一的恒体。然而，从功能上看，语音并不仅仅是由空气震动导致的物理音响，也不只是具有区别语义作用的一种抽象的、永恒的单位，它还会受到嗓音变化、说话风格以及说话时身体状况差异的影响。

巴特利呵利根据他的句子优先理论，认为句恒体才是真正的恒体。在他看来，作为单一的、有意义语符的句恒体，需要经过三个层次才能得以实现：（1）书写和语音上难以表达的语符主体本身；（2）排除了一切个人变异而规范化，并表示语符主体的有顺序的音韵形式（prakrta dhvani，“原态词”）；（3）前述音韵形式体现在说出的句子中（vaikrta dhvani，“变态词”）。

阿难筏驮（Anandavardhana）在他的诗体语言理论著作《韵光》（Dhvanyaloka，公元9世纪）中，进一步阐述了音韵和恒体的关系。在他看来，正如语音能够表示有意义的实体本身一样，诗歌选用的词语及其本身的意义，也可以表达更多的联想意

① ［英］罗宾斯 R.H. 简明语言学史［M］. 许宝得，冯建明，胡明亮，译. 北京：中国社会科学出版社，1997：169—170.

② 刘润清，编著. 西方语言学流派［M］. 北京：外语教学与研究出版社，2002（第2版），2003（第2次印刷）：29.

义，可以从整体上体现诗歌的美学特征。20 世纪丹麦结构主义语言学派“语符学派”代表人物叶尔姆斯列夫（Louis Hjelmslev，公元 1899—1965 年）的语体分析理论，与这种看法极为相似。①

二、语音学和语法学的贡献

1. 语音学贡献

印度语音学研究最突出的成就体现在理论和方法方面。古代印度人深信，吠陀圣典只有用完美无瑕的语音形式表示，才能体现出它那神奇的宗教功能。在这种观念的指导下，他们不仅极力追求语音的准确性，而且对发音的生理结构做出了精确的定义和描述，从而推动了语音学的研究。正如丹麦语言学家威廉·汤姆逊所说，古代印度学者“关于各种语音的生理构成的精确定义，证明印度人具有独特的观察能力，使印度的语言学在这方面比我们从希腊人和罗马人那里所见所闻要高明得多，它引导我们更加接近于近代的成就。”②

古代印度学者把语音看做介于语法和实际话语之间的中间环节，并从三个方面来描述：(1) 发音，(2) 元音和辅音，(3) 元音和辅音在语音结构中的组合。他们把发音器官分为口腔外器官和口腔内器官两类。口腔外器官指声门、肺和鼻腔，它们可以区分浊音和清音、送气音和不送气音、鼻音和非鼻音。口腔内发音器官的描写则是由后至前，直到嘴唇。古代印度学者还区分出四种不同程度的阻塞：全部阻塞（爆破音和鼻音）、擦音、半元音、

① ［英］罗宾斯 R. H. 简明语言学史［M］. 许宝得，冯建明，胡明亮，译. 北京：中国社会科学出版社，1997：171.

② ［丹麦］威廉·汤姆逊. 十九世纪末以前的语言学史（Sprogvidenskabens historie）［M］. 1920，哥本哈根. 黄振华，译. 北京：科学出版社，1960（第 1 版），1963（第 2 次印刷）：5.

无阻塞（元音）。在发音机制的描写方面，他们区分出了主动发音器官（如舌头）和被动发音器官（如硬腭）等。他们根据发音时声门的开合，区分出清音和浊音，并注意到清辅音在两个元音之间会出现浊化现象。古印度学者还对连续话语中的音渡特征和某些韵律特征进行了细致的描写。

古代印度学者虽然没有把音位看做一个抽象的理论概念，但他们提出的“恒体”理论在某些方面与现代音位学有相似之处。比如他们已经认识到，有些由环境决定的语音差别，不能算做独立的、有区别意义作用的语音单位。

2. 语法学贡献

在语法学方面，古印度学者对梵语的构词法包括构词规则、构词过程特别是对各种类型的复合构词法进行了全面细致的研究。巴尼尼对词根和词缀的辨认和区分，对现代语法分析中语素概念的提出具有启发意义；现代语言学有关“零形态”、“零范畴”的认识和描写，也受到了巴尼尼语法的启示。关于句子结构，古代印度语言学家认为，词必须满足三个条件才能构成句子：（1）这些词的语法类别在适当的结构中必须是相互需要的，否则，它们不过是一张没有任何意义的词汇表；（2）这些词的语义必须是相互适应的，否则，人们将不得不接受某些表面上符合语法而实际上不能表达任何实在意义的“伪句子”；（3）这些词的出现在时间上必须是相互接近的，否则，人们或者记不住，或者无法理解。梵语用来表示这三个条件的术语分别是 akanksa（需要）、yagyata（适合）、samnidhi（接近）。另外，古代印度语言学家创造的一些语法术语，比如 tatpurusha（偏正结构）、bahuvrihi（离心结构）等，一直流传至今。[①]

---

① ［英］罗宾斯 R. H. 简明语言学史［M］. 许宝得，冯建明，胡明亮，译. 北京：中国社会科学出版社，1997：172—178.

三、对世界语言学的影响

古代印度的语言研究成果在世界范围内产生了重要的影响。随着佛教的传播，印度语言学传入中国，并有力地推动了中国音韵学的发展。公元7世纪前后，我国传统藏文文法的开篇之作《授记根本三十颂》、《字性缀连法》，明显受巴尼尼梵文文法著作的影响。比如写作形式是具有口诀性质的偈颂体，内容也是分段讲述各种语言现象（形态、语音及其在句中的作用、字性分类等）。此外，像传统藏文文法中的一些重要术语，比如三时一式动词（现在、将来、过去时，命令式）、名词的八啭声（八个格）等，明显来自梵文文法学术语。当然，藏族学者并不是简单的生搬硬套，而是在与藏文实际的结合上做出了努力，使这些文法分析方法和术语有了特定的含义和所指的对象。经后人研究可知，这套分析方法和术语，基本上反映了古代藏文文法的特点。①

从公元11世纪起，古代印度的语言研究开始对阿拉伯语言学产生影响。早在纪元前，印度的语言研究成果就通过波斯为古希腊人所熟知。18世纪末19世纪初以后，印度的语言研究对欧洲至少产生了四个方面的影响：

（1）直接影响了欧洲学者对梵语各个方面的研究。

（2）对于欧洲语言学家正确地认识语言的结构和体系产生了重要影响。

正如丹麦语言学家威廉·汤姆逊指出的那样："印度人在语言学上达到的高度，那真是罕有的，欧洲的语言科学直到十九世纪才达到了那样的高度，而且就是这样，也还多是从印度人那里

---

① 王远新．中国民族语言学论纲［M］．北京：中央民族大学出版社，1994：17—18．更为详细的内容参见王远新．中国民族语言学史［M］．北京：中央民族学院出版社，1993：13—16．

学来的。”①

（3）18世纪末，欧洲学者开始的梵语和欧洲语言的比较研究，促使了历史比较语言学的诞生。

正如丹麦历史比较语言学家裴特生（Holger Pedersen）所说：“如果说梵语是早期比较语言学的北斗星，这就容易理解了；没有这颗星，就不可能找到正确的道路。”②

（4）改变了欧洲学者对语言关系和语言发展性质的认识。

一方面，梵语比古希腊语更多地保留了古老特征，其变化也没有古希腊语大。另一方面，拉丁语被某些欧洲学者看做古希腊语的退化形式，欧洲其他语言与拉丁语之间的相似，被解释成拉丁语在欧洲文化长期处于优势地位造成的。当他们了解到古典梵语以及梵语知识之后，这种传统看法的根基便被动摇了。远离欧洲的古典梵语所代表的文明，与古希腊—罗马文明以及欧洲的近代文明几乎没有直接的依赖关系，这就迫使欧洲学者不得不用新的眼光重新审视语言关系和语言发展变化的性质。

总之，可以毫不夸张地说，欧洲学者对于古典梵语的研究以及有关梵语知识的了解，不仅大大推动了欧洲语言研究的进步，而且还促成了历史比较语言学的建立。

习题

1. 简述狭义和广义吠陀的内容。

---

① ［丹麦］威廉·汤姆逊．十九世纪末以前的语言学史（Sprogvidenskabens historie）［M］．1920，哥本哈根．黄振华，译．北京：科学出版社，1960（第1版），1963（第2次印刷）：4.

② ［丹麦］裴特生．十九世纪欧洲语言学史（Sprogvidenskabenidet Nittende Aarhundrede：Metoderog Resultater，十九世纪的语言科学：方法和成果）［M］．1924（丹麦文版），哥本哈根，1931（英文版）．钱晋华，译．北京：科学出版社，1958：20—21.

2. 简述《巴尼尼经》的主要内容和学术贡献。

3. 古代印度学者对词义的性质取得了哪些认识?

4. 简述古代印度语言理论研究中的“恒体”学说。

5. 简述古代印度语音学的贡献。

6. 简述古代印度语法学的贡献。

7. 18世纪末19世纪初以后，印度的语言研究对欧洲产生了哪些影响?

第四章　阿拉伯古代语言学

第一节　阿拉伯语言文化概述

阿拉伯语源出阿拉伯半岛，它属于闪—含语系①闪语族，主要分布在西亚和北非二十二个阿拉伯国家和地区。阿拉伯人的故乡在阿拉伯半岛，他们后来又逐渐向大叙利亚地区（包括今日叙利亚、黎巴嫩、约旦、巴勒斯坦和以色列）、两河流域、东埃及迁移。

阿拉伯半岛有两种截然不同的自然地理环境：一是雨量充沛地区，一是有零星绿洲和山谷的干燥沙漠地区。阿拉伯社会也明显地分为农业、商业定居和沙漠游牧两种类型。前者产生了南阿拉伯的古老文明，其中最著名的城市有麦加、麦地那等；后者则逐水草而居，形成了北阿拉伯古老的游牧文化。南阿拉伯文明大约出现在公元前 1000 年。由于新月形沃土地带发达的农业，南阿拉伯文明吸引了许多当时与之交易的外族，其语言使用的范围也比北阿拉伯语更为广泛。②

公元 4 世纪初，阿拉伯语的书面语言首次出现在希拉王朝一位国王的墓志铭上。公元 5 世纪前后，随着游牧的北方阿拉伯势

---

① 闪—含语系又称闪语系、阿非罗—亚细亚语系、亚非语系。关于该语系的语言分类详见王远新．语言学教程［M］．北京：民族出版社，2002：480—481.

② 郑慧慈．阿拉伯语言学发展史［M］．台北：神州图书出版有限公司，2002：20—21.

力的逐渐强大，在北方方言基础上形成了阿拉伯文学语言。5 世纪末，出现了以《悬诗》为代表的古代阿拉伯诗歌。到公元 6 世纪伊斯兰教兴起前夕，随着游牧的北方阿拉伯势力的不断强盛，北阿拉伯语的影响也随之扩大，最终使得叙利亚、伊拉克等地的阿拉伯语逐渐融入北方阿拉伯语。到伊斯兰教兴起之前，北阿拉伯语已经处于强势地位，它融合了南阿拉伯语各方言，自然也就成为后来诗歌语言和文学标准语言的主流。公元 610 年，伊斯兰教的先知穆罕默德用阿拉伯语宣教。615 年，《古兰经》用阿拉伯语追录成典。自此，阿拉伯语完成了从口头文学语言到书面语言的过渡。①

总体而言，阿拉伯语是南、北阿拉伯语不断融合的产物。这种融合是以一种持续渐进的方式进行的。在伊斯兰教出现之前，北阿拉伯语已经在半岛各地占据优势，并影响着南阿拉伯语，最后成为公元六七世纪的书面文学语言和《古兰经》所使用的语言。

伊斯兰教兴起之后，各阿拉伯部落在伊斯兰旗帜下逐渐完成统一，并迅速向外扩张。公元 8 世纪中叶，阿拉伯人建立起东自印度河，西至大西洋，横跨亚、非、欧三洲的阿拉伯帝国（中国史书一般称为“大食”）。阿拉伯帝国起初建都麦加（公元 632—661 年），倭马亚王朝（公元 661—750 年）迁都大马士革，阿拔斯王朝（公元 750—1055 年）迁都巴格达。随着伊斯兰教和阿拉伯帝国的兴起，阿拉伯语很快成为帝国境内信奉伊斯兰教的各民族的通用语言。从公元 10 世纪起，阿拉伯帝国国势日衰，并分裂为许多独立的哈里发政权。1055 年，塞尔柱突厥人攻占巴格达，东部哈里发国遂亡。西部哈里发国也随之先后覆灭，但哈里

① 郑慧慈．阿拉伯语言学发展史［M］．台北：神州图书出版有限公司，2002：34.

发的名义一直延续到公元1258年。[①] 阿拉伯帝国衰亡后，阿拉伯语的使用地区大大收缩，但它对亚、非、欧许多地区的语言文化产生过巨大的影响。在欧洲中世纪，阿拉伯语是保存希腊文化和沟通东西方文化的媒介语；许多民族语言特别是信奉伊斯兰教的民族语言都曾程度不同地吸收了阿拉伯语词，一些民族还采用阿拉伯字母文字拼写自己的语言。[②]

阿拉伯字母可以追溯到古老的埃及象形文字、后来的腓尼基文字、也门的木斯那德字体（al-musnad）。阿拉伯字体衍生自那巴特体，而那巴特体则由木斯那德体衍生而来。由于阿拉伯文字的字体始于汉志北部的那巴特体，因此一般又称汉志体。到公元6世纪，形成比较稳固的文字形态，迄今没有太大变化。[③]

在阿拉伯世界，阿拉伯语有两个不同的层次：书面语和口语。前者是标准语，后者是方言。标准语和方言又分别分为两个层次：标准语包括古典标准语和现代标准语；方言包括“上层方言”和“纯方言”。古典标准语是宗教、文化、教育的基础；现代标准语是教科书、报纸杂志、新闻用语，是表达现代思想的语言。“上层方言”是知识分子相互交流的口语，介于标准语和“纯方言”之间；“纯方言”则是百姓日常生活中使用的语言，它们在各阿拉伯国家并不相同，只是在历史上具有同源关系。

阿拉伯语不同方言之间、标准语和方言之间的差异主要表现在尾音变化方面，其中标准语严格遵守尾音变化规则，方言则多省略尾音或者部分尾音存在不同的变异形式。为了解释古代语言

① 陈鹏．阿拉伯人［A］．中国大百科全书·民族卷［C］．北京：中国大百科全书出版社，1986：7—8.

② 张甲民．阿拉伯语［A］．中国大百科全书·语言文字卷［C］．北京：中国大百科全书出版社，1988（第1版），1988（第1次印刷）：5.

③ 郑慧慈．阿拉伯语言学发展史［M］．台北：神州图书出版有限公司，2002：40.

材料中各种不同的尾音现象，语法学家开始研究词序和句子结构等问题。即使今天，尾音变化也是句法学家研究的重点问题。

传统的阿拉伯学者一般把词分为名词、动词、虚词三大类，依据形态特点把句子分为名词句和动词句两大类。名词为首的句子是名词句，动词为首的句子是动词句，以虚词为首的句子，则被看做前两种句子的移位变形句。

阿拉伯语句子结构的基本语序是VSO型。阿拉伯语言学家认为，动词和名词是句子的主干，它们具有共存限制关系。由于动词和名词之间的关系较之动词和宾词之间的关系更为牢固，因此，主语一般都不能省略，宾语则可以省略。古代阿拉伯学者对句子结构的研究，主要侧重于词组的结构、词组之间的限制关系，以及格位特点、格位变化。此外，古代学者对变形结构比如删略、加插、代换、移位等，也有深入的探讨。①

第二节 阿拉伯语言学兴起的原因

一、阿拉伯标准语形成的原因

阿拉伯语言学的兴起与阿拉伯标准语的形成有直接的关系，而阿拉伯标准语的形成主要有两方面的原因。

1. 集市的诗歌朗诵和比赛活动

阿拉伯的早期语言活动主要是在各集市上举行诗歌朗诵和比赛。阿拉伯半岛各地举办的集市活动，吸引了来自各部落的商人、诗人和文人。诗人在这类集会上大显身手。为了赢得听众，他们不仅要有创意，还要博取听众的普遍认同。他们使用的语

① 郑慧慈．阿拉伯语言学发展史［M］．台北：神州图书出版有限公司，2002：213—214.

言，自然趋向于当时比较通行的词汇和表达方式。于是，这些集市活动便对统一语言以及标准语的形成产生了很大的影响。

2. 古莱氏部落方言的影响

古莱氏部落是前伊斯兰教时期阿拉伯半岛占统治地位的强大部落。该部落的故乡在麦加一带，而位于麦加的天房自古就是阿拉伯各部落的朝圣地。当时，前往天房朝圣的人来自各个部落和不同的方言区。古莱氏部落的阿拉伯人与来自各地的阿拉伯人频繁接触，导致不同方言的融合。而来此地的朝圣者或参加集市活动的人，自然崇尚当地的语言，并尽可能使用接近古莱氏部落的方言。于是，古莱氏部落的方言就起到了影响甚至同化其他方言的作用，并最终促使以古莱氏方言为基础的标准阿拉伯语的形成。

二、阿拉伯语言学兴起的原因

阿拉伯哈里发政权是一个多民族国家，伊斯兰教是国教，公共事务、学术研究等领域都使用阿拉伯语。阿拉伯语言学的产生和发展，是出于阿拉伯人社会生活、语言交际的需要，也是为了解决宗教文献语言和方言口语严重脱节的矛盾。此外，语言教学活动的开展、非阿拉伯世界语言学的影响，也是导致阿拉伯语言学兴起的不容忽略的因素。

1. 语言因素

在公元七八世纪的阿拉伯语言学文献中，经常提到三类语言：规范语言、贝都因语、城市语言。

规范语言是指诗歌、演讲中使用的语言，也是《古兰经》使用的语言。贝都因语是指汉志、内志等沙漠地区贝都因人使用的语言。由于游牧的贝都因人与外界接触不多，其语言几乎没有受到外族语言的影响，因此，一些阿拉伯学者称其为“正统阿拉伯人”的语言。这种语言实际上与规范语言差别不大，只是具有一些不同于规范语言的方言特点。当北阿拉伯语后来因《古兰经》的缘故而成为标准阿拉伯语时，北阿拉伯的汉志和内志等沙漠地区的贝都因人使用的语言，便成为标准阿拉伯语的基础方言。[①]阿拉伯人一般把规范语言和贝都因语统称为标准语言。城市语言是指在麦加、麦地那等各大城市中使用的语言，其主要特点是受到了其他语言的影响。早期居住在阿拉伯半岛的居民除了阿拉伯人以外，还有希伯来人、罗马人、波斯人、阿比西亚人等，他们的语言对阿拉伯语产生了一定的影响。阿拔斯王朝时期，波斯人进城，阿拉伯语受其影响更大。为了维护标准语和规范语，阿拉伯语言学家大都比较排斥方言和城市语言，重视贝都因语。

规范语言通行于阿拉伯半岛各地，颇受阿拉伯人的重视。城市阿拉伯人主要通过两种途径学习这种语言：一是送子女到沙漠地区生活，在实地学习贝都因语；一是在私塾中学习。伊斯兰教兴起后，由于宗教和艺术等原因，规范语言更加受到重视。在阿拉伯人心目中，语言不只是为了欣赏诗词的美，更是为了了解《古兰经》及其教义。

在阿拉伯人和伊斯兰教信徒的心目中，《古兰经》既是伊斯兰教的圣书，也是真主对先知穆罕默德的启示。从公元7世纪以来，《古兰经》一直是阿拉伯世界和更广泛的伊斯兰教地区的纽带。由于书写《古兰经》的古典阿拉伯语和阿拉伯口语、方言之间出现了很大差异，有许多地方需要做出解释，同时，为了保护古典阿拉伯语，使其免受方言土语的影响，学者们特别重视对《古兰经》为代表的宗教文献进行研究，这在很大程度上促进了语言研究的发展。

2. 社会因素

---

① 郑慧慈．阿拉伯语言学发展史［M］．台北：神州图书出版有限公司，2002：45—47.

与外族的频繁接触，使得城市中的阿拉伯语言状况相当复杂。比如麦加，它是也门和大叙利亚地区商队的必经之地，城内是阿拉伯人朝觐的圣地，还是文人学士汇集之地。麦加城的居民大致分为三个阶层：一是古莱氏部落的阿拉伯人，他们是贵族。二是非古莱氏部落的阿拉伯人。三是非阿拉伯人，他们或是奴隶，来自奴隶市场，大多是非洲黑人，也有为数不少的白人战俘；或是外侨，主要有波斯人、罗马人、印度人等。伊拉克自古就是不同外族人的居住地，他们主要有来自约旦东部使用阿拉米（阿拉姆）语的那巴特人，还有波斯人、希拉人、希腊人、印度人以及非洲奴隶。库法原居民被也门各部落征服之后，城中仍有一些北部阿拉伯人，如古莱氏人、贝都因人等，波斯人则是库法城中的第二大民族。阿拔斯王朝时，波斯人的数量剧增，波斯语在军队和百姓的日常生活中占据优势地位。另外，库法还有那巴特人、古叙利亚人，他们主要使用古叙利亚语。在大叙利亚地区，有些阿拉伯部落长期隶属于罗马；有些波斯人则迁移到了叙利亚海边。黎巴嫩也有许多不同的民族杂居，据说语言和方言多达七十种，彼此之间不能通话，需要通过翻译才能相互沟通。当时大叙利亚地区的语言状况由此可见一斑。总体而言，阿拉伯社会比较通行的语言是阿拉伯语、波斯语、古叙利亚语。

不同语言和方言同时存在于伊斯兰城市中，不但影响到人们之间的沟通和交流，而且威胁到《古兰经》语言的宗教社会地位。在这种情况下，大力推广标准语和规范语是社会交流和宗教发展的需要。此外，当时的哈里发政权规定，人们要想获得政府公职，必须掌握标准语。这也是人们积极学习和掌握标准语、制定语法规则的重要动力。

3. 宗教因素

公元5世纪末前后，诗人大多不是用自己部落的方言而是用比较统一的口头文学语言作诗。他们擅长遣词用字，把辞藻发挥到了极致。这一时期的诗歌被后人看做“完美的规范语言”，成为人们学习《古兰经》时不可或缺的“语言辞典”。正因为如此，当穆斯林对《古兰经》中的一些词语有疑惑的时候，穆哈默德要求他们“求证于诗中”。①

《古兰经》出现后，对阿拉伯的语言和文学发展产生了深刻的影响。《古兰经》采用介于诗歌和散文之间的押韵体写成，主要靠穆斯林默记的方法保存下来，或者以片段形式记载在各种材料中。穆哈默德去世后，圣战夺走了数百位穆哈默德门徒的性命。哈里发阿布·巴克尔担心《古兰经》失传，于是下令汇集成册。后来，哈里发乌斯曼发现，流传于世的《古兰经》并不统一，便命沙比特等人以古莱氏部落的语言为标准，抄写《古兰经》，并分别送往巴士拉、库法、叙利亚等地。

基于诵经的需要，阿拉伯人潜心研究阿拉伯语的语言规则，哈里发们更是鼓励人们学习阿拉伯文，并以古诗作为解释《古兰经》疑难词语的例证。人们还经常举办语言、圣训、注经等学术座谈会，其中最著名的是汉志的伊本·阿拔斯座谈会。这些学术活动对阿拉伯语的发展以及阿拉伯语言学的兴起起到了推动作用。②

公元7世纪，随着伊斯兰政教合一政治体制的建立并具备了国家雏形之后，阿拉伯人便开始了征服行动。到倭马亚王朝时，势力更是抵达西班牙。政治疆域的扩张，伊斯兰教特别是《古兰经》的广泛传播，带动了阿拉伯语的传播。

《古兰经》使用的语言是穆斯林心目中的标准语，也是古代

---

① 郑慧慈．阿拉伯语言学发展史［M］．台北：神州图书出版有限公司，2002：52—53.

② 郑慧慈．阿拉伯语言学发展史［M］．台北：神州图书出版有限公司，2002：57—58.

诗歌和人们演讲时使用的规范语言。由于方言分歧，阿拉伯人在诵读《古兰经》时，会遇到一些跟他们语言习惯不同或不合的情况。为了促使人们更好地掌握标准语，就需要制定语法规则和语言规范。朗诵《古兰经》的需要，促进了语音学的兴起。比如为了发音的纯正，需要研究字母的发音、语音特点和语音规则，以及阿拉伯方言中的语音同化、异化等现象。诵读《古兰经》，需要了解各种尾音的变化，这促进了句法结构学的兴起。解释《古兰经》中稀有词语和生僻词语的需要，促进了“稀有词汇学”研究的兴起。为了研究《古兰经》特别是生僻词语和稀有词语，学者们经常到沙漠游牧部落中汇集各地的诗歌、词汇、珍闻；还有人从古诗中寻找证据。[①] 此外，《古兰经》中还出现了一些阿拉伯化的外来词语。研究这些词语的意义及其词源，也是学者们的兴趣所在。

4. 语言教学因素

在阿拉伯国家，阿拉伯语教学占据绝对统治地位。被人们视为圣书的《古兰经》用阿拉伯语写成，在宗教仪式和官方事务中将其翻译成其他文本都是无效的。在这种情况下，非阿拉伯民族中的伊斯兰信徒为了阅读和理解《古兰经》，必须学习阿拉伯语。这些都促进了阿拉伯语教学和研究的发展。

5. 学术影响因素

学术影响是阿拉伯语言学兴起和不断发展的重要外在因素。在伊斯兰史早期阶段，阿拉伯语言学兴起于伊拉克。由于阿拉伯语言学兴起的时间发生在阿拉伯人和古叙利亚人、古印度人的接触之后，而古叙利亚人的语言学受到希腊语言学的影响，因此，有人认为，阿拉伯语言学曾受到古希腊、古罗马和古印度语言学

---

① 郑慧慈．阿拉伯语言学发展史［M］．台北：神州图书出版有限公司，2002：59—69.

的影响。不过，由于阿拉伯语和梵语、古希腊语、古拉丁语在结构上存在很大差异，因此，阿拉伯学者只有对古印度和古希腊—罗马的语言学加以合理的吸收和改造，才能准确细致地描写阿拉伯语的语法。

第三节　古典阿拉伯语言学

一、阿拉伯语言学的初创

从公元7世纪语言学家的著作中可以看出，初创阶段的阿拉伯语言学具有三个显著特点：(1) 语言研究不是独立的，早期的研究成果多是一些零星问题的讨论，不具有系统性；(2) 没有出现专门的语法学术语，也没有归纳出语法规则；(3) 阿拉伯人的各种方言、古代诗歌等都是研究者取材的对象，并给予了同等程度的重视。①

在阿拉伯语言学初创阶段，影响较大的学者是伊本·阿拔斯(公元619—687年)、阿布都拉·哈德拉米（卒于伊斯兰教历129年，一说117年，享年88岁)、伊萨·本·乌玛尔（生于倭马亚哈里发时代，卒于公元766年）和优奴斯·本·哈比（约卒于公元799年)。

伊本·阿拔斯被时人看做阿拉伯文学、宗教法学、注经学、数学权威，语言研究的导师。阿布都拉·哈德拉米是最早尝试运用哲学理论和宗教法学研究语言问题的学者。在阿拉伯语言学历史上，哈德拉米与弟子首次提出了"类比"（analogy）理论，并用类比的方法创造新词。他们甚至认为，语法本身就是类比的。

---

① 郑慧慈．阿拉伯语言学发展史［M］．台北：神州图书出版有限公司，2002：75—76.

后来，阿拉伯学者对类比的使用达到了泛滥的地步。伊萨·本·乌玛尔是阿布都拉·哈德拉米的学生，是巴士拉语言学家和诵经学者。据传曾有七十余部著作，其中以《总汇》、《补遗》最为著名。一些传述认为，西伯维的著作以《总汇》为基础、参照海利勒等人的语法理论撰写而成。

优奴斯·本·哈比著有《古兰经的意义》、《稀有辞汇》、《语言》、《俚言》、《语法中的类比》等著作，可惜都没有流传下来。他在衍生词和生僻词研究方面有很深的造诣，在词尾变化和句法结构研究方面有精辟的阐述。他的研究特点是把类比理论和经验方法（empiricism）、描写理论（descriptivism）结合起来。由于他重视经验的方法，并尽可能地避免规范理论（prescriptivism），对语言持“传述者”的立场，因此，在阿拉伯语言学历史上，他被视为“经验法”理论派的始祖。他的理论特别是经验方法和描写理论成为后来的巴士拉学派的理论来源之一；巴士拉学派的另一种理论来源则是以西伯维和海利勒为代表的规范理论。库法学派受优奴斯影响颇深，他们倾向于描写理论，很少持规范理论。①

二、三大语法学派形成的背景

公元7—9世纪，为了方便人们研读《古兰经》和圣训，并避免其出错或受外族语言的影响，阿拉伯学者潜心整理标准阿拉伯语的语法规则。他们的研究内容主要涉及语音、语法、词汇和语义等方面，并且产生了巴士拉、库法、巴格达等古典阿拉伯语言学的三大语法学派。今天的阿拉伯语言学便是综合各派学说，以巴士拉学派的学说为主流，以规范的语法学理论为特色发展起

---

① 郑慧慈．阿拉伯语言学发展史［M］．台北：神州图书出版有限公司，2002：82—90.

来的。[①]

1. 古典阿拉伯语言学的发展历程

古典阿拉伯语言学的发展，与阿拉伯社会的兴衰和政治的发展息息相关。阿拔斯王朝时期，巴士拉、库法、巴格达等伊拉克城市先后出现了有地区代表性的语言理论。

公元750年，阿布·阿拔斯（约公元721—754年）推翻倭马亚王朝，建立了阿拔斯王朝（公元750—1258年）。在阿拔斯王朝时期，阿拉伯人开展的以巴格达为中心的百年翻译活动，使得阿拉伯人掌握了代表当时人类自然科学和社会科学水平的知识。这不仅加深了阿拉伯—伊斯兰文化的底蕴，提高了它的地位，而且把这些知识传播到了帝国各地，传播到了欧洲，并且成为欧洲走出中古时期黑暗、迎来文艺复兴曙光的重要因素。[②]

随着阿拔斯王朝时期社会的发展和经济的繁荣，文化、科学特别是天文学、数学、物理学、医学、语言学等学科取得了较大的成就。阿拔斯王朝的首都巴格达成为中世纪阿拉伯东方的科学文化中心。在西方阿拉伯世界，尽管穆斯林统治下的西班牙已于阿拔斯王朝建立之际分离出去，但在宗教和文化方面仍然与阿拉伯东方有着密切的联系。公元10世纪，西班牙境内的科尔多瓦发展成为西方阿拉伯世界的科学、文化中心。

后来，随着阿拔斯政权的衰微，阿拉伯语言学的中心西移，并转向了安达鲁斯。埃及奴隶王朝时期，又发展出埃及学派。奥斯曼土耳其人统治时期，语言学的发展呈停滞状态。19世纪阿拉伯的文艺复兴，再度激发了语言学家的研究热情。学者们除了

① 郑慧慈．阿拉伯语言学发展史［M］．台北：神州图书出版有限公司，2002：59.

② 于维雅．文化传播与阿拉伯语言文字［A］．于维雅，主编．东方语言文字与文化［C］．北京：北京大学出版社，2002：83—107.

致力于研究古代语言学之外，还结合西方语言学的理论对阿拉伯语言学做进一步的反思。[①]

2. 古典阿拉伯语言学的特点

阿拔斯王朝时期，学术独立，并向专门化发展。比如有人专攻《古兰经》解释、圣训解释，有人专门研究阿拉伯语言学，也有人专门研究其他学术。在这一时期里，宗教法学有了新的进展。宗教法学的发展导致了“经院哲学”即伊斯兰哲学的产生。经院哲学家致力于探讨经院哲学问题，制定各种原理和规则。宗教法学与经院哲学的融合，产生了类比、究因、阐释等理论，它们后来成为哲学的基础学理。

语言学也在这一时期与其他学术分家，语法学得到蓬勃发展。阿拉伯语言学发端并成熟于巴士拉。在巴士拉学派的影响下，库法的语言学家形成了一些特有的语言学理论和研究方法，从而发展出库法学派。公元9世纪初以后，在巴士拉和库法学派的影响下，又进一步产生了巴格达学派。

这一时期的语言研究主要有以下特点：(1) 出现了语言“作用词”理论。(2) 语言类比理论成熟。(3) 究因理论趋于成熟。这种理论受到亚里士多德哲学影响，学者们将其应用到宗教法学、经院哲学、语言学中。在语言学方面，语言学家运用这种理论探讨和解释各种语言现象，并出现了不同学派之间的争论。(4) 经院哲学兴盛，经验的方法受到一定限制。(5) 研究对象和语言材料的选择受到限制。古代时期和伊斯兰时期的作品成为人们研究的主要对象和材料来源，而语言学家进行类比研究的材料，则被限制在伊斯兰历150年之前的城市语言和伊斯兰历4世纪之前的沙漠语言的范围内。这种时间和空间范围内的语言即所

① 郑慧慈．阿拉伯语言学发展史［M］．台北：神州图书出版有限公司，2002：97.

谓“纯正的阿拉伯语”，是语言学家进行类比的依据。这一时期的语言学家基本上不赞同对稀有语言现象进行类比。

在这一时期里，语言学家一般不大注重语言本质问题的探讨，而且常常忽略语言的时代性、地域性、社会性和发展变化的特性。①

三、巴士拉学派

1. 学派概述

在阿拉伯早期研究传统和亚里士多德逻辑学的影响下，阿拉伯语言学界形成了巴士拉学派。这个学派特别强调语言的严格规律性和系统性，认为语言是用来合乎逻辑地论述客观世界各种现象的手段。

巴士拉学派是阿拉伯语法学的主要流派，公元8世纪时，产生于伊拉克南方海港城市巴士拉。当时，巴士拉是伊拉克地区的交通枢纽和商业中心，为阿拉伯伊斯兰文化与古代希腊、波斯、印度文化的接触提供了方便。语法学家们为了维护阿拉伯语的纯洁性，为了推广阿拉伯语，参照亚里士多德的逻辑学原理，采用惯用法、分析法和类比法等方法，研究阿拉伯半岛中央地带和红海西岸一些部族的“规范阿拉伯语”，以及古代史话、诗歌、谚语等材料，探索阿拉伯语的一般规律，从而丰富了一百年来阿拉伯语言研究的成果，建立了比较完整的阿拉伯语语法体系，并且形成了影响广泛而深远的巴士拉学派。

在语言发展观以及对待语言材料的态度上，巴士拉学派的学者属于“纯正论者”或“规范论者”。他们认为，只有伊斯兰历150年之前的阿拉伯诗歌以及《古兰经》、可靠的圣训、操纯正

---

① 郑慧慈．阿拉伯语言学发展史［M］．台北：神州图书出版有限公司，2002：94—96．

阿拉伯语言的人所说的话，才能够作为语言研究的材料和证据，其他阿拉伯语都受到了外来语的影响，逐渐衰败。为了阻止语言逐渐被“腐化”，为了确保《古兰经》语言的纯正性和正统地位，他们潜心于语言问题的研究，致力于语言规则的建立。

巴士拉学派的理论自产生到后来的十个多世纪里，一直都占据着阿拉伯语言学的主流地位，并为大多数学者所遵循。这种规范性的语法（prescriptive grammar）理论在阿拉伯语言学历史上根深蒂固，至今仍有许多学者致力于撰写所谓“通用语言的错误”之类的著作。他们普遍认为，正确的语言即规范语或标准语不会因为时间而改变，也不应当改变，而方言的地位无异于低层语言，不足以存留。①

2. 代表人物及其学术思想

巴士拉学派的创始人海利勒·本·阿合马德（al-Khalil bn Ahmad，公元718—786/791年）是一位跨越倭马亚王朝和阿拔斯王朝的语法学家。他出生于阿曼，成长于伊拉克的巴士拉城。他对数学有相当的研究，早年经常出现在圣训学、教义学和语法学的学术讲坛。他不仅与当时著名的翻译家伊本·麦加发有密切交往，读过他的各种翻译著作，包括亚里士多德的逻辑学和古希腊乐理学等著作，而且还了解梵文的研究方法。他喜欢四处游历，广泛搜集语言材料，被阿拉伯学者视为阿拉伯诗韵学和语法学的奠基人。他的主要著作有《艾因书》（al-'Ayn）、《韵律学》、《佐证》、《韵律》等。此外，还有《施事论》、《虚词含义》、《阿拉伯工具词一览》、《字母点标与格位标示》等论著流传下来。

海利勒最突出的学术成就表现在韵律学、辞典编纂和语法学方面。他对阿拉伯诗歌韵律的论述系统而全面，不仅一直为阿拉

① 郑慧慈．阿拉伯语言学发展史［M］．台北：神州图书出版有限公司，2002：98.

伯诗人所沿用，而且还对西亚许多民族的诗歌创作产生了深远的影响。他所改进的杜埃利阿拉伯文字标音符号一直沿用至今。他编写了阿拉伯历史上第一部语言辞典《艾因书》，这部著作也是第一部阿拉伯语音学著作。在辞典的第一册中，他论述了阿拉伯语音的发音部位和发音方法，并阐述了辞典的编排原则：依照字母发音部位的前后顺序、词根的特点排列辞条。在语法学方面，他也做出了很大贡献，不仅最早创造了“作用词”（active element）[①] 这一新术语，而且在早期学者研究成果的基础上，最早比较完整地讲授了阿拉伯语法。他的教学大纲虽然没有写成文字流传下来，但他的演讲为他的学生西伯维的语法名著《西伯维之书》（al-Kitāb，简称《书》）奠定了基础。

西伯维（Sībawaih，公元 765—796 年）是阿拔斯王朝早期的语法学家。他本人并不是阿拉伯人，而是波斯人，祖籍在波斯设拉子地区。他十二岁随母移居伊拉克巴士拉城，在语言大师海利勒门下学习，最终成为巴士拉学派的领袖。西伯维所以能够成为巴士拉学派的领袖，在一定程度上得益于他的非阿拉伯语的母语背景。据传述，西伯维在年幼时代学习《古兰经》时，教师曾指出他的语言错误。这促使他立志学好阿拉伯文，不再犯错。这为他以后的语言研究奠定了基础，也说明了不同文化背景的语言接触，在很大程度上可以推动语言的研究。

西伯维对阿拉伯半岛内志、希贾兹等地的“标准阿拉伯语”做过广泛调查。他的主要著作是《西伯维之书》。这是阿拉伯语言学历史上第一部比较系统的语法著作，全书长达一千页，最早的埃及版本分上、下两卷。上卷及下卷前一部分讲句法，下卷后一部分讲词法和音韵学。现今流传的是五卷考证本，其中第五卷

① 郑慧慈．阿拉伯语言学发展史［M］．台北：神州图书出版有限公司，2002：99.

是目录。由于作者尚未完成此书便与世长辞，因此，这部著作既没有书名和前言，也没有结语。另外，由于时代的局限性，著作中每一章的标题均没有使用语言学的专有名词，而是叙述性的；每章标题之后都以例句开头。这部著作有两个明显的不足：（1）章节排列比较凌乱，有时一章中包含不只一个主题；有时同一个主题出现在不同的章节中。（2）语义模糊，导致后来的学者纷纷致力于此书的阐释。①

西伯维的著作在阿拉伯语言学史上具有奠基性的作用，它引领着后来语言学的发展，其影响延续至今。后来的语言学家大都在他的理论基础上加以扩充或阐释。到公元10—11世纪时，阐释此书的著作达四十余部。不少阐释著作的篇幅甚至超出了此书，其中最为著名的是喜拉菲（al-Sīrāfī，公元897—979年）的阐释书。

《西伯维之书》以海利勒的格位学说为纲，即以“施事”、“受事”论的格位学说统领全书，概括出阿拉伯语的句法和词法规则，为阿拉伯语法学的发展奠定了坚实的基础。这部著作的另一个重要特点是论据丰富，权威性高，书中引证了1050行诗，其中1000行都出自名家作品。

西伯维把阿拉伯语的词分为名词、动词、虚词（小品词）三类，并且指出，名词和动词有屈折变化，虚词没有屈折变化。作者提出了阿拉伯语特有的“三辅音词根”概念，认为阿拉伯语的词都是由三个辅音表示词汇意义，元音和其他辅音表示语法意义。他主要以“三辅音词根”为基础，描写动词的曲折变化。比如kataba（他从前写）、katabat（她从前写）、katib（著作家）、kitab（书）的词根都是k-t-b（写），分别插入a-a-a、a-a-at、

① 郑慧慈．阿拉伯语言学发展史［M］．台北：神州图书出版有限公司，2002：106—107.

a-i、i-a 表示不同的语法意义。这种分析方法，对阿拉伯语法描写、语言教学、词典编纂等都产生了深远的影响。至今为止，阿拉伯语词典的词条仍然按照这种方式编排。在西伯维的影响下，阿拉伯语法学家正确指出了中缀法和内部曲折的意义，他们关于“词根”是词的中心部分，以及词结构的研究成果，对后来的欧洲语言学产生了深刻的影响。

西伯维详细描述过阿拉伯文字的读音。现在看来，他的描述虽然没有能够达到古代印度语音学家的水平，但已经超过了他以前和他同时代西方语音学家的水平。西伯维等阿拉伯语法学家已经能够精确地指出并阐明语音和字母的区别，能够以生理学为基础，同时考虑到声学因素，系统地描述和解释阿拉伯语的发音机制和发音方法。他们使用明确的术语，采用从后到前、从咽腔到鼻腔、口腔的顺序解释阿拉伯语的发音特点。这种与古代印度学者相同的、依据发音原理对语音进行的分类，以及按照从后到前的顺序描写语音的方法，从精确性角度看，比古代希腊人和罗马人都要成功。

西伯维曾经从巴士拉来到阿拔斯的新都巴格达，通过他的同乡叶海亚首相找到库法学派论战。库法学派首领、《古兰经》训读学者凯萨依（曾任三朝国师）及其门徒事先已经安排好一些部族群众到场造势，并且宣称西伯维败北，使其当众受辱。西伯维饮恨返回故里设拉子，不久便与世长辞。尽管巴士拉学派在此后受到库法学派延续一个世纪的挑战，但它的基本观点一直没有被动摇，并且一直是阿拉伯语法学的主流思想。

西伯维的重要贡献之一是培养了一批颇有成就的弟子。他的语言学理论之所以能够传承并发扬光大，很大程度上得益于这些弟子。西伯维在世时，他撰写的《西伯维之书》并没有问世，其学术地位也没有得到应有的肯定。去世后，阿合法斯·阿乌萨德的学生阿合法斯·阿乌萨德（al-Akhfash al-Awsat，卒于公元

830 年）用此书教授弟子，遂使西伯维名声大震。

阿合法斯·阿乌萨德既是西伯维的学生，也是海利勒的朋友。他生于西伯维之前，卒于他之后约三十五年，是阿拉伯化的外族人。西伯维去世后，阿合法斯·阿乌萨德前往库法，担任库法学派代表人物凯萨依儿子的教师，并应其要求作《古兰经的意义》。他的语言理论自成一体，其主要特点是具有包容性，即介于巴士拉学派和库法学派之间；重视意义而轻视形式。他虽然属于巴士拉学派，但常与西伯维的观点不同。他的主要著作有十余部，除《古兰经的意义》之外，还有《四书》、《衍生》、《阿乌萨德之书》、《语音》、《韵尾》等，这些著作都没有流传下来。

西伯维的另一名弟子古德鲁伯（Qutrub，生于巴士拉，卒于公元 821 年）是最早系统论述阿拉伯语三根动词的学者，后来许多人都仿效他并以三根动词为主题著书立说。他的主要著作有《同音反义词》、《语音》、《时间》、《差异》、《语法中的究因理论》、《语法中的衍生》、《圣训中的奇异词汇》、《三根词》、《稀有词汇》、《韵尾》、《形容词》等。

阿布·乌斯曼·马日尼（Abū ‘Uthmān al-Māzinī，卒于公元 863 年），巴士拉人，受教于巴士拉语言学及经院哲学家，被阿拉伯语言学界看做巴士拉学派最有影响的句法和词法学家之一。他为学生讲授《西伯维之书》，并著有《西伯维之书阐释》，另有《词法》等著作。

穆巴里德（al-Mubarrid，公元 825—898 年）被认为是公元 9 世纪巴士拉学派的语言学领袖。主要著作有《语文大全》、《要略》等，其中《语文大全》常为后世学者所称赞。

喜拉菲自幼求学专心，不满二十岁便到阿曼求学于教长。后来转往巴格达，学习语言学、诵经学。他精通语法学，特别酷爱《西伯维之书》，并撰有解释性著作。此外，他还著有《巴士拉语法学者传》、《语法详述》、《诗与修辞》等。他的语法学论著的突出特点是包容了巴士拉和库法两个学派的思想。[1]

四、库法学派

库法学派是阿拉伯语法学的另一个重要学派，它于公元8世纪在伊拉克的库法城诞生。库法学派的代表人物是凯萨依（al-Kisā'ī,公元731—806年）和法拉（al-Farrā'，公元761—822年）。他们不仅奠定了库法学派的理论基础，而且力图对语言学的专有名词以及语言现象做出新的解释。

库法学派的创始人凯萨依是《古兰经》训读学的七大名家之一，担任过阿拔斯王朝三代哈里发的国师。为了改变库法阿拉伯语法学的落后局面，凯萨依曾南下向巴士拉学者求教，并在此基础上发展自己的语法体系，形成了与巴士拉学派长期对峙的库法学派。

凯萨依的学生法拉对库法学派语法体系的建立做出了很大贡献，从而使其成为库法学派的著名领袖。法拉的代表作《界限》主要研究句法问题，花费十六年时间写成，其主要特点是比较讲究哲理。

库法学派的学者不像巴士拉学派那样强调语言的普遍性和阿拉伯语的基本规律，而是强调语言的特殊性和阿拉伯语的特异现象。也就是说，他们比较重视语言实际中存在的多样性。从某种程度上看，这一派学者持有“不规则论”的观点。古罗马拉丁语法学者、“不规则论”的坚持者狄奥尼修斯的《读写技巧》一书，对阿拉伯语法理论有多大影响，后人没有定论。从《读写技巧》早在纪元初就被译成亚美尼亚语、古叙利亚语的情况看，阿拉伯人很有可能研究过这部著作。当然，阿拉伯语言学家主要是结合

① 郑慧慈．阿拉伯语言学发展史［M］．台北：神州图书出版有限公司，2002：108—119.

阿拉伯语的结构系统发展自己的语法理论，并在许多方面做出了独特的贡献。

库法学派的学者力图发现新的规律，以动摇巴士拉学派的理论基础，从而重新建立阿拉伯语语法体系。为此，他们扩大语言研究的范围，把那些“非典型部族”以及与外族接触频繁的部族语言、一些似乎没有权威性的史话、晚期的诗歌，都纳入自己的研究视野，并且着重对《古兰经》中的特异词句进行分析。这样做的结果，使得他们在格位理论、词的分类及其派生关系等许多基本问题上，都提出了与巴士拉学派不同甚至对立的观点。

巴士拉和库法学派的分歧表现在语法研究的各个方面。12世纪的阿拉伯语法学家阿布·巴拉卡特·本·安巴里（Abū al-Barakāt bn al Anbāri，公元1119—1181年）在他的《歧异问题的仲裁》（又译《异议公判》）一书中记述了两个学派的各种分歧，这些分歧多达121处。

两个语法学派的根本分歧表现在各自的语言观方面。

巴士拉学派认为，居住在麦加的古莱氏人和阿拉伯半岛的其他贝都因人的语言，是最为纯正的阿拉伯语，而生活在半岛边缘地带的其他部落所讲的语言，由于受到外族语言的影响，存在许多不纯的因素。因此，巴士拉学派学者在研究语法时，主要以古莱氏部落和半岛中部地区居民的语言作为制定语法规则的基本依据，并作为衡量包括《古兰经》诵读在内的个别词的词尾读音是否符合“语法规则”的标准。如果出现《古兰经》诵读中个别词的词尾读音与他们所制定的“规则”不一致的现象，他们只是解释说“不常见，不宜效仿”。此外，他们还认为，某一具体语法规则的制定，必须依据大量的例证，否则，不能看做普遍的语法规则。

与巴士拉学派针锋相对，库法学派的学者认为，贝都因人的语言不能代表整个阿拉伯语，半岛北方部落的语言和居住在城里的阿拉伯人的语言，都是标准阿拉伯语的组成部分，语法学家应当吸收其中的正确成分，作为制定语法规则的依据。也就是说，库法学派的学者对于研究对象和语言材料的选择，并没有像巴士拉学派那样有严格的限制，而是具有广泛性和包容性。所有阿拉伯人的语言，不论是城市阿拉伯语或沙漠阿拉伯语，还是使用人数不多的阿拉伯语，都在他们的研究范围之内。为此，库法学派的学者有时为了弄清一个细节问题，常常深入到半岛中部或北部的许多部落进行调查，掌握大量的第一手材料，并根据这些材料提出一些新的规则。他们试图对阿拉伯人的语言做出形式化的陈述，客观描述人们所了解的语言知识。因为在他们看来，语言学家的职责是从说话者的语言中寻找语言的规则。他们甚至认为，哪怕只有一个例证，也可以此作为标准制定相应的语法规则。①

此外，库法学派常常采用一些不同于巴士拉学派的语言学专有名词。不过，这些专有名词在阿拉伯语言学中并不通用，这可能与该派在阿拉伯语言学史上不是主流学派有关。②

与巴士拉学派相比，库法学派的理论有明显的局限性，逻辑上也不甚严密，但由于受到阿拔斯王朝历代哈里发的支持而得到了较快的发展。

五、巴格达学派

公元 9 世纪初，随着阿拉伯社会的发展和经济文化中心的转移，阿拉伯语法研究的中心转移到了巴格达。巴格达学者吸收库法学派的长处以弥补巴士拉学派的不足，形成了阿拉伯语法学的第三个学派——巴格达学派。由于巴格达学派的早期学者分别受

① 刘开古．阿拉伯语发展史［M］．上海：上海外语教育出版社，1995：281.

② 郑慧慈．阿拉伯语言学发展史［M］．台北：神州图书出版有限公司，2002：123.

教于巴士拉学派和库法学派的学者，因此，在早期的巴格达语言学家中，有人倾向于库法学派的理论，有人则倾向于巴士拉学派的理论。

早期巴格达学派的代表人物之一伊本·凯山（Ibn Kaysān，卒于公元 912 年）被称为巴格达学派的“第一领袖”。他曾分别求学于巴士拉和库法学派的学者，精通两派学说。他的主要著作有《证据》、《主词与宾词》、《圣训中的奇异辞汇》、《字母与书写》、《巴士拉与库法学者的歧异》、《详明语法》、《古兰经的意义》、《短缺与长缺名词》、《作家明灯》、《语法学者理论》、《阳性与阴性》、《语法明训》、《语法精选》、《简明语法》、《颂经法》、《构词》、《停顿与开端》等。他特别注重对语言的界说，并多有独特见解。

扎迦基（al-Zajjājī，卒于公元 948 年，一说 951 年）早年在巴格达接受教育，后游历于叙利亚，定居大马士革，并开始著述立说，培养弟子。扎迦基的主要著作有《句子》、《详明语法》、《学者座谈》等。他的学术思想倾向于巴士拉学派，使用巴士拉学派的术语，兼顾库法学派的学说，并多有独到见解。他认为语法学上的究因理论可分为三个层面：经验层面、类比层面和理论层面。

阿布·阿里·法里斯（Abū ‘Alī al-Fārisī，公元 901—987 年）出生于巴格达，父亲是波斯人，母亲是阿拉伯人。他早年曾在巴格达各清真寺任教，爱好旅游。他曾与弟子遍游大叙利亚地区的城市，回到巴格达时已是名声大震。他流传下来的论著有《短缺与长缺名词》、《变尾因素简说》等。总体而言，他更倾向于巴士拉学派，但在“作用词”的争论中则支持库法学派。

伊本·基尼（Ibn Jinnī，公元 933—1002 年），罗马后裔，著名的词法学家。早年到巴格达，不久到摩苏里，在清真寺任教。在这段时间里，他常求教于“语言纯正”的阿拉伯人。此后跟随法里斯长达四十年之久，并相偕游历过许多地方。法里斯去世后，他继承其在巴格达的教职直至去世。据传其作品有五十部之多，其中有些作品专门记述法里斯的思想。他的最重要的著作是《明耀》、《例外释疑》、《词尾变化之秘密》、《特性》等。他的贡献除了体现在对语言现象的分析方面之外，最突出的是语音学。他对语音现象的观察非常细致，对阿拉伯语的语音结构、发音部位、辅音和元音的性质等都有出色的研究。他认为，阿拉伯语的语音结构可以分为三类：（1）发音部位距离比较远的语音结合，是最佳的结构；（2）次于前者的语音结构，是重叠字母的相连；（3）发音部位相近的辅音组合，是最差的语音结构，这种结构要么不能成立，要么出现的机会非常少。

如果说早期巴格达学派的学者既有倾向于巴士拉学派也有倾向于库法学派的，或者兼具两个学派的特点，那么，自阿布·阿里·法里斯和伊本·基尼之后，巴格达学派在整体上便更加倾向于巴士拉学派。

在巴格达学派的后期，伊拉克、叙利亚、伊朗的学者深受法里斯和基尼的影响，并沿着他们开辟的道路继续发展。巴格达学派后期的著名学者主要有萨马合沙里、伊本·沙迦里、阿布·巴拉卡特·本·安巴里等。

萨马合沙里（al-Zamakhsharī，公元1075—1144年）年少时学习语言及宗教法学，在麦加居住期间写出注经书《揭示》，并潜心研究《西伯维之书》。他的著作涉及语言、文学、诗韵、语法学等领域。语法学方面的代表作是《详述》。此外，他的《修辞根基》一书颇负盛名。他的语言学思想是典型的法里斯、基尼式的巴格达学派的思想。他的观点与巴士拉学派更为接近，同时也汲取了库法学派的某些观点。

伊本·沙迦里（Ibn al-Shajarī，公元1058—1148年）教授语法学达七十年之久。主要著作有《明耀》和《词法》的解释本。他更加倾向以法里斯、基尼为代表的巴格达学派的思想，认为库法学派的理论是空泛的。

阿布·巴拉卡特·本·安巴里在学校传授法里斯的语言学思想，其著作也是对法里斯《阐明》一书的阐释本，另有阐述库法、巴士拉学派理论歧义的著作《歧异问题的仲裁》，以及《阿拉伯语的秘密》。他是典型的法里斯式的巴格达学派的学者，即更倾向于巴士拉学派的理论。比如，在《歧异问题的仲裁》记述的两个学派所存在的121个分歧中，他只赞成库法学派的七个观点。①

第四节 近代阿拉伯语言学

公元1258年，蒙古帝国占领了哈里发帝国的首都巴格达，阿拉伯国家四分五裂。从此，阿拉伯语言和文化发展的古典时期也就随之结束。②

早在公元七八世纪倭马亚王朝时期，安达鲁斯的一些教师便在科尔多瓦等城市以及亚历山大、开罗旧城弗斯托特教授阿拉伯语文。这些教师大都到东方学习过诵经学。阿拉伯语文教学和诵经学的发展，促进了语言研究的发展，并形成了安达鲁斯学派和埃及、叙利亚学派。

在安达鲁斯，最早的语言学家当数朱狄·本·乌斯曼·毛鲁立（Jūdī bn ʻUthmān al-Mawrūrī，卒于公元814年）。他曾在库

---

① 郑慧慈．阿拉伯语言学发展史［M］．台北：神州图书出版有限公司，2002：138—152.

② 张甲民．巴士拉学派［A］．库法学派［A］．中国大百科全书·语言文字卷［C］．北京：中国大百科全书出版社，1988（第1版），1988（第1次印刷）：12—13，242—243.

法学派代表人物凯萨依和法拉门下求学，是最早引进库法学派的著作并最早在安达鲁斯著书立说的语言学家。

安达鲁斯的语言学兴盛于西班牙诸侯时期（公元1031—1091年）。安达鲁斯学派注重库法学派的理论，对巴士拉和巴格达学派理论的引进则在公元10世纪以后。在这一时期，当地学者与巴士拉、库法、巴格达学派的学者都有接触，并融合了三家理论。其主要特点是采用了更为烦琐的解释方法和理论。第一代安达鲁斯学派的著名代表是阿兰·沙达马里（al-A‘lam al-Shantamari）。他既注重基本究因理论，也注重高层次究因理论，即不仅注重描写和说明语言现象，而且注重进一步的阐释。① 公元14世纪，后期安达鲁斯学派的主要兴趣是对《西伯维之书》做阐释。

埃及早期的阿拉伯语言学者当数亚历山大的阿布都·拉合曼·本·胡尔姆日（‘Abd al-Rahmān bn Hurmuz，卒于伊斯兰教历117年）。他曾参与《古兰经》的标点工作，是著名的诵经学者。早期的埃及语言学家为数不多，直到公元10世纪，由于东方阿拔斯政权的逐渐衰微，一些语言学家来到叙利亚、埃及等地做知识旅行，这才刺激了当地的语言研究。

公元10世纪之后，一系列的事件导致了伊斯兰阿拉伯国家政治、军事的衰微，并分裂为若干小国。公元11世纪，欧洲十字军侵犯伊斯兰世界，战争一直持续到13世纪，战火遍及大叙利亚地区和埃及。埃及、叙利亚的奴隶制王朝一方面要应付十字军在大叙利亚地区的攻击，另一方面要应付蒙古人的进攻，几乎无暇顾及学术的发展。巴格达沦陷后，开罗成为首都。为了求得穆斯林的统一，开罗政权从巴格达请来阿拔斯后裔，将其扶植为

① 郑慧慈．阿拉伯语言学发展史［M］．台北：神州图书出版有限公司，2002：157—158.

哈里发。从此以后，在伊斯兰文明发展史上，开罗取代了东方巴格达的地位，并持续到奴隶王朝的结束（公元 1571 年）。

蒙古军队占领巴格达时，毁掉了许多阿拉伯语书籍。阿拉伯学者在痛心疾首之余，肩负着恢复古籍的艰巨重任。安达鲁斯、摩洛哥地区各国的许多学者携带他们的著作，纷纷来到埃及、叙利亚，掀起了一股学术热潮，其中最重要的就是语言研究。在语言学家的不懈努力下，出现了一批重要著作。比如安达鲁斯学者伊本·马立克的语法书《千节诗》、埃及学者伊本·希夏姆（Ibn Hishām）的《满足机智者》。在这一时期，埃及、叙利亚的语言学主要以安达鲁斯学派的理论为指导思想。语言学家们的主要工作是诠释前人的作品，解释方言词义，探讨各种语言歧异现象。①

从公元 16 世纪初开始，土耳其人统治阿拉伯世界长达三个世纪。在这一时期里，土耳其语成为阿拉伯世界的官方语言，民众则使用夹杂土耳其语的阿拉伯语方言，这种现象在埃及表现得尤为突出。由于阿拉伯语言文化的衰微，这一时期的语言学著作大多局限于对前人的著作做注释，有些学者甚至对注释本进行再注释，没有多少创新的内容。②

公元 1798 年，拿破仑军队占领埃及。这次入侵虽然只维持了三年，却对阿拉伯人产生了巨大的震动，开阔了他们的眼界，同时也播下了阿拉伯文艺复兴的种子。与此同时，为了了解阿拉伯世界，西方学者掀起了学习和研究阿拉伯语的热潮。他们主要采取了以下举措：(1) 收集、保存阿拉伯语手抄本，(2) 在西方

---

① 郑慧慈．阿拉伯语言学发展史［M］．台北：神州图书出版有限公司，2002：167—168.

② 郑慧慈．阿拉伯语言学发展史［M］．台北：神州图书出版有限公司，2002：177.

国家的大城市中设立阿拉伯语言学校，(3) 召开阿拉伯问题学术会议。

在西方学者的影响下，阿拉伯学者纷纷致力于阿拉伯语的复兴和研究工作。公元1871年，埃及设立“学术之屋”，在全国范围内招揽学术功底深厚的年轻学子，培养语言研究者。1919年，大马士革成立学术协会，广招东西方知名学者，致力于阿拉伯语的复兴，以及新词术语的研究，纠正错误的用法。1932年，开罗成立阿拉伯语言协会，目的是维护阿拉伯语言的纯洁性和规范性。随后，海湾地区、摩洛哥地区各国纷纷成立语言机构，开展古代语言学书籍的考证以及新词术语的汇集工作。阿拉伯现代语言学家大致在以下三个方面开展阿拉伯语言研究：(1) 古代语言学书籍的考证，(2) 西方语言学理论与阿拉伯语言研究的结合，(3) 反思传统语言学思想，挖掘阿拉伯语言特性。①

第五节 《突厥语词典》

《突厥语词典》是我国北宋时期喀喇汗王朝突厥语言学家马合木德·喀什噶里用阿拉伯文编纂的词典。这部由八卷组成、收入七千多个词条的鸿篇巨制，完成于公元11世纪70年代的巴格达，并作为礼物敬献给阿拔斯王朝的哈里发。作者编写这部著作的目的，是为了帮助当时的阿拉伯、波斯等地的使臣、学者、商人和传教士学习和了解喀喇汗王朝的语言、地理、文化、习俗等。

在这部著作中，作者不仅提及阿拉伯语的一些规则，将其与

① 郑慧慈．阿拉伯语言学发展史［M］．台北：神州图书出版有限公司，2002：183—185.

突厥诸语言和方言进行类比，而且还对突厥诸语言和方言进行了内部比较。在词典的编纂方式以及语言研究方法上，作者虽然受到阿拉伯辞书编纂方式以及阿拉伯语法理论的影响，但他的著作也有不少突破和创新。作者并没有完全按照阿拉伯正字法传统编排词典，解释语音现象，而是创制了一套独特的正字法体系，比如用增加附加符号的方法，表示突厥语中有而阿拉伯语中没有的字母。在语言材料的处理上，作者一反过去伊斯兰经院派“从规则到例子”的研究传统，而是运用大量实地调查所获第一手材料，开创了“从例子到规则”的研究新路，并一再强调从例词、例句中总结规则的重要性。从语言研究角度看，作者在语音、语法、语言关系等方面都做出了突出的贡献。

这部百科全书式的学术著作虽然在突厥语言学和阿拉伯语言学史中都占据重要的地位，但遗憾的是，从客观上看，书稿编成后，除保留在哈里发宫廷并为极少数阿拉伯、突厥学者知晓外，影响并不广泛。直到词典手抄本在伊斯坦布尔被发现，并于1914—1916年刊行后，才开始引起世界突厥学者和东方学者的广泛关注，并先后被译成多种文字在不同国家出版发行。①

习题

1. 简述阿拉伯标准语形成的原因。
2. 阿拉伯语言学兴起的主要原因是什么？
3. 简述古典阿拉伯语言学的发展历程。
4. 古典阿拉伯语言学的基本特点是什么？
5. 简述巴士拉学派的特点及其代表人物的主要贡献。

---

① 王远新．中国民族语言学史［M］．北京：中央民族学院出版社，1993：16—19，309. 王远新．中国民族语言学论纲［M］．北京：中央民族大学出版社，1994：21.

6. 库法学派的基本特点是什么？
7. 巴士拉学派和库法学派的主要分歧表现在哪些方面？
8. 巴格达学派的基本特点是什么？
9. 简述近代阿拉伯语言学的基本特点。
10. 简述《突厥语词典》取得的成就。

第五章　斯拉夫国家的古代语言学

第一节　古代斯拉夫语言文化概述

一、斯拉夫人与斯拉夫文化

现代斯拉夫民族的祖先是古斯拉夫人，斯拉夫文化是斯拉夫诸民族或国家的文化，斯拉夫人的语言属于印欧语系。公元前3000—2000年，古斯拉夫人已经定居在波罗的海南岸、奥得河、维斯瓦河和第聂伯河之间。从公元前约1500年之前，古斯拉夫人已为世人所知。有关斯拉夫人的最早文献记载，见于公元前10世纪初。当时，斯拉夫人还没有形成各斯拉夫民族的分支。他们居住在日耳曼人以东的广大区域里——从易北河和奥得河至第聂伯河中游，从波罗的海沿岸地区至多瑙河下游和黑海沿岸。

公元2世纪，斯拉夫人分化为西斯拉夫和东斯拉夫两支，其语言也相应地分化为西斯拉夫语支和东斯拉夫语支。公元4—6世纪民族大迁徙时期，斯拉夫人向西南和南部迁移。到公元7世纪时，斯拉夫人最终分为三支：罗斯（俄罗斯）、乌克兰、白俄罗斯人的先祖东部斯拉夫人，波兰、捷克、斯洛伐克人的先祖西部斯拉夫人，塞尔维亚、克罗地亚、斯洛文尼亚、马其顿、黑山、保加利亚人的先祖南部斯拉夫人。

公元6—7世纪，斯拉夫人的原始公社已经解体，并逐渐走上封建化的道路。公元8—9世纪之交，出现了第一个基辅公国。公元9世纪下半叶，形成了以基辅为都城的早期封建国家——基辅罗斯。乌克兰和俄罗斯都把基辅看做本国历史文化的源头，看做本国和本民族的根。[①] 公元 9—10 世纪，斯拉夫人普遍建立了早期封建国家，分别按拉丁仪式和拜占庭仪式接受基督教，并产生了最早的斯拉夫书面语言。

接受基督教是斯拉夫文化史上的重大事件。公元 1054 年，东、西基督教会分裂后，斯拉夫人按照宗教分为天主教会和东正教会两大集团，其中波兰人、捷克人、斯洛伐克人、克罗地亚人、斯洛文尼亚人属于天主教会，使用拉丁字母文字；罗斯人、塞尔维亚人、黑山人、马其顿人、保加利亚人属于东正教会，使用基利尔字母文字。在文化上，他们分属于基督教文明的两个文化圈：拉丁文化圈和拜占庭文化圈，并在吸收不同文化的基础上，形成了各自的民族文化。[②]

公元 12—13 世纪，是古罗斯国封建割据时期。在这一时期，王公之间的分裂或联合交替发生，从而产生了新的政治、经济和文化中心。这为在罗斯公国先后形成俄罗斯、白俄罗斯、乌克兰三国奠定了基础。

查理四世（公元 1346—1378 年在位）是罗马帝国的皇帝，同时兼任捷克国王。查理四世于 1348 年创办了布拉格查理大学。这是中欧第一所大学，它很快就成为重要的国际学术阵地。在语言研究方面，布拉格查理大学的主要贡献是最早使拉丁文的专业术语捷克化。该大学的一位捷克教师编制的语汇集，用捷克文解释了七千个拉丁文专业术语，为学术著作的捷克化奠定了语言基础。

查理四世后，罗马教会和日耳曼贵族的统治加强，捷克的财富逐步集中到他们手中。与此同时，捷克社会日益日耳曼化，德

① 马贵友，主编．乌克兰［M］．北京：社会科学文献出版社，2003：36.

② 刘祖熙，主编．斯拉夫文化［M］．杭州：浙江人民出版社，1993（第 1 版），1996（第 3 次印刷）：1—2.

语在宫廷、学校占据优势地位，民族文化却受到严重的制约。这些都引起了广大民众以及中小贵族的不满。胡斯（John Hus，公元 1371—1415 年）革命运动以及他本人的著作，推动了捷克文化的发展。

胡斯的捷克文著作，对捷克书面语的形成具有重要意义。他的著作用拉丁文或捷克文写成，布道时完全用通俗易懂的捷克语。他在著作中尽量使用更为接近民间语言的书面语。他把《圣经》译为捷克文，并创制了许多新词，使捷克语更趋丰富。胡斯还简化了捷克文正字法，运用逗点、句点替代古老的连体字。在胡斯的努力下，捷克书面语言的表达能力和影响力得到加强，当时的波兰、匈牙利等国都把捷克语作为外交语言。

曾在德国读过大学的摩拉维亚学者拉霍夫斯基(公元 1523—1571 年),有深厚的人文科学造诣。他从事捷克语文研究二十年,撰写了《捷克语法》。这部著作阐述了捷克文的特点、语言的形象性、外来词语的使用、方言等问题,并汇集了捷克成语。他成功地把希腊文《新约》译为捷克文,该译本成为捷克文学语言的经典作品,为民族复兴时期捷克书面语的规范化奠定了基础。

哈布斯堡王朝时期（公元 1620—1781 年），耶稣会员巴尔宾（公元 1621—1688 年）针对捷克文学语言的衰落，用拉丁文撰写了《捍卫斯拉夫语，尤其是捷克语》等论著。他尖锐地批评了维也纳宫廷推行的从学校、机关到教堂全面排斥捷克语的政策，认为“首先应享有文化珍品的是本国人民”，指责“政府专横，……给民族语言制造混乱”。他的论著后来成为民族复兴时期人们捍卫捷克语的有力武器。

17 世纪，捷克著名思想家、教育家扬·阿莫斯·考门斯基（公元 1592—1670 年，拉丁化姓氏夸美纽斯）既是捷克近代教育的奠基人，也是著名的语言学家。他的语言学著作主要有《语言和科学入门》、《捷克语言宝库》、《语言学入门》等。后著初版为拉丁文，后用捷克文出版，是当时知识分子学习拉丁语的教科书，对捷克语的丰富和发展起到了重要作用。

哈布斯堡王朝时期被称做“黑暗时期”。在这一时期里，捷克民族严重日耳曼化，德语被规定为唯一的通用语言；斯洛伐克民族则日益匈牙利化。民族文化的衰落，致使民族语言在城市处于被遗忘的境地，只有农村居民和部分城市贫民才讲捷克语或斯洛伐克语。这严重地影响了捷克语和斯洛伐克语的发展和普及。民族复兴时期（公元1781—1848年），进步知识分子认识到，实现民族复兴，首先需要恢复和推广捷克语言和斯洛伐克语言，并使之逐渐规范化，成为全民族的通用语言，进而推动整个文化科学的发展和民族意识的增强。因此，捷克和斯洛伐克的民族复兴，首先是从语言复兴开始的。

约瑟夫·多布罗夫斯基（公元1753—1829年）是捷克民族复兴时期最著名的人物之一。他曾担任牧师、家庭教师，后从事科学研究。他曾特地到瑞典、俄国，从档案中查找捷克古代文学资料。他的语言学论著有《捷克语言文学史》、《捷克语法详解》、《古斯拉夫语基础》。《捷克语法详解》依据捷克语原形词干的特点，首次把捷克语的词类划分为六大类，并出色地概括了捷克语的语法规则，从而奠定了捷克现代书面语规范化的基础。他注重韵律的研究，根据过去的诗人在运用重音和长短音交替韵律时表现出的不稳定性，确认捷克语有自然重音。《古斯拉夫语基础》主要研究古斯拉夫语的语法体系（包括语音学、词法学、句法学）以及古斯拉夫文学史，是古斯拉夫语文研究的必读书，作者本人也被誉为斯拉夫学的创始人。

捷克民族复兴时期的另一位代表人物约瑟夫·荣格曼（公元1773—1847年）既是诗人、翻译家、语言学家、文学史家，又是科学家。他在语言学方面最著名的著作是五卷本的《捷德辞典》。这部辞典花费四十年时间编写而成，其最大特点是收词量大。作者不仅收入了其他斯拉夫语词汇，而且收入了日常生活中很少被使用的古词、已被人们遗忘的词语、作者创制的新词。

18世纪末19世纪初，随着匈牙利封建社会制度走向崩溃，资本主义开始发展，斯洛伐克民族的知识分子和传教士为民族复兴做出的一项重要贡献，就是规范斯洛伐克语，并使其成为全民族的书面语。

斯洛伐克诗人、学者扬·科拉尔（公元1793—1852年）曾在德国耶拿大学攻读法学和神学，在布达佩斯担任福音教牧师，晚年担任维也纳大学斯拉夫考古学教授。他在《论斯拉夫各部落和方言之间的文学联系》一书中，论证了斯拉夫各族的文化联系，主张建立真正的斯拉夫文化。吕德维特·什图尔（公元1815—1856年）是19世纪40年代斯洛伐克政治和文化生活的领导人物。以他为代表的一批文人学士，为斯洛伐克的民族复兴、为民族的书面语言和新文学的建立做出了重大贡献。在担任教师期间，吕德维特·什图尔曾积极开展反匈牙利化、争取斯洛伐克语言规范化的斗争。他的主要学术著作《斯洛伐克语言学》、《斯洛伐克方言及其应用于书写的必要性》为斯洛伐克新书面语语法的建立奠定了基础。巴维尔·约瑟夫·沙法希克（公元1795—1861年）是著名的文学史、语言学和历史学家，著有《斯拉夫语言与文学史》，介绍并论述了斯拉夫各民族的历史及其语言文化的发展。[①]

早在中世纪初期，保加利亚民族就已经创造了灿烂的文化，并对斯拉夫各民族甚至欧洲其他民族产生过重要的影响。公元6世纪以后，斯拉夫人移居巴尔干半岛，与当地人建立了密切联系。斯拉夫人在同当地居民的接触过程中，经历了一个复杂而漫

① 刘祖熙，主编．斯拉夫文化［M］．杭州：浙江人民出版社，1993（第1版），1996（第3次印刷）：115—142.

长的民族文化演变和相互渗透的过程。

公元7世纪下半叶，巴尔干半岛的斯拉夫人在东南部受到拜占庭帝国的威胁，在西北部受到古代突厥语民族阿瓦尔汗国的侵扰。为了应对这种危险局面，境内七个部落结成军事部落联盟，并于公元681年建立了自己的国家——保加利亚。保加利亚建国，是欧洲特别是巴尔干半岛历史中的重大事件。它在很大程度上改变了东南欧的历史进程，加强了巴尔干半岛斯拉夫人和古保加利亚人在政治和民族上的团结，为现代保加利亚民族的形成奠定了基础。

公元9世纪后半叶，保加利亚立东正教为国教，以古保加利亚语为国家和教会的正式语言。随着基利尔字母文字的创制以及在保加利亚的传播，长期以来作为该国官方语言文字的希腊语文逐渐被斯拉夫语文所代替，保加利亚遂成为斯拉夫文化和斯拉夫文字使用的中心。这大大加速了保加利亚政治和文化上的统一。

公元9—10世纪期间，切尔诺里泽茨·赫拉勃尔的著作《论字母》，以其博学和丰富的论据、出色的论战风格，成为中世纪保加利亚现实主义文学的代表作。在这部著作中，作者介绍了斯拉夫文字的创制过程，并极力倡导人们捍卫斯拉夫人和保加利亚人在文化、政治上独立发展的权力。作者始终贯穿了这样一个原则：每个民族都有发展本民族语言文字的权利。该书在斯拉夫国家产生了广泛的影响，其最古老的抄本被收入拉夫伦蒂修道士1384年为保加利亚国王伊万—阿列克桑德尔编纂的文集中。从各个时代、各斯拉夫国家流传下来的这部著作的抄本达六十多种。[①]

---

① 刘祖熙，主编. 斯拉夫文化［M］. 杭州：浙江人民出版社，1993（第1版），1996（第3次印刷）：305—312.

克罗地亚语属于印欧语系斯拉夫语族南斯拉夫语支。公元9—10世纪，克罗地亚流行基利尔字母拼写的古斯拉夫语，而拉丁语只是在教会上层人士中流行。10世纪以后，古斯拉夫语开始受到排挤。到14世纪，拉丁字母文字逐渐替代基利尔字母文字。①

公元9世纪，波兰统一各部落联盟，并以格涅兹诺为首都建立了统一的国家。公元966年，基督教从捷克传入波兰。二十二年后，即公元988年，基辅王公弗拉基米尔在拜占庭的影响下，按照希腊仪式接受了基督教。从此，天主教的波兰和捷克与东正教的罗斯分道扬镳，正式进入拉丁文化圈。

波兰接受基督教后，曾按照捷克的模式，采用拉丁字母文字记录波兰语。约公元1136年，波兰开始拥有书面语。15世纪，出现了该国历史上的第一部词典——《古波兰语词典》（收词15000条）。由于波兰语受捷克语、德语影响很大，因此，词典中收入的许多词语来自捷克语和德语。16—17世纪，扎莫什奇学院的著名学者格热戈什·克纳普斯基（公元1564—1638年）编纂的《波兰语—拉丁语—希腊语词典》，在波兰语和斯拉夫语词典学史中具有重要的地位。②

二、斯拉夫文字的创立和发展

早在斯拉夫人形成部落制度的时候，就已经有了“线条和刻画”型的原始文字雏形。这些简单的线条和刻画代表的是计算符号、部落和氏族符号、所有权符号、历法符号等。公元7—8世

① 刘祖熙，主编．斯拉夫文化［M］．杭州：浙江人民出版社，1993（第1版），1996（第3次印刷）：373.

② 刘祖熙，主编．斯拉夫文化［M］．杭州：浙江人民出版社，1993（第1版），1996（第3次印刷）：13.

纪，斯拉夫地区出现了早期的封建公国。这些公国在与拜占庭的贸易往来中借用了希腊文字。斯拉夫人在借用文字的过程中，吸收了早期的某些“线条和刻画”符号，形成了最初的斯拉夫文字。

在接受基督教之前，斯拉夫各部落民间曾使用过不同类型、不同地方变体的文字。公元862年底，西部斯拉夫的摩拉维亚国王罗斯季斯拉夫派使团到拜占庭，其使命是向拜占庭皇帝转达国王的请求：派一些传教士在摩拉维亚传教，并希望这些传教士能够用摩拉维亚人懂得的语言进行传教。摩拉维亚国王这样做的目的是想用拜占庭的基督教取代日耳曼人的天主教，用斯拉夫语取代拉丁语。拜占庭皇帝米哈依尔和总主教福季接受了这一请求，并选派基利尔和马季迪欧作为自己的使节。他们之所以作出这样的决定，一是因为基利尔有丰富的传教经验，另外一个原因是他能够说流利的斯拉夫语。

基利尔（Kyrillos，原名康斯坦丁·菲洛索夫，公元826—869年）和马季迪欧（Mathodios，公元820—885年，又译麦托迪）是同胞兄弟。他们出生在斯拉夫人和希腊人杂居的海港城市萨罗尼卡，父亲是拜占庭的军官。多数史学家认为他们兄弟是斯拉夫（保加利亚）人，也有人认为，他们的父亲是保加利亚人，母亲是希腊人。

父亲去世后不久，基利尔便移居拜占庭都城君士坦丁。在那里，他接受了良好的教育，系统学习了语法学、辩证法、雄辩术、算术、几何、天文学、文学、音乐。年轻的基利尔不仅精通斯拉夫语、希腊语、拉丁语、阿拉伯语、希伯来语，而且与拜占庭总主教福季关系密切。皇帝米哈伊尔和总主教福季都很欣赏他的才干，多次派他作为拜占庭的使节，出使邻国说服那里的人们相信拜占庭的基督教。

在接受了出使摩拉维亚的使命后，基利尔在希腊文、民间斯拉夫文字雏形的基础上进行加工改造，于公元 863 年创制了斯拉夫字母文字（又称基利尔文字）。他还在兄长马季迪欧的协助下，把基督教的一些祈祷书翻译成新创制的斯拉夫文。比如《福音选集》、《圣徒行传选集》、《圣诗集》，以及《教堂礼拜》的一些章节。完成上述工作后，基利尔和马季迪欧起程前往摩拉维亚。[①]

公元 9 世纪之前，东斯拉夫人还没有自己的文字。公元 882 年，东斯拉夫人的国家——基辅罗斯的建立，为文字的发展提供了良好的条件。公元 9 世纪，基辅罗斯各地已有几种字母文字，包括东斯拉夫语言的字母文字和其他斯拉夫语言的字母文字。10 世纪基辅罗斯和希腊签订的条约，是用罗斯（东斯拉夫）和希腊两种文字写成的。不过，原东斯拉夫语言的各种字母文字都已经失传。

在各种斯拉夫人的字母文字中，以基利尔字母文字最为完善。基利尔文字以希腊的“多角字体”为基础，增加了表示斯拉夫语发音特点的符号，经过几次修订，逐渐成为一种成熟的文字，并一直为俄罗斯人、乌克兰人、白俄罗斯人、保加利亚人、塞尔维亚人所沿用。

虽然早在中世纪的时候古斯拉夫语已经成为斯拉夫人的共同标准语，但是，在西方语言文化的强大影响下，西部斯拉夫人（捷克、斯洛伐克、波兰）和南部的克罗地亚人、斯洛文尼亚人改信了天主教，斯拉夫文字也受到拉丁文字的排斥，并逐渐被废弃。

---

① ［苏］伊斯特林 B. A. 文字的产生和发展［M］. 莫斯科，1965. 左少兴，译. 北京：北京大学出版社，1987：405—407.

第二节　斯拉夫诸语言研究

在莫斯科罗斯公国，教堂斯拉夫语被官方宣布为书面语言。从此，斯拉夫语特别是教堂斯拉夫语成为罗斯公国语法学家的主要研究对象。

从公元16世纪起，罗斯公国的语法研究在受到拜占庭语法传统、南部斯拉夫语法传统以及东部斯拉夫地区乌克兰、白俄罗斯语法传统影响的同时，有了进一步的发展。最早从语文学角度考证斯拉夫语文献的学者是马克辛姆·格列克（Максим Грек,约公元1480—1556年）。他原是拜占庭学者，1515年迁居莫斯科，从事宗教书籍的修订工作。格列克所做的语文研究以及归纳出的语法规则，主要是为他的宗教文献译文提供证据。也就是说，他的语法研究是为翻译宗教文献服务的，还不能算做独立的语法研究。

在公元16—17世纪出版的有关论文集中，收集了一些不知名的作者撰写的有关语法、拼写法和韵律学方面的文章。这些文章大都以希腊语文献为研究对象，也有一些描写斯拉夫语并对斯拉夫语进行分类的文章。此外，一些学者根据俄语的材料和特点，改编了多纳图斯的拉丁语语法。比如用俄语的例子改编多纳图斯的拉丁语词形变化表。

后期拜占庭语法学家编纂的南部斯拉夫语版本的语法著作，对俄罗斯早期的语法研究产生了很大影响。在这些著作中，比较重要的是15—17世纪广为传抄的《论八大词类》和流传不甚广泛的、14世纪塞尔维亚学者康士坦丁·格拉马提克（Константин Грамматик）编写的《词汇简编》（Словесавкратцъ избрана）。在乌克兰和白俄罗斯学者编写的语法著作中，《希腊—斯拉夫语语法，八大词类用法全程——供俄罗斯富家子弟学习使用》[①] 有较大的影响。

有关古斯拉夫语的第一部语法著作是1586年在维尔诺出版的《斯拉夫语法》。1596年，由拉夫连迪·西萨尼亚（Лаврентий Зизания，16世纪末至17世纪初）新编的《斯拉夫语法，八大词类及其他常用词用法全程》（维尔诺出版）[②]，是一部在西欧语法学框架影响下，更为系统地描述斯拉夫语语法的著作。1619年，自称“罪孽深重的出家人”——梅列奇亚·斯莫特利茨基（Мелетия Мотрицкий，公元1577—1633年）为了“消磨时光”，编写了《斯拉夫语法，造句规则》[③]。后期的许多语法著作大都以这部著作为基础，或者在此书的基础上改编而成。比如在这部著作的1648年莫斯科版改订本中，作者在动词变位和重音体系中，利用了“真正的”俄语材料。在罗蒙诺索夫的《俄罗斯语法》出版之前，《斯拉夫语法，造句规则》一直被用做教科书。菲多尔·波利卡尔波夫（Федор Поликарпов）的1721年莫斯科增订版、菲多尔·马克西莫夫（Федор Максимов）的1723年诺夫哥罗得增订版，都在此书的基础上增加了更多的俄语材料。

在词典学方面，现在能够见到的最古老的词典，是12世纪

---

① Адельфотис，Грамматика доброглаголиваго Еллинословенского языка，совершеннаго искусства осмичастей слова по наказанию много и менитому Российском уроду во Лвовъ въ друкарни братской，1591. 这是一部由利沃夫学院的“学生”集体编写的语法，对希腊语和斯拉夫语的语法现象进行了描写。

② Грамматика Словенска，съвершенаго искусства осьми частей слова и иныхъ нуждныхъ，ново съставлена L. Z.

③ Грамматики Словенская правильное синтагма，1619.

以后出现的所谓"难语小词汇"[①]（Глоссарии）和《外国语字典》(Алфавиты Иностранных Речей)。这些小词典解释了教堂斯拉夫语书籍中的难懂词语和外来词语。15—16 世纪，诺夫哥罗得和莫斯科都曾出版过类似的、收词更多的词典。学术界之所以热衷于编纂这类词汇集，是因为当时的斯拉夫人在阅读各种新旧约全书时，常常遇到一些难懂的语句和词汇。这些难懂语句和词汇，是由于过去的许多译者在翻译新旧约全书过程中造成的，即他们在用斯拉夫语翻译时，夹杂了一些其他语言的词语。比如叙利亚语、希伯来语、拉丁语、埃及语以及其他语言的词语。

公元 16—17 世纪，出现了第一批印刷出版的词典。比如 16 世纪末拉夫连迪·西萨尼亚编写的《俄语注释斯拉夫语简明词汇》[②]，17 世纪乌克兰学者巴·贝伦达(Памва Берында)编著的《斯拉夫俄罗斯词汇》[③]。后一部著作已经明确区分了斯拉夫书面语和乌克兰口语。17 世纪后期出现的各类斯拉夫俄罗斯词典，基本是在这两部词典基础上编纂而成的。彼得大帝时期，外来词语大量涌入俄语，随之也出现了一些外来语词典。

在西部斯拉夫，早在公元 14 世纪，克拉列特就编纂了拉丁语捷克语小词典。16 世纪，阿达姆·韦列斯拉温编写了《拉丁语—捷克语—德语—希腊语词典》（1598 年）。在语法研究方面，

---

① 这种难语小词汇之一附在《诺夫哥罗得宗教和风俗法规汇编》（Новгородская кормчая，1282.）之后。参见［丹麦］威廉·汤姆逊．十九世纪末以前的语言学史［M］．黄振华，译．北京：科学出版社，1960：39.

② Лексисъ сиръчь речения，въ кратъ цъсъбраны и изсловенскаго языка на просты Русский диялектъ и столкованы，1596. 参见［丹麦］威廉·汤姆逊．十九世纪末以前的语言学史［M］．黄振华，译．北京：科学出版社，1960：36—37.

③ Лексиконъ славенороссий，1627.

拉夫季连—贝内迪克特·涅多热尔斯基的《波希米亚语法》(Grammatica Bohemica，1603 年）是第一部用当地语言撰写的语法著作。在捷克语衰败时期，斯洛伐克学者巴维尔·多列托尔编写的《斯拉夫波希米亚语法》(Grammatica Slavico-Bohemica)被誉为“最好的一部语法著作”。[①]

捷克学者伊·多布洛夫斯基（И. Добровский，公元1753—1829 年）被誉为斯拉夫语文学之父。《波希米亚语的完整体系》（Ausführliches Lehrgebäude der böhmischen Sprache，1809 年）是他的成名作，而《斯拉夫语古代方言大纲》(Institutiones linguae slavicae veteris dialecti，1822 年）则奠定了斯拉夫语文学的基础。他还为捷克语的规范化做了大量工作。他的同代人、斯洛文尼亚学者柯皮塔尔（Kopitar，公元 1780—1844 年)、斯洛伐克学者沙法里克（P. J. Šafarik，公元 1795—1861 年）也是斯拉夫语文学的重要代表人物。沙法里克明确反对伊·多布洛夫斯基关于所有斯拉夫语言都源出于古斯拉夫语的假说，并撰写了许多有关斯拉夫语和斯拉夫文献古籍的著作。[②]

17 世纪中期，一些学者对斯拉夫诸语言之间的密切关系产生了浓厚兴趣，从而激发了他们的比较研究热情。克利沙尼奇(Ю. Крижанич）在托波尔斯克流放期间，撰写了《俄语的语法描述》[③]，试图建立全体斯拉夫人的“共同俄语”。在斯拉夫语言比较研究方面，成就最大的当属斯洛文尼亚学者米克洛施(F. Miklošich，公元 1813—1891 年)。他的主要著作有四卷本的《斯拉夫语比较语法》（Vergleichende Grammatik der slavischen

① ［苏］康德拉绍夫 H. A. 语言学说史［M］. 杨余森，译. 武汉：武汉大学出版社，1985：39.

② ［丹麦］威廉·汤姆逊. 十九世纪末以前的语言学史［M］. 黄振华，译. 北京：科学出版社，1960：81—82.

③ Граматично исказание об русском языку，1666.

Sprachen，公元1852—1874年）和《斯拉夫语词源词典》（Etymologisches Wörterbuch der slavischen Sprachen，1886年）等。

第三节　俄语研究

公元18世纪之前，俄罗斯文字是在自发状态中发展的。从18世纪初期开始，文字的发展纳入国家文字改革的范围。最重要的几次改革都是在俄国社会变革时期实现的，比如1707—1710年彼得大帝时期、1917—1918年苏维埃政权时期进行的文字改革。此外，1735年、1738年、1758年，俄罗斯科学院曾进行过三次小规模的文字改革。俄语语言学的研究，是伴随着18世纪俄罗斯文学语言的发展而开始的。

一、语法研究

18世纪，俄罗斯最著名的教育家、语法学家是罗蒙诺索夫（M. B. Ломоносов，公元1711—1765年）。他的《俄罗斯语法》[①] 是用俄语材料而不是所谓“斯拉夫俄罗斯语”写成的。俄罗斯语言学家维·格·别林斯基在评价罗蒙诺索夫之前的语法研究状况时指出：“我们的语法学家，从梅列奇亚·斯莫特利茨基到罗蒙诺索夫以前，在编写俄语语法时，其中也包括俄罗斯科学院过去的语法（1802年），好像除了翻译拉丁语法外，就无所作为了。”[②] 罗氏的《俄罗斯语法》改变了这种状况。

《俄罗斯语法》共分六章：第一章，对语法的一般认识；第

① Росийская Грамматика，1755.

② ［苏］康德拉绍夫 H.A. 语言学说史［M］．杨余森，译．武汉：武汉大学出版社，1985：37.

二章，语音学和拼写法问题；第三章，名词、形容词和数词的构词法和词形变化法；第四章，动词变位的类型；第五章，其他词类的特点；第六章，句法概要。作者系统阐述了俄语的语法特点，初步建立了俄语的语法体系，从而使这部著作成为俄语语法的奠基作。罗氏明确反对当时语法研究中影响相当广泛的思辨语法。具体而言，他不赞成采用“普遍语法”的原则，而是提倡严格的经验主义态度。

罗蒙诺索夫的《俄罗斯语法》不仅分析俄语语法现象，具有明显的规范性，并且大量涉及修辞学问题，有利于更好地使用俄语。此外，他还在利用俄语词根构成新的科学术语方面作出了重要贡献，由他拟定的很多术语一直沿用至今。在语法学方面，他主要通过四个途径确定俄语语法术语：（1）依据俄语材料创造，（2）从16—17世纪的各种斯拉夫语法中继承或借鉴，（3）依据14—17世纪各类传抄、加工的希腊文献南部斯拉夫语译本转译，（4）直接译自希腊语。

《俄罗斯语法》的局限性主要表现在以下方面：（1）在解释某些语法问题时，明显模仿了西方语言特别是拉丁语语法的框架。比如对俄语词类的划分以及解说，显然沿用了八大词类学说。（2）关于动词，作者拟订了一个包括十种时制的复杂系统，而没有区分出动词体的范畴。

继《俄罗斯语法》之后，沃斯托可夫（А. Х. Востоков，公元1781—1864年）的《俄语语法全程》[①] 具有重要的价值。在俄语研究中，这部著作开辟了继罗蒙诺索夫之后的新阶段，特别是关于俄语重音的学说，至今都没有失去科学的价值。作者摆脱

① Русская грамматика Александра Востокова по начертанию его же сокращенной грамматики полнее изложенная, 1831.

了学术界占统治地位的逻辑语法研究模式的束缚，详细分析比较了口语和文学语言中的各种语言表现形式，广泛运用民间活的口语事实，同时也没有忽略同族语言的材料。在历史句法学方面，沃斯托可夫首次得出了“俄语的双成分句子结构占优势”的结论。这在俄语句法研究方面是一个重要发现和突破。因为当时学术界包括西欧学术界都普遍认为，语言中的所有句子都与逻辑判断一致，即都具有“主词—述词—系词”三个成分。比如德国著名的历史比较语言学家葆朴（Franz Bopp，公元 1791—1867 年）就认为，一般语言中的句子都必须具有“动词—系词”等成分。不论是隐蔽的还是开放形式的句子，都包含着表示存在意义的动词。沃斯托可夫的句法观点对后来俄语句法学的研究产生了深刻的影响。[①] 此外，他在《鲁勉采夫博物馆俄罗斯和斯拉夫抄本记述》[②] 中，明确区分了保加利亚语、塞尔维亚语、俄语（北俄罗斯语）和乌克兰语（南俄罗斯语）。

二、历史比较和词源研究

在历史比较和词源研究方面，罗蒙诺索夫曾打算编写有关俄语亲属语言和方言等方面的论著。从一封题为《论语言的类似和变迁》的学术通信（佚散）以及保留下来的其他手稿中可以看出，他不仅把斯拉夫语同希腊语严格区别开来，确定了斯拉夫语族的独立地位，而且进一步把斯拉夫语族分为两大语支：西北斯拉夫语支和东南斯拉夫语支。他在对比俄语和古希腊语词汇时，确定了一些正确的对应关系。不过，由于方法上的局限性，罗蒙

---

① ［丹麦］威廉·汤姆逊．十九世纪末以前的语言学史［M］．黄振华，译．北京：科学出版社，1960：71—72.

② Описание русских и славянских рукописей Румянцевского музея, 1842.

诺索夫提出的多数对应关系是建立在语音表面相似上的。[1]

1820 年，沃斯托可夫的《论斯拉夫语》[2] 一书立足于历史语音学的角度，体现了历史比较法的一些原则，解决了斯拉夫语文学中的一些基本问题。比如确定了斯拉夫语言史和俄语史的分期问题，阐明了古俄语和教堂斯拉夫语的关系，以及古俄语与波兰语、塞尔维亚语的关系，等等。

布斯拉耶夫（Ф. И. Буслаев，公元 1818—1897 年）是俄罗斯语言学史中最早系统运用历史比较方法的学者。他的《俄语历史语法》[3] 虽然受到了格里木和洪堡特学说的影响，但在俄语历史语法研究方面却有着独特的贡献。在语法比较方面，与格里木不同的是，布斯拉耶夫特别注重语法意义的探讨。此外，斯列茨涅夫斯基（И. И. Срезневский，公元 1812—1880 年）的《论俄语史》[4] 是比较重要的历史语音学方面的著作。

俄罗斯学者的历史比较研究虽然程度不同地受到德国语言学家特别是格里木学说的影响，但在语言的本质和语言发展的性质问题上，却提出了超越德国学者的看法。德国早期的历史比较语言学家大都把语言看做自然有机现象，把语言学看做自然科学，并且认为印欧语言后来的发展是语言退化的表现。俄罗斯学者则把语言发展变化的历史与民族历史有机地结合起来，认为语言的发展变化是一种进步现象，并且阐述了语言交际功能的重要意

① ［丹麦］威廉·汤姆逊．十九世纪末以前的语言学史［M］．黄振华，译．北京：科学出版社，1960：40，42.

② Рассуждения о славянском языке，1820. 参见［丹麦］威廉·汤姆逊．十九世纪末以前的语言学史［M］．黄振华，译．北京：科学出版社，1960：71.

③ Историческая грамматика русского языка，1858.

④ Мысли об истории русского языка，1849. 参见［丹麦］威廉·汤姆逊．十九世纪末以前的语言学史［M］．黄振华，译．北京：科学出版社，1960：82.

义，肯定了语言在发展过程中记录人类思维成果的重要价值。比如布斯拉耶夫在《俄语历史语法》的序言中指出，语言学“这门科学不仅把词看成是相互交流思想的手段，而且看成是人民精神生活的文献，同时是最古老的文献。它的历史在人类智慧的发展史中占着首要地位。”① 斯列茨涅夫斯基在《论俄语史》中也指出：“对于历史学家说来，每一个词就是生活的见证、文献和事实。”“语言的历史是和人民的历史分不开的，应当把它列入人文科学，而且是它必不可少的一部分。”②

三、语言资料的搜集整理和词典编纂

公元 17 世纪特别是 18 世纪，欧洲语言学取得的重要进展之一是语言学视野的扩大。世界上的许多语言都有了语法描写著作，虽然这些著作大都是按照拉丁语语法模式撰写的。在世界各地语言资料的搜集过程中，自彼得大帝时代起，特别是 1725 年俄罗斯科学院成立之后，俄罗斯学者起到了十分重要的作用。早在 17 世纪末 18 世纪初，俄罗斯当局就派遣学者分赴西伯利亚和高加索做研究旅行，记录了相当数量的语言资料。斯特拉连贝尔格（Страленберг）记录了东北欧和亚洲的一些语言资料，他在 1730 年撰写的有关俄罗斯的著作中附有《多种语言目录》（Tabula polyglotta），并试图对东北欧和亚洲的语言进行分类。根据语言比较材料，斯特拉连贝尔格把上述地区的语言分为六类：（1）芬兰—乌戈尔语，（2）北方突厥语，（3）萨莫耶德语，（4）蒙古、满洲和西藏语，（5）通古斯和古亚细亚语，（6）高加索山区语。

公元 18 世纪，俄罗斯语言学家更加广泛地开展了语言资料

①②转引自［苏］杰格捷列娃．欧洲语言学说简述（19 世纪至 20 世纪）［M］．北京：商务印书馆，1958：8.

的搜集和调查工作。18世纪后半叶，巴克米伊斯切尔（Г. Л. Х. Бакмейстер，公元？—1806年）组织了语言资料的广泛收集工作，并撰写了《搜集语言标本的想法和要求》①。俄国科学院的院士和学者参与了调查工作，他们主要调查了西伯利亚诸语言、科米语、高加索山区语言和伊朗诸语言。

世界上的第一部多种语言词典的问世，应当归功于俄国女皇叶卡捷琳娜二世。当她还是公主的时候，就对编纂“万国词汇”具有浓厚的兴趣。她亲自拟订了需要翻译成各种语言的词汇目录，除了在俄国散发，还分送给俄国的驻外使节和外国学者，以便翻译成尽可能多的语言。负责整理出版调查资料的是俄国著名的旅行家、自然科学家巴拉斯（П. С. Паллас，公元1741—1811年）。由于他受命在短期内完成这项工作，以至没有能够利用搜集到的全部资料。最终，这部著作的第一卷以《全球语言比较词汇》② 为名，于1786—1787年问世。它包括了亚洲、欧洲共二百种语言和方言的几百个基本词汇。1791年的新版共四卷，包括的语言达272种，其中有几种非洲和美洲语言。该书的最终版本共包含280种语言，其中亚洲语言185种，欧洲语言52种，非洲语言28种，美洲语言15种。从语言比较的角度看，尽管《全球语言比较词汇》只是局限于词汇，而且有些词语的选择有明显的失误，但就当时学术发展和各方面的条件而言，仍不失为值得重视的著作。③

---

① Idea et desideria de colligendis linguarum speciminibus，圣彼得堡，1773. ［丹麦］威廉·汤姆逊．十九世纪末以前的语言学史［M］．黄振华，译．北京：科学出版社，1960：46.

② Сравнительные словари всех языков и наречий, собранные десницей всевы сочайшей особы.

③ ［丹麦］威廉·汤姆逊．十九世纪末以前的语言学史［M］．黄振华，译．北京：科学出版社，1960：47.

1725 年，俄罗斯科学院建立，这在很大程度上推动了俄语研究以及词典编纂的发展。1783 年，俄罗斯科学院开始编写《俄罗斯科学院词典》，当时著名的学者几乎都参与了词典的编写工作。词典于 1789—1794 年全部出齐，共收入 43257 个斯拉夫语和俄语词语。俄国学者在参考了法兰西科学院和意大利科学院规范词典编纂原则的基础上，广泛搜集了科技术语以及各地方言词语，大大扩展了词典的收词范围。

习题

1. 简述斯拉夫文字的创制和发展。

2. 简述斯拉夫诸语言研究的主要成果及其特点。

3. 简述俄语语法研究的主要成果及其特点。

4. 俄罗斯学者在历史比较研究中的主要贡献表现在哪些方面？

5. 简述俄罗斯学者在语言资料的搜集整理和词典编纂方面的贡献。